친애하는
내 마음에게

일러두기

· 이 책에 등장하는 실제 인명은 국립국어원 외래어표기법에 따라 표기했으며, 작품 속 인물들의 이름은 참고한 번역본에 따라 표기법에 차이가 있을 수 있습니다.
· 책에 등장하는 문학작품은 「 」으로 묶어서 처리했으며, 책이나 학술지명은 『 』, 논문은 「 」으로 처리했습니다.

친애하는 내 마음에게

1판 1쇄 인쇄 | 2021년 08월 23일
1판 1쇄 발행 | 2021년 09월 02일

지은이 | 강영준

발행인 | 이성현
책임 편집 | 전상수
디자인 | 드림스타트

펴낸 곳 | 도서출판 두리반
주소 | 서울특별시 종로구 사직로 8길 34 (내수동 72번지) 1104호
편집부 전화 | TEL 02-737-4742 / 팩스 02-462-4742
이메일 | duriban94@gmail.com

등록 | 2012. 07. 04 / 제 300-2012-133호
ISBN 979-11-88719-14-3 03180

※ 책값은 뒤표지에 있습니다.

문학작품으로 배우는 첫 심리학 수업

친애하는
내 마음에게

강영준 지음

두리반

심리학, 문학작품과 만나다

심리학자인 나는 이 글을 읽으면서 지은이가 오랜 기간 공들여 집필했을 것이라는 생각이 들었다. 우리 시대 대표적인 문학작품이 심리학 이론과 만나게 되면서 문학의 깊이가 더 이해될 수 있었다.

이 책은 인문학과 심리학의 경계선에 놓인 책이다. 지은이는 심리학 전공자는 아니지만 인문학과 심리학의 경계 속에서 두 세계를 적절하게 융합시키려고 노력했다. 가령 3부의 〈제발 홀로 서게 도와줘!〉 장은 박완서 작가의 「엄마의 말뚝」이라는 작품을 심리학의 시각 속에서 해석하고 있다. 특히 가족치료라는 전문 분야의 이론을 통해 전문가들만이 알 수 있는 머레이 보웬의 자아분화 개념을 불안에 연결시켜서 소설의 인물들을 설명하는 대목이 인상 깊다. 자아분화 개념과 불안, 미분화 개념을 적절하게 연결시키고 있다는 것에서 이 분야의 전문가로서 놀라웠다. 분명히 많은 자료와 책을 참고해 가족치료 이론들을 소화했을 것이다. 지은이는 소설 속 인물들과 가족치료의 용어를 연결시키며 유사한 문제를 갖고 있을 우리들에게 깊이 있는 시선을 제공해준다.

헤밍웨이는 "소설가에게 최고의 자산은 자신이 어릴 때 경험했던 상처다"라고 말했다. 이 말은 문학작품이 마음의 문제를 다루는 심리학의 영역과 밀접하게 연결된다는 것을 의미한다. 최근 인문학의 열풍 속에서 인문학과 마음의 학문인 심리학을 연결시키는 작업이 활발하게 이루어지고 있다. 이 책은 문학을 다양한 심리학 분야와 연결해 대화를 시도하고 있다. 무의식의 심리학에서부터 인지치료, 가족치료에 이르기까지 심리치료의 다양한 모델을 체계적으로 문학작품과 연결시켜 대화한다. 그뿐 아니라 마치 심리치료의 교과서를 보여주듯 각 치료모델들을 친절하게 소개하고 있다.

이 책은 다양한 문학작품을 심리학의 눈을 통해 보는 재미가 있다. 우리 시대의 대표적인 문학작품이 심리학의 관점에서 해석되면서 문학작품이 우리에게 마음의 상처와 아픔을 치유할 기회를 제공해준다. 따라서 이 책은 심리학에 관심을 갖고 입문하고 싶은 입문자에게 의미 있는 가이드북이라 할 수 있다. 또한 유명한 문학작품 속에 숨어 있는 헤밍웨이가 말하는 '작가 최고의 자산'이라고 할 수 있는 과거의 상처에 대한 부분을 만날 소중한 기회가 될 것이다.

최광현

한세대학교 심리상담대학원 교수,
《가족의 두 얼굴》,《가족의 발견》저자

내 마음을 친애하기 위하여

　한국 사람들은 '정신력 부족'이라는 말을 자주 사용한다. 시험을 잘 치르지 못한 학생도, 실적이 추락한 영업사원도, 운동경기에서 승부욕이 강하지 않은 선수도 정신력이 부족하다는 비난을 받기 일쑤다. 가까운 예로 도쿄 올림픽에서 태권도 종목에서 금메달이 하나도 없자, 언론이 정신력 부족을 소재로 자극적 기사를 쓰지 않았던가. 마치 누구라도 마음만 먹으면 정신력이라는 카드를 꺼내서 얼마든지 사용할 수 있는데, 그럴 마음이 없어서 문제라는 식이다. 게다가 뭔가 이유를 대려고 하면, 변명하지 말라며, '나 때는 말이야'를 늘어놓는다.

　그래서 어쩌라는 건가. 정신력이 부족하고 멘탈이 약한데, 대체 어쩌라는 건가. 비난의 밑바닥에 깔린 의도는 불 보듯 뻔하다. 이를 악물고 연습 시간을 늘리고, 실적을 내기 위해 밤잠을 줄이라는 것이다.

　맙소사! 이를 악물고 밤잠을 줄이면, 멘탈이 더 강해질까. 그건 부족한 멘탈을 탈탈 털어서 젖 먹던 힘까지 쥐어짜라는 말이 아닌가. 그

6

러다 멘탈이 다 사라지면 그때는 어쩌라는 걸까.

몸에 피가 부족하면 수혈을 하고, 수분이 부족하면 물을 마셔야 한다. 그런데 정신력은 부족하면 보충하는 것이 아니라 더 쥐어 짜내라고 한다. 마치 마르지 않는 샘물처럼 정신력이 그치지 않고 흘러나오기라도 하듯 말이다. 그래서 정신력이 부족한 사람에게는 걱정은커녕 신랄한 비난만 쏟아진다. 온전히 개인의 책임으로 돌리는 것이다.

정신력 부족이라는 말은 우리 사회가 마음을 지키고 가꾸는 데에 얼마나 인색한지를 여실히 보여준다. 마음 따위야 개인이 알아서 각자 잘 관리해야 하고, 제대로 관리하지 못한다면 그것은 오로지 개인의 잘못이라는 의미가 담겨 있다.

이런 프레임 속에서는 정신의 문제, 곧 마음의 병이 사회가 아니라 개인의 몫으로 남는다. 우울증을 비롯한 온갖 정신질환, 성격 문제, 가족 문제에 이르기까지 마음의 문제가 단지 개인의 문제일 뿐일까? 우리 사회와 공동체에는 어떠한 책임도 없는 것일까?

관점을 바꿔서 생각해보자. 도대체 정신력, 다시 말해 마음이 일으키는 문제에는 뭐가 있을까. 쟤는 끈기가 없어, 집중력이 떨어져, 사회성이 모자라, 우울증이 있나 봐, 열등감이 많은가? 매사에 소극적이야, 변덕이 심해, 자기애가 강해, 남들과 잘 못 어울려 등등 이런 성향이 비난받을 일인가. 누구든 살아가면서 이런 성향 하나쯤은 가질 수 있고, 그게 심하면 일상에 곤란을 느끼고 마음으로 끙끙 앓을 수도 있다. 피가 모자라 죽어가는 것처럼 고통스러운 마음도 생명을 위협하기는 마찬가지다. 이때 필요한 것은 질책이 아니라 도움이다. 그러니 흔들리는 마음을 탓하기보다, 그 마음을 지지하고, 보호하고, 격려하는 게 필요하다. 아주 이상하고 괴팍한 마음이라면, 신체에 심한 상처가 생긴 것처럼 오히려 각별히 돌봐야 한다.

안타깝게도 우리는 여전히 마음을 돌보는 데에 인색하다. 남들은 물론이고 자기 스스로도 자기를 돌볼 줄 모른다. 가벼운 감기만 앓아도 이상을 느끼지만, 마음의 병은 깊어지는 줄도 모르고 방치하다 결국 파국으로 치닫는다. 우리는 우리 마음에 대해 존중할 줄 모르고 배려할 줄 모르고 사랑할 줄 모른다. 내 마음과 가장 친밀해야 하는데, 내 마음이 무엇인지조차 모를 때가 많다.

이 책은 마음을 알아가며 쓴 글이다. 나의 친애하는 마음을 제대로 알아야 마음을 아끼고 사랑하고, 타인의 비난에도 꿋꿋이 견디며, 누군가에게 배려를 구하는 것도 가능하리라 믿고 마음을 공부하듯 원고를 준비했다. 오랫동안 심리학 책들을 뒤졌고 상담 관련 서적도 탐독했다. 프로이트, 아들러, 융에서부터 로저스와 보웬, 아론 벡에 이르기까지 심리학 및 상담이론가들의 책을 부지런히 살폈다. 하지만 뭔가 부족했다. 가슴에 와닿는 책도 있었지만, 대부분 어려운 심리학 용어의 집합처럼 느껴졌다. 다행인 것은 내가 문학을 전공했다는 사실이다. 넓은 마음의 스펙트럼을 읽어가는 데에 소설만큼 훌륭한 게 있을까. 이렇게 접근하니 온갖 마음의 주제들이 소설 속에서 술술 엮여 나

친애하는 내 마음에게

왔다. 다만 얼핏 보기에 소설을 심리학에 짜맞춘 듯 보일 수도 있겠다는 염려가 있다. 문학이라는 은유의 거대한 바다에서 작은 주제를 꺼내 건방지게 부풀린 것은 아닌지 걱정이 된다. 문학을 사랑하는 분이라면, 이런 해석도 있겠구나 하고 너그럽게 읽어주시길 당부드린다.

개인적으로 이 책은 지난 몇 해 동안 탐구했던 심리학 주제에 대한 보고서이기도 하다. 얼마 전 대학에서 상담심리와 관련된 공부를 할 기회가 있었다. 발달심리, 가족치료, 이상심리, 상담이론 등등 마음에 관한 공부의 시간을 가졌다. 그 주제들을 가지런히 펼쳐서 소설을 통해 확장한 것이 어느덧 한 권의 책으로 나오게 되었다. 말하자면 이 책은 나의 소박한 졸업 논문과도 같다.

이 책을 쓰는 데에는 사실 전문가들의 도움이 컸다. 가장 먼저 원고를 꼼꼼히 읽어주고 의견을 주었던 아내 김은주 상담사, 동료 이희진 상담사께 감사드린다. 기꺼이 감수를 맡아주신 최광현 교수님께도 감사하다. 이분들 덕에 용어와 개념이 더 튼튼해졌다. 원고의 틀을 잡아가는 데에 도움을 준 김일중 선생님, 김유석 선생님, 독서평설 전은재 편집장에게도 참으로 감사하다. 순수한 독자로서 원고를 검토해준 심준섭 선생님, 김지혜 선생님, 그리고 젊은 날의 멘토 강영희 선생님에게도 감사를 드린다.

차례

| 5부 |

나의 친애하는 나에게
몰입과 그릿, 긍정심리학

1부

인간의 마음은
무엇으로 채워져 있을까?

프로이트, 아들러, 융의 정신분석

인간의 무의식을 탐구한 프로이트, 아들러, 융에 따르면 인간의 무의식 속에는 억압된 욕망, 열등 콤플렉스, 자아의 그림자 등 현실에서 용납하기 어려운 정신의 그늘들이 존재한다. 이것들은 때로 자아를 혼란에 빠뜨리고 삶에 부정적인 영향을 주지만, 한편으로 그것들과 조화를 이루면 오히려 더 나은 인격으로 발전할 가능성이 높다. 주요섭의 「사랑손님과 어머니」를 통해서 억압된 욕망을, 스콧 피츠제럴드의 「위대한 개츠비」로 열등 콤플렉스를, 너새니얼 호손의 「주홍글자」로 무의식에 존재하는 그림자를 살펴보면서 자신의 무의식에 내재한 억압된 욕망과 콤플렉스, 그림자를 한 번쯤 확인해보는 것도 흥미로울 것 같다.

나도 내 마음을
잘 모르겠어

「사랑손님과 어머니」 _ 주요섭

　그날따라 아침부터 아내와 다툰 후 밥도 못 먹고 쫓기듯이 집을 나섰다. 허기진 채 들어간 4교시 수업. 어디선가 맵고 고소한 냄새가 진동한다. 고추장불고기 냄새. 아, 정신이 아득하다. 4교시가 없는 동료 교사들은 매혹적인 고추장불고기를 상추에 싸서 맛있게 먹고 있겠지. 마음을 다잡고 수업에 몰두하려고 애를 써본다. 그런데 하필이면 수업 내용이 라면 먹는 이야기다. 나중에 읽어보시라. 성석제의 「소년 시절의 맛」. 인스턴트 라면이 얼마나 중독적이고 향수 가득한 소울푸드인지 제대로 느낄 수 있을 것이다. 나는 결국 수업을 조금 일찍 끝내기로 마음먹는다.

"점심 좀 일찍 끝내겠습니다."

뭐지? 학생들의 어리둥절한 표정. 본래 4교시를 일찍 끝내주면 환호성을 질러도 시원찮은데 멀뚱멀뚱 바라만 보고 있다. 얘들이 장난하나?

"선생님! 점심을 일찍 끝내요? 그럼 점심시간 줄어드는 거예요?"

"뭐?"

아뿔사! 이런, 말이 헛나갔다. 점심이라니?

그제야 눈치를 챈 한 친구가 "수업이요?" 한다.

"그래. 수업."

"선생님이 아까 점심이라고 하셨잖아요?"

아, 이런. 수업을 점심이라고 하다니. 나는 얼굴이 빨개졌다. 어쩐지 속이 훤히 들여다보이는 말을 한 것 같아서 얼굴이 화끈거린다. 어째 이런 실수를 했을까.

사람은 누구나 실수한다. 그런데 이런 말실수에는 자기도 모르게 속에 있는 욕망이 표현될 때가 적지 않다. 아무리 의지가 강한 사람이라도 겉과 속이 늘 같을 수는 없다. 겉과 속이 다를 때 사람들은 실수를 하고, 문제를 일으킨다. '수업하는 나'와 '배고픈 나'가 서로 뒤엉켜 말실수를 하는 것처럼. 사실 말실수는 애교에 가깝다. 겉과 속이 너무 달라서 우리를 깜짝 놀라게 하는 사건이 어디 한둘일까. 사회적으로 잘나가던 인기 배우, 정치인, 작가가 알고 보니 추악한 성범죄를 저지른

친애하는 내 마음에게

경우도 종종 있지 않은가. 알다가도 모를 게 사람 마음이고, 열 길 물
속은 알아도 한 길 사람 속은 모른다는 말처럼 마음은 늘 한결같지 않
고, 스스로 통제하기도 어렵다. 또, 서로 다른 마음이 내 안에서 다투기
도 한다. 내적 갈등, 번뇌, 망상, 고뇌, 번민. 어째서 이런 말들이 하나도
아니고 여러 개 존재할까? 그것은 내 안에 다른 마음들이 다양한 양상
으로 서로 다투기 때문이 아닌가? 내 안에 존재하는 복잡한 마음들, 그
실체를 어떻게 들여다볼까? 현대 소설의 고전, 주요섭의 「사랑손님과
어머니」를 읽으며 복잡한 마음의 무늬들을 한 겹씩 벗겨보자.

📝 원작 열기1

　옥희는 여섯 살 난 여자아이이다. 옥희네 식구는 옥희와 어머니,
이렇게 둘이다. 중학교를 다니는 외삼촌도 함께 지내지만 일주일
에 한 번 보기도 어려울 만큼 밖으로 쏘다닌다. 사람들은 옥희 어
머니를 두고 과부라고 부른다. 외할머니 이야기대로라면 옥희 아
버지는 옥희가 태어나기 한 달 전에 돌아가셨다. 어머니는 옥희가
없을 때, 장롱 속에서 아주 가끔 돌아가신 아버지 사진을 꺼내 보
고는 했다.
　어느 날 낯선 아저씨가 집으로 찾아왔다. 아버지의 옛 친구라는
데 근처 학교에 선생님으로 오게 되어 그날부터 옥희네 집에서 하
숙을 하기로 했다. 옥희는 까닭 없이 아저씨가 친근하게 느껴졌고

아저씨도 옥희를 아주 귀여워해주었다. 옥희는 아저씨 방에 놀러 가서 그림책도 보고 과자도 가끔 얻어먹었다.

하루는 아저씨가 점심을 먹고 있을 때였다. 옥희는 스스럼없이 아저씨 옆에 앉았다. 아저씨는 옥희에게 좋아하는 반찬이 무엇이냐고 물었다.

"삶은 달걀."

그러자 아저씨는 옥희가 좋아하는 달걀을 집어주었다. 옥희는 달걀을 먹으며, 아저씨에게 물었다.

"아저씨는 무슨 반찬이 제일 맛있어요?"

"나도 삶은 달걀."

옥희는 그 즉시 엄마에게 쫓아가 사랑손님이 달걀을 좋아한다고 소리를 질렀다. 어머니는 옥희에게 소리 지르지 말라고 주의를 줬지만, 이상하게 다음 날부터 어머니는 예전보다 훨씬 많은 달걀을 사기 시작했다.

그러던 어느 날 옥희는 아저씨와 함께 뒷산에 갔다가 내려오는 길에 친구를 만났다. 그런데 그 친구가 사랑 아저씨를 옥희의 아빠로 오해하며 인사를 했다. 그러자 옥희는 아저씨가 진짜 자기 아빠였으면 하는 생각이 들었고, 그 말을 아저씨한테 건넸다. 옥희는 아저씨도 그 말을 좋아할 줄 알았다. 그런데 아저씨는 갑자기 얼굴이 빨개지더니 떨리는 목소리로 옥희를 나무라며 말했다.

"그런 소리 하면 못써."

이상한 것은 그것만이 아니다. 일요일 예배당에서 옥희가 아저씨에게 알은체를 하자 아저씨는 고개를 푹 숙인 채 옥희를 외면했다. 어머니도 이상했다. 아저씨가 예배당에 왔다고 말하자 어머니의 얼굴이 갑자기 홍당무처럼 빨개지는 것이 아닌가?

며칠 후 옥희는 유치원에서 꽃병에 든 꽃을 두어 송이 집으로 가져왔다. 어머니가 꽃을 좋아하는 줄 알고 몰래 가져온 것이다. 어머니는 꽃을 보더니 어디서 났느냐고 물었다.

"응, 이 꽃! 저, 사랑 아저씨가 엄마 갖다주라고 줘."

그러자 어머니의 얼굴이 꽃보다도 더 빨갛게 되었다. 어머니는 떨리는 목소리로 말했다.

"옥희야, 그런 걸 받아오면 안 돼."

▎프로이트, 억압받는 욕망에 주목하다

주요섭의 「사랑손님과 어머니」는 한눈에 봐도 과부와 사랑손님의 사랑 이야기를 다루고 있다. 평소보다 달걀을 더 많이 사는 어머니, 기독교 신자도 아니면서 예배당에 찾아온 사랑손님. 두 사람은 상대방에게 사랑의 감정을 느끼고 있다. 그런데 이상하다. 서로 좋아하면 자주 보면서 애정을 쌓으면 좋을 텐데, 계속 거리를 둔다. 심지어 사랑손님은 아빠라고 부르는 옥희를 나무라고, 어머니는 아저씨한테 꽃을 받아오면 안 된다고 옥희를 다그치기까지 한다. 대체 둘은 왜 그런 걸까? 정답은 단순하다. 상대에게 끌리는 마음과 그러면 안 된다는 마음이 동시에 존재하기 때문이다. 마음은 끌리는데, 의식은 안 된다고 명령한다. 어째서 마음은 이렇게 복잡할까?

　복잡한 인간의 마음을 탐구한 이들은 많다. 공자, 예수, 석가모니 모두 정신의 대가들이다. 하지만 불경스럽게도 이분들은 선한 본성만 추구한 나머지 인간의 욕망은 악마의 유혹쯤으로 외면하고 말았다. 「사랑손님과 어머니」를 떠올려본다면 남편 친구에 대한 욕망이나 죽은 친구의 아내에 대한 사랑은 그저 정신을 어지럽히는 사악한 욕망일 뿐이다. 이런 외면받는 욕망에 주목한 사람이 바로 지그문트 프로이트 Sigmund Freud 다.

　지그문트 프로이트는 오스트리아 출신으로 빈 의과대학을 졸업한 후, 정신과 의사로 취업해서 히스테리 환자들을 진료하고 있었다. 당시 유명한 신경과 의사 샤르코에게 최면술까지 익힐 만큼 열정적이었지만 효과는 신통치 않았다.

　프로이트가 진료한 사람들은 상류층 여성들이었는데 주로 히스테리 환자들이었다. 그 당시 사회는 여성에게 성적 억압이 엄격하게 이루어지던 때였다. 성행위는 오직 임신을 위해서만 허용되었을 뿐, 여성에게는 욕망 자체가 금지되고 있었다. 프로이트가 주목한 것은 이 부분이었다. 프로이트는 히스테리 증상이 개선되지 않는 여성들에게 최대한 편안한 상태에서 억눌러왔던 감정을 남김없이 말해보라고 일렀다. 그러자 여성들은 그동안 억압되어왔던 것들을 봇물처럼 쏟아냈다. 그것들은 빅토리아 시대 여성들의 억압된 성욕이었다. 부정한 마음이라고 억압해왔던 마음, 그 마음을 쏟아내자 거짓말처럼 환자들의 증상이 서서히 완화되기 시작했다. 억압된 마음, 프로이트가 무의식을 발견한 순간이었다. 복잡한 인간의 정신 작용을 설명하는 실마리를 프로이트가 밝혀낸 것이다.

▌내 마음의 트릴로지

프로이트는 마음을 한 덩어리로 보지 않고 겉으로 드러나는 마음과 속에 존재하는 마음으로 나누었다. 인간의 정신에는 의식 아래에 존재하는 정신, 곧 무의식이 일정하게 작용한다고 여겼다. 그는 정신을 세 가지로 구분했다. 의식과 무의식, 그리고 그 사이에 존재하는 전의식이다. 유명한 빙산의 비유를 떠올려보자.

빙산의 일각이라는 표현이 있다. 바다 위로 떠오른 빙산의 일부를 가리키는 말인데, 가라앉은 부분에 비해 수면 위로 떠오른 부분이 작다는 뜻이다. 프로이트가 제시하는 의식과 무의식, 전의식은 이런 빙산을 떠올리면 간단하다. 의식은 해수면 위로 올라온 빙산의 뾰족한 부분이고, 무의식은 물속에 잠겨 있는 부분이며, 전의식은 파도에 의해서 수면 위로 떠올랐다가 다시 수면 아래로 가라앉는 부분에 해당한다.

가장 먼저 무의식이란 아무리 의식하려고 노력해도 의식할 수 없는 정신이다. 해수면 아래 깊이 있는 빙산을 확인하려고 얼음장처럼

| 언어 | 파롤_ 개인적이고 구체적인 언어 |
| | 랑그_ 언어에 의미를 부여하는 규칙 |

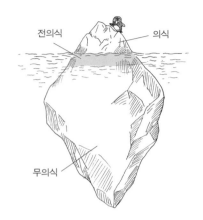

전의식   의식

무의식

*파롤과 랑그 : 프로이트는 무의식의 존재를 증명하기 위한 수단으로 언어에서 그 실증적 사례를 찾았다. 파롤과 랑그는 구조주의 언어학의 시초인 소쉬르에 의해 도입된 것으로, 언어 활동에서 사회적이고 체계적인 측면을 랑그, 개인적이고 구체적인 측면을 파롤이라고 불렀다. 랑그와 파롤은 상반되면서도 상호 보완적으로 작용한다.

차가운 북극 바다에 들어가면 얼마 못 가 저체온증으로 죽게 될 것이다. 마찬가지다. 무의식을 현실에서 관찰하기는 어렵다. 그것은 현실에서 경험할 수 없는 마음의 어두운 골짜기에 존재한다. 이런 무의식은 현실에서 의식과 소통하지 못한다. 강력한 금기가 무의식을 억누르고 있기 때문이다.

그렇다면 무의식 안에는 무엇이 존재할까? 프로이트는 무의식에는 의식으로 올라와서는 안 되는 것들이 가득 차 있다고 보았다. 절대로 구원받을 수 없는 망령들이 갇혀 있는 곳, 그곳이 무의식이다. 폭력적인 생각, 성적으로 뒤틀린 욕망, 혹은 극도의 복수심이나 공포 등 눈 씻고 봐도 합리성이라고는 찾아볼 수 없는 것들이 무의식 속에 갇혀 뜨거운 마그마처럼 들끓고 있다. 쾌락 원칙이 지배하는 곳, 그곳이 무의식이다.

친애하는 내 마음에게

그렇다면 「사랑손님과 어머니」에 나타난 무의식은 무엇일까? 그것은 사랑에 대한 욕망이다. 무의식 속에는 성적인 욕망이 늘 꿈틀대고 있는데 마침 서로에게 적당한 존재가 나타났으니 어서 사랑을 성취하고 싶다. 달걀도 더 사고, 같이 교회도 가고, 함께 살 맞대며 살고 싶다.

그러나 그럴 수 없다. 죽은 남편, 죽은 친구에 대한 기억이 이들을 가로막는다. 내내 잊고 지냈는데, 이제 사랑할 대상이 생기니 죽은 남편, 죽은 친구가 불쑥 떠오른다. 먹고 살기 힘들 때마다 한 번씩 떠오르던 남편, 그가 무의식에게 충고한다. "안 돼! 이건, 배신이라고!" 바로 전의식의 외침이다.

전의식은 무의식의 위에, 그리고 의식의 바로 아래에 존재한다. 다시 빙산을 떠올려보자. 수면 근처에 있는 빙산은 물결의 흐름에 따라 때때로 보였다가 보이지 않았다가 한다. 평상시에는 전혀 의식하지 못했던 것이지만 어느 순간 떠오르는 정신, 그러다 다시 잊히기를 반복하는 마음, 그것이 전의식이다. 헤어졌던 첫사랑을 떠올려보라. 평소에 첫사랑을 늘 기억하는 사람은 없다. 그런데 갑자기 첫사랑이 좋아하던 음악이 우연히 라디오에서 나오면 자신도 모르게 잊었던 첫사랑의 모습이 떠오른다. 전의식은 바로 그런 것이다. 갑자기 수면 위로 솟았다가 다시 사라지는 것. 어린 시절의 추억, 소년 시절 기숙사에서 몰래 끓여 먹던 라면의 맛, 가끔씩 떠오르는 죽은 남편에 대한 기억, 이런 것이 모두 전의식이다.

마지막으로, 의식이란 우리가 생활하면서 인식할 수 있는 정신을 말한다. 수면 위로 떠오른 빙산. 그것은 눈으로 관찰 가능하고 논리적이고 합리적으로 인식이 가능하다. 일상생활을 가능하게 하는 정신, 그것이 의식이다. 의식은 현실 원칙에 의해 작동한다. 현실 원칙이라고 하니 뭔가 대단해 보이지만 아주 단순히 말해서 현실에서 지켜야 할 원리가 곧 현실 원칙이다. 현실을 유지하기 위한 규칙, 질서, 금기가 작동하는 곳이 의식의 세계다.

그럼 「사랑손님과 어머니」에서 주인공들의 의식은 무엇일까? 작품이 쓰인 연도가 단서다. 이 작품은 1930년대에 쓰였다. 그리고 시골 마을을 배경으로 하고 있다. 당시 사회는 지금은 말도 안 되는 사회적 통념이 존재하고 있었다. 재혼한 여자는 부도덕하다는 것, 그런 여자는 화냥년이라고 비난해도 마땅하다는 것, 이것이 사회적 기준이었고, 그 당시 논리였다. 바로 이것이 작품의 주인공들이 지닌 의식이었다. 그러니 이런 의식에 사로잡혀 있는 한, 두 사람은 욕망을 무의식의 영역으로 쫓아내야 한다. 욕망을 그대로 두었다가는 현실 원칙이 깨지고 말 테니 말이다.

📝 원작 열기 2

"옥희야, 너 이 꽃 얘기 아무보고도 하지 말아라. 응?"

어머니는 곧바로 꽃을 버릴 줄 알았는데 꽃병에 꽂아서 풍금 뒤에 두었다. 그리고 꽃이 시들자 꽃대는 내버리고 꽃은 찬송가 갈피에 곱게 끼워두었다.

음력으로 보름날. 옥희는 아저씨 방에서 놀고 있었다. 그런데 풍금 소리가 들려왔다. 옥희는 곧장 안방으로 갔다. 그랬더니 그곳에는 흰옷을 입은 어머니가 불도 켜지 않고 고요히 풍금을 연주하며 아름다운 목소리로 노래를 부르고 있었다. 얼마 지나지 않아 어머니의 목소리가 떨리더니 노래도 연주도 끝이 났다. 어머니는 옥희의 머리를 쓰다듬으며 옥희를 꼭 껴안더니 쉴 새 없이 눈물을 흘렸다.

"옥희야, 난 너 하나면 그뿐이다."

며칠 후 옥희는 아저씨로부터 봉투를 하나 받았다. 아저씨는 밥값이니까 어머니께 전해달라고 했다. 그런데 그 안에는 지폐 말고도 종이 한 장이 더 들어 있었다. 어머니는 종이에 쓰인 글을 읽는 내내 얼굴이 붉었다 파랬다 하면서 손을 와들와들 떨었다. 이상한 것은 그뿐이 아니었다. 장롱 속에 보관하던 돌아가신 아버지의 옷을 꺼내서 하나씩 만져보기도 하고, 잠들기 전 기도를 할 때도 계속 같은 구절을 되풀이했다.

"우리를 시험에 들지 말게 하옵시고…… 시험에 들지 말게…… 시험에 들지 말게…… 다만 악에서 구하옵소서."

어머니는 그날 후로 어떤 날은 꽤 유쾌해서 풍금도 연주하고 노래도 불렀다. 그런데 어머니의 노래는 소리 없는 울음으로 끝나는 때가 많았다.

어느 일요일, 어머니는 갑자기 옥희를 부르더니 아빠가 보고 싶

으냐고 물었다. 옥희는,

"응. 우리도 아빠가 하나 있으면⋯⋯."

그러자 어머니가 혼잣말 하듯이 말을 이었다.

"옥희야, 옥희 아버지는 일찍 돌아가셨단다. 옥희가 이제 아버지를 새로 또 가지면 세상이 욕을 한단다. 사람들이 욕을 해. 옥희 어머니는 화냥년이다 이러고 세상이 욕을 해. 옥희는 언제나 엄마하고 같이 살자. 엄마는 옥희 하나면 그뿐이야. 세상 다른 건 다 소용없어."

그날 밤 어머니는 옥희에게 흰 손수건을 꺼내며 사랑 아저씨 것이니 전해주라고 말했다. 옥희는 손수건 속에 종이가 바스락거리는 것을 느꼈지만 펴보지 않고 아저씨에게 가져다주었다. 그런데 아저씨가 이상했다. 손수건을 받더니 얼굴이 파래지고 입술을 깨물었다.

며칠 뒤 아저씨는 멀리 떠나고 말았다. 어머니는 뒷산에 올라 기차가 떠나가는 것을 바라보더니, 집에 와서는 찬송가 갈피에 꽂아둔 마른 꽃잎들을 꺼내 옥희에게 내다 버리라고 한다. 어머니는 마치 어디가 아픈 사람처럼 얼굴이 파랬다.

▌내 안에는 세 사람이 살고 있다

사랑손님과 어머니의 사랑은 결국 이루어지지 않았다. 사랑의 욕망이 무의식에서 뛰쳐나와 서로 편지까지 주고받았지만 결국 의식의 힘에 눌려 다시 무의식에 갇혀버렸다. 그런데 대체 의식은 무슨 힘으로 사랑의 감정을 억누르는 것일까? 다시 프로이트의 견해를 들여다보자. 프로이트는 1923년에 의식, 무의식, 전의식 모델과는 별도로 구조적인 모델을 내놓는다. 그 까닭은 기존 이론으로는 설명할 수 없는 현상들이 관찰되었기 때문이다.

예를 들어 누군가 차도에 뛰어든다고 가정해보자. 우연히 당신이 그 옆에 서 있었고 그 장면을 보았다. 어떻게 할 것인가? 아마 모르긴 몰라도 '무의식적으로' 그 사람을 말리는 자신을 발견하게 될 것이다. 어떻게 된 것일까? 무의식은 쾌락 원칙이 지배하는데 어째서 이런 양심적인 일을 하는 것일까? 위험에 처한 사람을 돕는 것은 쾌락 원칙과 거리가 멀고, 무의식에 속한 게 아니다. 따라서 기존 이론에 따르면 양심에 따른 일을 '무의식적으로' 하는 것은 모순이다. 이 모순을 해결하기 위해 프로이트는 지형학적인 이론 이외에 별도로 구조 이론을 제시한다. 인간의 의식이 의식, 전의식, 무의식 이외에 이드id, 초자아superego, 자아ego로 설명이 가능하다는 것이다.

여기서 이드는 욕망의 대리자이고, 자아는 중재자이며, 초자아는 자아의 이상, 도덕, 윤리, 양심의 대변자다. 이드는 욕망을 추구하고, 초자아는 이상을 추구하거나 도덕, 윤리를 따르며, 자아는 둘 사이의 타협점을 찾는다. 그리고 앞에 제시했던 그림은 다음처럼 수정된다.

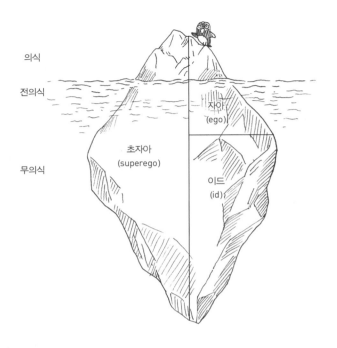

의식

전의식

무의식

자아
(ego)

초자아
(superego)

이드
(id)

▮ 이드와 초자아, 한판 붙어 볼까?

가장 먼저 이드를 살펴보자. 독일어 'das Es'를 라틴어로 표현한 'id'는 영어로 'it'에 해당한다. 뭔가 떠오르지 않을 때 생각나는 말을 떠올려보자. '어, 그거, 그거 있잖아.' 혹은, '거시기, 거시기 있잖아.' 잘 떠오르지 않을 때, 생각나는 '그거', 혹은 '거시기'에 해당하는 말, 무엇인가 존재하는 거 같은데, 따로 이름 붙이기 어려운 존재, 이것이 바로 이드다.

프로이트는 이드를 무의식 속에 억압된 성적이거나 공격적인 욕구

친애하는 내 마음에게

로 보았다. 이드는 마치 충동에 사로잡힌 어린아이와도 같다. 어린아이들은 아직 규칙이나 도덕이 자리 잡고 있지 않기 때문에 자기가 바라는 것이 있으면 참지 않고 당장 해결해야 한다.

예를 하나 들어보자. 네다섯 살짜리 아이와 마트에 장을 보러 갔다고 하자. 그런데 집에 돌아와 보니 아이가 계산도 하지 않은 젤리를 손 안에 움켜쥐고 있다. 그게 뭐냐고 물으니 아이는 그저 헤헤 웃기만 한다. 자기가 먹고 싶었던 물건을 그냥 아무 생각 없이 움켜쥐고 있던 것이다. 충동적이고 이기적인 이드. 이드는 철저히 쾌락 원칙의 지배를 받는다.

「사랑손님과 어머니」에서 이드의 대변자는 옥희다. 옥희는 아직 도덕이나 양심이 뭔지 모른다. 그래서 자기 욕망을 아무 거리낌 없이 말하고 다닌다. 아저씨한테 아빠라고 부르고, 유치원에서 꽃도 함부로 가져온다. 아마 옥희를 데리고 대형마트에 가면, 옥희의 떼쓰는 모습을 쉽게 볼 수 있을 것이다. 걸어 다니는 욕망 덩어리, 바로 옥희다.

이드에 사로잡힌 또 다른 인물은 사랑손님과 어머니다. 두 사람은 서로에게 사랑의 감정을 느끼며 살 맞대며 살고 싶다. 이드는 어머니의 삶을 꾸준히 침범한다. 이드는 속삭인다. '사랑손님과 만나! 그리고 사랑을 나눠! 욕 좀 먹으면 어때? 옥희 걱정 따위는 하지 마! 사랑손님이 너무 매력적이잖아. 팔자를 고쳐!'

그런데 이드가 어머니를 유혹하는 동안 누군가가 어머니를 노려보고 있다. '안 돼! 죽은 남편 친구에게 그런 마음을 품다니. 화냥년이라는 소리 듣고 싶어? 딸은 어떻게 하고!' 이드에 맞서 욕망을 억압하는 존재, 바로 초자아다. 독일어로 'das Über-Ich', 우리말로 번역하면 '나의 위'라는 뜻이다. 그러니까 초자아는 나를 '위에서' 지켜보는 존재를 가리킨다. 누군가 나를 지켜본다면 어떨까? 욕망대로, 본능대로 행동하는 것은 어렵다. 시선이 두려워 스스로를 검열하게 된다. 그렇다면 이런 검열의 기준인 초자아는 어떻게 만들어질까? 프로이트에 의하면 초자아는 오이디푸스 콤플렉스[1]에 의해 형성된다. 쉽게 말해 사회화를 통해 초자아는 형성된다.

어린아이는 성장하는 동안 성인의 세계를 배워가며 기존의 윤리와 가치 체계를 익힌다. 그리고 그것으로 자신의 욕망을 절제하며 살아간다. 옥희 같은 어린아이들도 몇 살 더 먹으면 마트에서 물건을 덥석 덥석 집지는 않는다. 그것이 옳지 않다는 초자아가 생기기 때문이다. 초자아는 나이를 먹고 사회에 진입하면서 자연스럽게 생성된다.

초자아가 꼭 긍정적인 것은 아니다. 만약 초자아가 지나치게 강력하면 어떨까? 평생 초자아의 비위를 맞추며 살아야 한다. 늘 긴장해야 하고, 불안해야 하고, 과도한 자기검열에 시달리면서 완벽한 도덕을 실천해야 한다. 일종의 모범생이 되는 건데, 자기도 피곤하지만 주변 사람들도 피곤하다. 작품 속에서 어머니의 초자아를 떠올려보라. '우리를 시험에 들지 말게 하옵시고 다만 악에서 구하옵소서'를 강박적으로 반복하고 있다. 이건 초자아가 이드를 물리치는 주문으로 욕망 자체를 '악'으로 규정해 나중에는 신경증의 원인이 된다.

친애하는 내 마음에게

거꾸로 초자아가 너무 약해도 문제다. 초자아가 느슨하면 도덕이나 윤리를 해치면서 범죄를 저지르거나 목표도 없이 흐트러진 채 살아야 한다. 만약 작품에서 어머니의 초자아가 약했다면 어머니는 이미 정신적으로 육체적으로 타락의 길을 걷고 있었을 것이고 작품은 삼류 불륜 로맨스가 되었을 것이다.

▌타협을 이끌어내는 협상 전문가 '자아'

사랑손님과의 애정을 선택할 것이냐, 아니면 기존의 윤리를 지킬 것이냐의 갈등에 놓이게 된 어머니. 어머니는 이드와 초자아 사이의 갈등을 겪으며 풍금을 치고, 노래를 부르고, 때로는 울면서 생활을 견뎌간다. 이처럼 이드와 초자아 사이의 갈등을 견디고 중재하는 것이 바로 자아다.

자아, 독일어로 'das Ich', 영어로 'I', 결국 '나'다. 자아는 일종의 중재자이자 협상가다. 자아는 이드와 초자아 사이에 벌어진 다툼을 뜯어말린다. 끓어오르는 욕구를 그대로 실행하고자 하는 이드와 그러면 안 된다고 말하는 초자아. 둘은 서로 양극단을 치닫는다. 둘의 타협을 이끌어내는 것이 바로 자아다. 사랑손님이 옥희를 데리고 마트에 갔다고 치자. 옥희는 마트에서 젤리를 먹고 싶은 간절한 욕망이 있다. 이드가 계속 속삭인다. '집어! 가져와! 뜯어! 어서 먹어!' 그러나 그것을 그냥 가져올 수는 없다. 왜냐하면 물건값을 치르지 않고 가져오는 것은 정당하지 못한 것이라고 초자아가 명령하기 때문이다. 그럼 이

때 나서야 할 존재가 누굴까? 바로 자아다. 자아의 선택은 뭘까? 최대한 불쌍한 얼굴로 젤리와 아저씨의 얼굴을 번갈아가며 바라보는 것이다. 그것도 아니면 젤리 앞에 멈춰 서서 아저씨의 손을 잡아끌면 된다. 자아의 멋진 중재는 결국 초자아도 만족시키고 이드의 욕망도 성취시킨다.

이드, 자아, 초자아. 이 중에서 가장 강한 힘을 갖춰야 하는 것은 자아다. 이드가 강력하면 문제를 일으키고, 초자아가 강력하면 욕구를 좌절하게 만들어서 늘 착한 아이로 살게 만들 것이다. 그러니 자아가 적절한 균형을 잡고 살아야 한다. 욕망 덩어리인 이드의 무차별적인 공격을 지켜내고, 초자아의 냉혹한 검열에서 자유를 찾아주는 역할을 하는 것이 바로 자아다.

안타깝게도 가엾은 어머니는 협상가로서 자아의 힘이 너무 약했다. 이드와 초자아의 타협점을 찾는 데 실패하고 결국에는 병든 사람처럼 되고 만다. 왜 자아가 약했을까? 그건 자기 삶의 목표 없이 옥희만 바라보고 살았기 때문이다. "옥희야, 난 너 하나면 그뿐이다." 어머니는 왜 애꿎은 딸한테 집착했을까? 자기 삶을 살았더라면 좋았을 것을. 결국 자아가 강하지 못한 어머니가 초자아에게 무릎을 꿇고 만다.

▌억압된 욕망을 의식의 영역으로 끌어올릴 때

사람은 살아가면서 욕망과 도덕 사이에서 갈등할 때가 많다. 이때 자아가 강하지 못한 사람은 지나치게 도덕적인 사람이 되거나 아니면 제멋대로, 내키는 대로 사는 사람이 된다. 두 가지 모두 자신과 주위 사람들을 몹시 괴롭게 할 것이다. 또한 초자아와 욕망 사이의 갈등으로 신경증적인 불안에 시달릴 수도 있다. 어머니가 노래를 부르다가 갑자기 울음을 터뜨리는 것은 그런 경우다. 이런 경우에 어떻게 하는 것이 가장 좋을까? 무작정 욕망을 억압하거나 회피할까? 아니면 자기합리화로 위기를 외면할까? 하지만 욕망은 늘 꿈틀대고 언제 다시 일상을 공격할지 모른다. 욕망을 찾아 헤매는 꿈을 강박적으로 꾸고, 일상 속에서 자신도 모르게 실수를 연발할 수도 있다. 억압된 욕망을 해결하지 않는 한 변형된 욕망이 평생 쫓아다닐지 모른다.

인형을 갖고 싶던 어린아이의 욕망이 좌절된다면, 아이는 어른이 되어 경제활동을 하게 되는 순간 자기도 모르게 강박적으로 인형을 사 모을 수 있다. 부모에 대한 불만을 참고 견뎌보라. 그러면 나중에 쌓였던 불만들을 또 다른 누군가에게, 특히 자기보다 약자에게 쏟아낼 가능성이 크다. 그러니 불만을 숨기고 욕망을 억압한다고 문제가 해결되는 것은 아니다. 차라리 무의식에 억압된 욕망, 남에게 숨기려던 욕구가 무엇인지 인식하는 게 중요하다.

프로이트는 정신분석의 목표를 억압된 충동을 당사자가 자각하게 만들어서 그 욕망을 자아로 대체하는 것이라고 말한다. 억압된 욕망을 합리적인 의식의 영역으로 끌어올려 정신건강을 회복하자는 것이 프로이트의 목표다. 그러니 그의 말대로 발굴 작업을 수행하는 고고학자처럼 인내심을 가지고 한 층 한 층 억압된 욕망을 벗겨내보

자. 이처럼 무의식의 물꼬를 터준다면 불안과 실수, 강박 혹은 더 큰 사건은 천천히 사라지고 자아는 더 단단해질 것이다. 마지막으로 옥희 어머니는 어떻게 하는 것이 좋았을까? 적어도 그녀는 사랑손님에 대한 욕망을 과도하게 억압해서는 안 되었다. 욕망을 합리적인 의식으로 끌어올려 사랑손님과 미래를 논의해야 했다. 아아, 그랬다면, 사랑손님과 어머니는 아마도 시골을 떠나 다른 도시에서 얼마든지 새 출발을 했을 것이다. 화냥년 소리도 안 듣고, 사랑도 성취하면서.

친애하는 내 마음에게

불안을 극복하는 방어기제에는 뭐가 있을까?

지그문트 프로이트

#현실 불안 #신경증적 불안 #도덕적 불안
#정신병적 방어기제 #미성숙한 방어기제
#신경증적 방어기제 #성숙한 방어기제

「사랑손님과 어머니」 중에는 놓칠 수 없는 장면이 하나 있다. 평소와 다른 어머니의 이상행동들이다. 어머니는 한밤중에 불도 켜지 않고 혼자서 노래를 부르는가 하면, 어느 날은 죽은 남편의 옷을 꺼내 만지며, "우리를 시험에 들지 말게 하옵시고, 다만 악에서 구하옵소서"라는 주기도문을 강박적으로 외운다. 어째서 이런 행동들을 하게 되는 걸까? 그 까닭은 불안 때문이다.

프로이트는 자아의 기능이 약해지거나 다른 힘이 너무 세질 때, 자아는 불안을 느낀다고 보았다. 그는 불안을 크게 세 가지로 구분했다. 첫째는 현실 불안이다. 이는 외부의 실제적인 위협에 대한 불안으로, 현실에 존재하는 위험 요인을 제거하면 해소된다. 예를 들어 어둠 때문에 생기는 불안은 불을 켜면 사라지고, 시험 때문에 생긴 불안은 시험이 끝나면 사라진다. 두 번째는 신경증적인 불안이다. 이런 불안은 과도하게 억압된 욕망이 그 세력이 강해져서 의식의 영역을 침범할 때 발생한다. 자아는 솟구치는 욕망을 조절할 수 없을 것 같은 두려움을 느끼는데, 이때 느끼는 게 신경증적인 불안이다. 마지막으로 도덕적 불안이 있다. 이는 자아와 초자아의 갈등으로 인해 도덕적인 규범 등을 위배할 때 느끼는 두려움이다. 수치심, 부끄러움을 유발하는 것이 이에 해당한다.

어머니가 느꼈던 불안은 세 가지 중 두 가지 불안에 해당한다. 바로 신경증적인 불안과 도덕적 불안이다. 어머니는 자신이 과도하게 억압했던 이성에 대한 욕구가 사랑손님을 볼 때마다 조절되지 않자 불안을 느꼈는데 이것은 전형적인 신경증적인 불안에 해당한다. 또한 자신의 욕망이 당시 사회적인 규범을 해칠까 두렵고, 화냥년이라는 비난을 받을까 두려워하는데 이는 도덕적 불안에 해당한다.

그럼 이런 불안을 어떻게 해소할 수 있을까? 그 해답은 방어기제에 있다. 자아는 내면적 불안을 해소하기 위해 자신도 모르게 특정한 조치를 취하게 되는데 이것이 바로 방어기제다. 가장 쉽게 떠오르는 방어기제로는 억압이 있다. 수용하기 어려운 욕구나 불쾌한 경험이 떠오르지 못하도록 더욱 강력하게 억누르는 것이다. 예를 들어 학대받은 경험, 혹은 사고나 재난으로 생긴 외상성 경험들을 억압하는 경우가 이에 해당한다. 어머니의 경우 주기도문을 반복적으로 외우며, 자

친애하는 내 마음에게

신의 욕망을 '악'이라고 억압한다. 하지만 이런 억압은 자칫 히스테리적인 반응으로 이어질 수 있다. 작품 속에서 어머니는 기분이 아주 좋았다가 갑자기 침울해지는 감정의 기복을 겪고 있는데 이는 히스테리 반응에 해당한다.

방어기제는 프로이트에 의해서 처음 이론화되었지만 그것을 더욱 발전시킨 학자는 그의 막내딸 안나 프로이트Anna Freud였다. 그녀는 방어기제들을 형태와 수준에 따라 자아도취적 방어, 미성숙한 방어, 신경증적 방어, 성숙한 방어로 구분해 방어기제의 개념을 명료화했다. 이후 조지 베일런트George Vaillant[2]는 방어기제가 정신질환자만이 아니라 일반인들도 환경에 적응하기 위해 사용한다고 주장하며 방어기제를 그 성숙도에 따라서 정신병적 방어, 미성숙한 방어, 신경증적 방어, 성숙한 방어로 분류하고 일반인들의 사례를 두루 활용해 방어기제를 체계화했다. 이 중에 대표적인 몇 가지 방어기제를 예로 들면 다음과 같다.

❶ 정신병적 방어기제

이는 자기애적 방어기제라고도 한다. 정신병적 방어기제는 가장 원시적인 방어기제로서 대표적으로 부정과 왜곡, 투사가 있다.

부정은 말 그대로 감당할 수 없는 경험이나 생각들을 부정하는 것이다. 자신의 감각과 사고 또는 감정을 왜곡하고 인식하지 못함으로써 고통스러운 현실을 받아들이지 않는 것이다. 예를 들어 사고로 죽은 연인을 죽지 않았다고 생각하거나 치명적인 질병에 걸렸는데도 이를 부정하는 경우에 해당한다.

왜곡은 외부의 객관적인 현실을 자기의 욕구대로 변형시키는 방어기제다. 침소봉대針小棒大라는 말처럼 사소하고 작은 일을 중요하게 인식하는 경우가 이에 해당한다. 일종의 과대망상적인 믿음이다. 지진이나 화재로 주변 모두가 피해를 입었을 때, 피해를 당하지 않은 사람이 조상의 은덕을 입었거나 하나님의 은혜를 받았다고 믿는 것도 왜곡에 해당한다.

투사는 자신의 충동, 욕구 등을 다른 사람에게 돌리는 것이다. 자신의 실수를 인정하지 않고, 타인이나 주변 탓을 하며 결과적으로 책임과 죄의식으로부터 자유로워지려는 방어기제가 투사다. 흔히 자신이 좋아하면서 상대가 자기를 좋아한다고 여기는 경우도 투사에 해당한다.

이 밖에도 자기애적 방어기제에는 자신이 의존하는 대상에 특별한 능력과 가치가 존재한다고 믿는 **원시적 이상화**, 자신과 타인을 선과 악으로 분리해 내 편, 네 편으로 나누는 **흑백논리적인 분리**도 있다.

❷ 미성숙한 방어기제

대표적으로는 퇴행, 동일시 등이 있다. **퇴행**은 현재의 불안이나 책임감을 회피하려고 이전의 발달 단계로 되돌아가려는 방어기제를 말한다. 예를 들어 대소변을 잘 가리던 아이가 동생이 태어나면서 대소변 실수를 한다거나, 갑자기 안아달라고 보채는 경우가 있는데, 이는 책임에서 벗어나 안락한 상태로 회귀함으로써 불안에서 벗어나려는 욕구가 반영된 현상이다.

동일시는 불안을 회피하려고 다른 사람의 행동이나 성향을 자기 것으로 받아들이는 경우를 가리킨다. 예를 들어 아버지나 선생님의 행동을 그대로 따라 하면서 자신도 그들처럼 강력한 존재라고 느끼는 경우가 동일시에 해당한다.

이 밖에 미성숙한 방어기제로는 심리적인 욕구가 신체적인 증상으로 나타나는 **신체화**, 다른 사람의 말을 듣는 척하면서 흘려버리는 **수동 공격**, 정신적 불안을 신체에 전이시키는 **건강 염려** 등이 존재한다.

❸ 신경증적 방어기제

분노의 감정을 억눌러왔던 이들이 사용하는 방어기제로서, 대표적으로는 억압, 대치, 합리화 등이 있다. 이 중에서 억압은 옥희 어머니가 사용했던 방법으로 수용하기 힘든 욕구나 불쾌한 감정을 의식에 떠오르지 못하도록 억누르는 방법이다.

대치는 "종로에서 뺨 맞고 한강에서 눈 흘긴다"는 속담처럼 자기 감정과 욕구를 덜 위협적인 대상에게 표출하며 대리 충족하는 것을 뜻한다. 사랑손님이 옥희 어머니를 사랑하면서 옥희를 더 귀여워하는 것도 일종의 대치에 해당한다.

합리화는 불합리한 상황을 그럴듯한 이유로 정당화하는 방어기제로, 흔히 사회적으로 용납될 수 없는 것들을 개인적인 이유나 변명으로 정당화하려는 것이다. '남이 하면 불륜, 내가 하면 로맨스'라는 말은 전형적인 합리화의 사례다.

이 밖에 받아들이기 어려운 감정이나 생각을 정반대의 행동이나 감정으로 대치하는 **반동형성**, 불편한 감정이나 정서를 지적인 영역으로 이동시켜 고통과 스트레스를 줄이는 **지성화**도 신경증적 방어기제에 속한다.

❹ 성숙한 방어기제

위의 방어기제들이 다소 문제적이었던 데 반해, 성숙한 방어기제는 정신에 긍정적으로 작용한다. 예를 들어 마음속에 억압된 성적 욕구를 예술작품으로 표현하며 불안에서 벗어나거나, 파괴적인 욕구를 권투나 격투기를 통해, 혹은 타악기를 두드리며 표출하는 **승화**가 있다. 사회적으로 용인되는 수준으로 욕구를 발산시켜 건전한 활동으로 대체하는 것이다. 또한 **이타주의**는 자신보다 타인의 욕구를 충족시켜줌으로써 불안을 낮추는 방어기제인데, 어린 시절 가난하게 살았던 사람이 자기 재산을 사회에 환원하는 것이 대표적인 사례다. 이밖에 정서적인 갈등이나 긴장 및 스트레스 등을 유쾌하게 풀어내는 **유머**도 성숙한 방어기제에 속하며, 불안한 상황이나 정서를 의식적으로 부정하고 억압하는 **억제**도 성숙한 방어기제다. "그 일은 나중에 생각하고 내일 일정에 집중해야지"라고 말한다면 그는 성숙한 방어기제를 사용하는 것이다.

　누구나 일상 속에서 불쾌한 사건이나 인간관계를 경험한다. 그런 까닭에 자신도 모르게 방어기제를 사용한다. 이왕에 방어기제를 활용해야 한다면, 성숙한 방어기제를 택하는 것이 자신과 주변에 보다 긍정적인 영향을 줄 것이다.

못난 나를
어쩌면 좋을까?

「위대한 개츠비」 _ 스콧 피츠제럴드 F. Scott Fitzgerald

얼마 전 부서별 배치가 있었다. 이승철 팀장은 마케팅 부서로 발령 났다. 그는 K대학 경영학과를 졸업하고 미국에서 경영대학원을 마친 만큼 실력이 뛰어날 뿐 아니라 잘생긴 데다 사교성도 좋아서 무엇 하나 빠지는 게 없는 사람이었다. 서른을 갓 넘긴 젊은 나이에 대기업 팀장이 된 걸 보면 자기 관리가 보통이 아니었다. 직원들을 대하는 모습도 예의바르고 깍듯했다. 딱 한 가지, 은근히 잘난 척하는 게 문제였다. 우선 시도 때도 없이 인맥을 과시했다. L기업 이사인 작은아버지에, 기획재정부 국장으로 근무한다는 외삼촌, 서울지법 판사인 사촌형에 이르기까지 입만 열면 주변 인맥을 스스럼없이 자랑하곤 했다. 게다가 걸핏하면 유학 시절을 들먹였는데 그걸 듣고 있노라면 저절로 주눅이 들 정도였다.

그러던 어느 날, 승철 팀장이 전에 없이 결근을 했다. 무슨 까닭인지 연락도 되지 않았다. 그렇게 이틀, 사흘이 지난 뒤였다. 갑자기 부서 사무실에 내부 감사팀이 들이닥쳤다. 그들은 곧바로 팀장의 자리를 정리하기 시작했다.

"무슨 일이십니까? 갑자기?"

"소식 못 들으셨나요? 허위 학력 제보가 들어왔습니다."

"네?"

사연인즉 얼마 전 감사실에 허위 학력에 대한 투서가 들어왔고 유학 출신을 전수 조사하는 과정에서 이승철 팀장의 유학이 사실이 아닌 것으로 밝혀졌다는 것이다. 교묘하게 위조된 졸업증서로 인사팀을 속인 것이다. 그뿐이 아니었다. K대학 경영학과 나온 것을 제외하고는 그가 자랑하던 인맥은 모두 거짓이었다. 소문에 따르면 그는 남해안의 어느 가난한 어촌 마을 출신으로 법조계나 대기업에는 어느 일가친척도 없었다. 능력도 출중하고 사교성도 좋은 사람이었는데 참으로 안타까웠다. 자기 과시만 빼면 참 좋은 사람이었는데 말이다.

그렇다면 왜 승철 씨는 회사 동료들과 주변 사람들을 속여온 걸까? 능력도 출중하고 대인관계도 모자람이 없었는데 굳이 남들을 속이면서까지 자기 과시를 해야 했을까?

흔히 자기 자신을 과시하는 행위 이면에는 열등감이 존재한다. 열등감으로 받게 될 상처를 차단하려고 역으로 자기를 과시하기 때문이다. 얼핏 보기에 승철 씨도 자신의 보잘것없는 출신을 자기 과시로 방어한 것처럼 보인다. 학벌과 인맥으로 자신을 포장해서 열등감으로 생겨날 상처의 싹을 미리 자르고 싶었던 것 같다. 하지만 안타깝게도 승철 씨는 주변 사람들에게 큰 실망감을 안긴 채 쓸쓸히 직장을 떠나야 했다.

많은 사람들이 지나친 '열등감'으로 어려움을 겪으며 살아간다. 학벌, 사회적 지위, 신체적 조건, 경제적 형편, 가족관계 등등 온갖 종류의 열등감이 사람들을 괴롭힌다. 그렇다면 열등감은 늘 부정적인 영향만 주는 걸까? 1925년에 발표된 스콧 피츠제럴드의 소설 「위대한 개츠비」를 읽으며 열등감이 한 사람의 인생에 어떤 영향을 주는지, 그리고 그것을 더 나은 방향으로 이끌 수는 없는지 고민해보자.

📝 원작 열기 1

1920년대 미국 뉴욕 외곽의 한적한 웨스트에그. 거대한 저택에 한 남자가 살고 있다. 그의 이름은 '제이 개츠비'. 그는 주말마다 성대한 파티를 연다. 그곳에는 영화배우, 유력 정치인, 은행가, 사업가 등 각 분야의 상류 인사들이 모여든다. 고급스러운 파티 음식, 휘황찬란한 조명, 게다가 오케스트라 연주까지. 이 완벽한 파티는 새벽녘까지 이어진다. 그런데 정작 파티를 주최한 남자는 얼굴을 내밀지 않는다. 사람들은 베일에 가려진 그를 두고 '독일 빌헬름 황제의 조카일 것이다', '사람을 죽인 범죄자일지 모른다' 등 온갖 추측만 내놓는다.

어느 날 이웃 '닉 캐러웨이'가 개츠비의 대저택 파티에 초대된다. 닉은 부유하지는 않지만 명문 예일 대학을 졸업하고 증권 회사에 다니는 상류층 남성이었다. 그는 파티에서 짧은 시간이나마 개츠비와 인사를 나눈다. 그의 눈에 비친 개츠비의 첫인상은 단정하고 우아했으며 단어 하나하나를 가려 쓸 만큼 신중했다. 그날 이후 무슨 까닭인지 개츠비는 닉에게 호의를 베푼다. 자신의 수상 비행기를 함께 타자고 권유하고 저택 앞 해변을 개방해주었으며 돈을 벌 수 있는 사업까지 알선하려고 한다.

그는 거들먹거리는 말투로 말했다.

"저는 원래 미국 중서부 출신이지만 학창 시절 영국에서 교육을 받았습니다. 집안 사람들 대대로 옥스퍼드에서 공부했거든요. 그런데 갑작스럽게 부모님이 돌아가시면서 막대한 유산을 물려받게 됐고 그 뒤로 파리, 베네치아, 로마를 떠돌며 지냈습니다. 그러다 1차 세계대전이 터지자 참전하게 됐고 무공을 세워 훈장까지 받았지요."

닉은 개츠비의 말을 그대로 믿어야 할지 혼란스러웠다. 그의 정체가 불분명하기도 한 데다가 실제로 그는 파티 참석자들과 잘 어울리지 않고 남의 시선을 매우 의식하는 듯 보였기 때문이다.

그러던 어느 날 개츠비는 닉에게 조심스럽게 부탁을 한다. 그것은 바로 닉의 사촌 '데이지'를 만나게 해달라는 것이었다. 데이지는 강 건너편, 뉴욕 이스트에그에 살고 있는 개츠비의 첫사랑이었다. 해 질 녘이면 개츠비는 2층 난간에 서서 강 건너 불빛을 바라보고는 했는데, 첫사랑 데이지가 사는 저택에서 퍼지는 불빛이었다. 개츠비는 먼발치에서 그녀가 있는 곳을 애타게 바라보았던 것이다. 이미 톰 뷰캐넌이라는 남자와 결혼한 데이지. 그러나 개츠비는 그녀를 만나기 위해 지금의 대저택을 구입해 주말마다 파티를 열었다. 언젠가 그녀가 파티에 찾아올 것을 고대하면서.

▎열등감이 인간의 본능이라고?

개츠비가 첫사랑 데이지에게 직접 찾아가지 못하는 까닭은 무엇때문일까? 그것은 개츠비가 직접 나설 만큼 자신이 없고 열등감에 사로잡혀 있기 때문이다. 그저 첫사랑을 먼발치에서 바라보기 위해 대저택을 구입하고 주말마다 성대한 파티를 열 뿐이다. 그런데 여기서 한 가지 짚고 넘어갈 것이 있다. 개츠비가 부자로 성공한 까닭이 첫사랑 데이지 때문이라는 것이다. 아직 그의 과거를 분명히 알 수는 없지만 그가 성공한 것은 데이지 때문이다. 데이지에 대한 열등감이 개츠비의 화려한 현재를 만든 것이다. 그렇다면 열등감도 때때로 긍정적일 수 있을까? 그렇다. 열등감은 사람을 보다 나은 존재로 만드는 동력이 되기도 한다.

친애하는 내 마음에게

오스트리아의 심리학자 알프레드 아들러 Alfred Adler는 열등감을 긍정적으로 접근한 학자다. 그는 열등감이 인간에게 보다 나은 삶을 살아갈 동기를 부여해준다고 보았다. 본래 아들러는 카를 융 Carl Jung과 함께 프로이트와 친분이 두터웠다. 하지만 그는 얼마 지나지 않아서 프로이트와 결별한다. 무의식을 강조하고, 과거의 억압된 기억이 현재를 결정한다는 프로이트의 주장에 동의할 수 없었기 때문이었다. 아들러는 인간을 과거의 경험에 수동적으로 끌려다니는 존재가 아니라 미래의 목표를 향해 나아가는 창조적인 존재라고 여겼다. 프로이트가 무의식에 갇힌 과거를 탐구했다면 아들러는 완성되지 않은 미래에 주목했다. 더 나아가 그는 미래의 삶을 결정하는 것이 열등감이라고 주장했다.

아들러에 따르면 인간은 누구나 불완전하게 태어난다. 그리고 태어나는 순간부터 본능적으로 자신이 모자라다는 열등감을 느낀다. 그 열등감이 엄마의 젖을 빨게 하고, 아빠의 보호를 불러일으킨다. 갓난아이는 태어나자마자 울부짖는다. 그것은 부족한 자기를 지켜달라는 강력한 신호다. 그뿐이 아니다. 생후 몇 개월만 지나도 스스로 웃고 사랑스러운 몸짓을 하는데 이는 주위 사람들의 관심과 사랑을 자연스럽게 이끌어낸다. 연약한 자신을 돌보도록 만드는 것인데 아들러는 이런 행위들을 모두 열등감이 긍정적으로 작용한 결과라고 보았다.

만약 열등감을 느끼지 못한다고 가정해보자. 그런 사람이 있다면 그는 얼마 못 가 생존에 어려움을 겪을 것이다. 결핍을 느끼지 못하면 결핍을 채우려는 노력이 없을 것이고, 그러다 보면 더 나은 존재가 될 수 없다. 이런 점에서 아들러는 인간의 삶이 열등감을 극복하려는 노력과 그 보상의 과정이라고 보았다. 그에 따르면 열등감은 인간이라면 가질 수밖에 없는 필수 조건이다.[1]

▋ 문제는 허영심, 과도한 인정 욕구의 산물

열등감이 문제가 안 된다면 개츠비의 삶은 아무런 문제가 없을까? 그건 아니다. 우선 젊은 나이에 어마어마한 부를 이뤘다면 그 과정에는 뭔가 석연치 않은 구석이 있을 것이다. 또 아무리 부자라고 해도 주말마다 유력인사들을 초대해서 성대한 파티를 여는 것은 누가 보더라도 지나치다. 그리고 그 이유가 사랑하던 옛 연인이 찾아와주길 바라는 것이라면 문제는 더욱 심각하다.

무엇이 문제일까? 바로 열등감에 대한 태도다. 개츠비는 자신의 부족함을 채우려 부단히 노력했지만 자신의 본 모습, 열등했던 자신의 과거는 철저히 숨기려 했다. 그가 자신을 숨기기 위해 선택한 전략은 자기 과시다. 개츠비는 거대한 저택을 사들이고 사치스러운 파티를 열어서 자기를 과시하면 사람들이 자신을 농촌 출신 시골뜨기가 아니라 빌헬름 황제의 조카이거나 최소한 암흑가의 보스 정도로 여기게 될 것으로 알았다.

그는 파티를 열어도 정작 자신은 뒤에서 지켜볼 뿐, 잘 나서지 않는다. 잘못 처신했다가는 초라한 과거가 드러날 수 있으니 말이다. 단어를 하나하나 조심스럽게 사용하고, 자신의 과거가 대단한 것인 양 과시하는 것도 모두 열등했던 과거를 숨기려는 개츠비의 전략이다.

아들러는 자기 과시를 하는 사람들의 심리에는 허영심과 강한 인정 욕구가 자리 잡고 있다고 보았다. 그에 따르면 인정 욕구가 강할수록 남보다 우월해지려는 욕망이 커지는데, 그로 인해 허영심에 사로잡힐 위험도 함께 높아진다. 개츠비의 생활을 보라. 이는 과도한 인정 욕구가 빚어낸 허영심의 산물에 다름 아니다.

그렇다면 개인의 허영심이 왜 문제일까? 저택을 사들이고 연일 파티를 여는 게 잘못일까? 자기 잘난 맛에 산다는데 무시하면 그만 아닐까? 안타깝게도 그렇지가 않다. 허영심에 사로잡힌 이들은 어떤 대가를 치르더라도 모든 이들을 압도하겠다는 정복 욕구를 지니고 있다. 그들은 자신보다 잘난 사람을 절대 받아들일 수 없다. 오히려 자기보다 잘난 이들이 추락할 때, 안도의 한숨을 쉰다. 그래서 이들은 종종 반사회적인 일마저 서슴지 않고 저지른다. 굳이 예를 든다면 독재자 히틀러가 유럽에서 성공 신화를 써가던 유태인들을 학살한 것을 떠올릴 수 있다. 유태인이 학살당한 것은 여러 이유가 있겠지만 당시 유럽에서 경제적으로 넉넉하고 각계각층에서 두각을 드러내던 유태인이 히틀러의 열등 콤플렉스를 자극했을 가능성이 높다. 어떻게든 유태인을 넘어서야 한다는 과도한 인정 욕구와 허영심, 그것이 유태인 학살을 부추긴 것이다.

그렇다면 과도한 인정 욕구와 허영심에 빠졌던 개츠비는 어떤 일을 벌였을까? 겨우 서른 남짓한 젊은 나이에 어떻게 남들을 압도할 만한 재산을 모았을까? 답은 개츠비에게 종종 걸려오는 정체 모를 전화에 있다. 그는 전화를 받는 내내 다른 때와 달리 몹시 심각한 표정을 짓는다. 그 까닭은 전화를 걸어온 곳이 온갖 불법적인 사업과 관련된 곳이었기 때문이다. 그의 과도한 인정 욕구와 허영심이 반사회적 행동으로 이어진 것이다. 그러므로 허영심은 단지 개인의 문제가 아니라 사회적인 문제가 된다.

📝 원작 열기 2

제이 개츠비의 본명은 '제임스 개츠'. 그는 미국 중서부의 한 시골 마을에서 빈농의 아들로 태어났다. 촌에서 자란 그는 우연한 기회에 백만장자 '댄 코디'를 만나 그의 비서가 되어 화려한 상류 사회를 맛보게 된다. 그 후 그는 개츠라는 이름을 개츠비로 바꾸고 상류 사회의 일원으로 도약하기 위해 발버둥 친다. 하지만 댄 코디가 갑작스럽게 죽음을 맞이하면서 개츠비의 노력은 물거품이 된다.

군인이 된 그는 어느 날 동료 군인들과 어울려 '루이스빌'이라는 동네에 들르게 되고, 그곳에서 자신의 운명을 뒤바꿀 여성 '데이지'를 만났다. 그녀는 개츠비가 태어나서 처음 만나본, 상류층 가정의 우아한 여자였다. 개츠비는 곧 데이지와 사랑에 빠지지만 보잘것없는 그를 그녀의 가족이 받아들일 리 없었다. 결국 얼마 뒤 1차 세계대전이 일어나자 개츠비는 파리로 떠나게 되고, 그 사이 데이지는 '톰 뷰캐넌'이라는 명문가 남자와 결혼하게 된다.

전쟁이 끝나고 개츠비는 다시 돌아오지만 이미 데이지는 다른 사람의 여자가 되어 있었다. 그는 자신이 데이지와 헤어지게 된 결정적인 이유가 미천한 출신과 가난 때문이라고 생각하고 훗날 그녀를 다시 만나겠다는 일념으로 부와 신분 상승에 모든 노력을 쏟아붓는다. 이 작품의 배경이 된 1920년대 미국 사회는 부정부패와 뇌물, 조작이 판을 치는 극심한 혼란 상태였다. 개츠비는 이를 틈타 밀주 판매와 채권 사기, 도박으로 큰돈을 벌며 30대에 벼락부자가 된다. 그는 데이지를 되찾기 위해 악마에게 영혼을 팔았던 것이다.

한편 닉의 도움으로 재회한 개츠비와 데이지는 은밀한 만남을 즐긴다. 개츠비는 호화로운 대저택과 사치품들로 데이지의 환심을 샀고, 물질적 욕망에 눈이 먼 데이지는 개츠비의 화려한 생활에 마음을 빼앗긴다. 그러나 이들의 달콤한 만남은 오래가지 못했다. 둘 사이를 의심한 데이지의 남편 톰이 개츠비의 과거를 뒷조사해 그가 범죄에 연루됐다는 사실을 데이지에게 폭로한 것이다. 데이지는 이 일로 혼란스러워하던 와중에 개츠비의 차를 몰다 한 여자를 치어 죽음에 빠뜨린다.

놀라운 것은 자동차 사고를 당한 여자가 다름 아닌 데이지의 남편 톰의 불륜 상대였다는 사실. 톰은 아내 데이지의 사고를 수습하는 과정에서 죽은 여성의 남편을 만난다. 두 사람은 이미 예전부터 아는 사이였는데 톰은 아내를 잃고 실의에 빠진 그에게 사고 차량을 운전한 것이 데이지가 아니라 개츠비였다고 속인다. 결국 그 남성은 개츠비가 자신의 아내를 죽인 것으로 오해하고, 대저택에서 홀로 수영하던 개츠비를 총으로 쏘아버린다.

▌개츠비의 아메리칸드림, 데이지

소설의 줄거리를 간단히 요약하면 '열등감과 허영심으로 가득한 인물 개츠비가 속물 데이지를 만나 파멸에 이르는 과정'이라고 할 수 있다.

사실 개츠비가 데이지를 그토록 잊지 못했던 이유는 단지 사랑에 눈이 멀었기 때문만은 아니다. 소설 속 데이지는 부유한 집안의 아름다운 여자로 소개되어 있지만 그저 그뿐이다. 소설이나 영화에 등장하는 첫사랑처럼 순수하고 맑은 영혼을 지닌 것도 아니고 치명적인 매력을 발산하는 여성도 아니다. 게다가 작가는 데이지를 화려한 저택과 값비싼 물건에 흠뻑 빠져서 살아가는 어쩔 줄 모르는 속물로 그려놓았다. 그다지 사랑받을 만한 캐릭터가 아니다.

개츠비는 데이지를 통해 뭔가 다른 것을 욕망하는 게 틀림없다. 개츠비가 너무도 흠모하고 열망했지만 결코 다가갈 수 없었던 '상류 사회', 그것이 개츠비의 진짜 욕망이었다. 한번 가정해보라. 데이지가 아

친애하는 내 마음에게

름다운 용모에 착한 심성을 지녔지만 그저 그런 시골뜨기였다면, 개츠비가 모든 걸 걸고 사랑했을까? 자신이 쌓은 지위와 재산을 내려놓고 사랑을 위해 순박한 시골뜨기로 되돌아갔을까? 아니, 절대로 그렇지 않았을 것이다. 아무리 아름답고 사랑스러워도 데이지가 상류층이 아니었다면, 개츠비는 일말의 관심조차 두지 않았을 것이다. 이런 의미에서 데이지는 개츠비에게 단순히 '사랑의 대상'이라기보다 일종의 '아메리칸드림'에 가까웠다.

개츠비는 가난한 농사꾼의 자식이라는 현실에 불만을 갖고 살아왔다. 젊은 시절 그는 어떻게든 그 '부끄러운' 환경으로부터 달아나려고 안간힘을 썼는데, 그 무렵에 만난 데이지는 부와 명예를 가진 완벽한 가문 출신이었다. 개츠비에게 데이지는 신분 상승의 뚜렷한 징표와도 같았다. 모든 청년들이 사모하는 데이지. 그 여자를 자기 연인으로 만든다면 아메리칸드림을 성취하고 우월한 존재가 될 것이라고 여긴 것이다.

▎ 열등감이 아니라 열등 콤플렉스가 문제다

데이지는 개츠비가 시골뜨기 시절, 열등했던 과거를 지울 수 있는 완벽한 기회였다. 사랑에 눈이 먼 게 아니라 자기 과거를 지우는 데 열을 올렸던 것이다. 문제는 열등감이 아니라 열등한 자신을 숨기려는 개츠비의 태도였다.

그런데 사람이라면 누구나 자신의 부끄러운 과거를 숨기고 싶지 않을까? 열등한 자신을 부끄러워하지 않는 삶이 가능할까? 얼마든지 가능하다. 우리는 흔히 자수성가한 사람들을 방송 프로그램 등을 통해 접할 때가 있다. 이들의 공통점은 자신의 과거를 부정하지 않는다는 점이다. 이들은 오히려 어려웠던 과거를 당당히 밝히며, 그동안 자신이 기울여왔던 노력에 대해 자부심을 드러낸다. 게다가 유혹에 빠지거나 나태해질 때, 자신의 열등했던 과거를 자기 의지를 되새기는 귀한 기억으로 삼기까지 한다.

하지만 개츠비는 그게 아니었다. 열등했던 과거를 숨기고, 지우고, 또 미화하려 했다. 열등감을 긍정적으로 받아들이지 못한 채 부정적으로만 느낀 것이다. 따라서 열등감 자체가 아니라 열등감 주위에 형성된 부정적인 감정이 문제다. 아들러는 이처럼 열등감에 대한 부정적인 정서를 '열등 콤플렉스'라고 불렀다. 이는 과도한 열등감이 원인이 된 심리 현상으로, 열등감을 감추기 위해 타인을 속이거나 스스로에게 과도한 보상을 하려는 특징이 있다.[2] 이 경우 소소한 행복이나 보상에 만족하지 못하고 권력, 자본, 이룰 수 없는 사랑 등 과잉 보상에 더욱 집착하게 된다.

이들은 절대적인 우월성을 얻기 위해 자신이 그 누구보다 우위에 있다는 신념을 구체화하려고 한다. 자신에게 열등감이 없는 것처럼 보이려고 위세를 부리며 저명인사들과 어울리려는 욕망을 드러낸다. 개츠비가 자신의 파티에 뉴욕의 유명인사들을 자주 초대했던 것은 바로 이 때문이었다.

열등감은 누구나 갖는다. 하지만 열등 콤플렉스는 누구나 갖는 게 아니다. 어째서 열등감에 대한 인식의 차이가 발생할까? 어떤 이들이 열등 콤플렉스에 휘둘릴까?

자, 여기 같은 면접을 치러야 하는 사람이 있다고 하자. 두 사람의 실력은 거의 비슷하다. 운 나쁘게도 처음부터 가장 어려운 질문들이 쏟아졌다. 한 사람은 다소 어려운 질문이지만 끝까지 포기하지 않고 차분히 답을 한다. 그런데 또 다른 한 사람은 면접을 치르기 전부터 식은땀을 흘리기 시작하더니 질문을 받고서는 한참을 끙끙거리다 제대로 답변하지 못한 채 그만 포기하고 말았다. 왜 이런 일이 벌어질까? 두 사람의 생활양식이 서로 달랐기 때문이다.

흔히 면접을 보거나 시험을 치를 때 과도한 불안으로 고통받는 사람들이 있다. 평소에는 능숙하게 잘 답변하던 질문도 실제 면접에서는 긴장해서 면접을 망치는 이들이 있다. 여러 가지 이유가 있겠지만 그중 하나는 실패에 대한 과도한 불안 때문이다. 이런 유형의 사람들은 대체로 어린 시절, 부모로부터 실패에 대해 지나칠 정도로 가혹한 평가를 받아왔던 경우가 많다. 초등학교, 심하면 유치원 시기에 한글 받아쓰기, 혹은 덧셈, 뺄셈을 틀렸다고 엄하게 혼이 났던 경험, 실수도 실력이라며 책망받은 경험, 이런 경험이 생애 초기부터 누적되면 이들은 성장을 해서도 사소한 실패마저 부정적으로 여기기가 쉽다. 부모에게 사랑받으려면 인정을 받아야 하고, 인정을 받으려면 실수를 해서는 안 된다, 사소한 성공은 만족할 수 없다, 차라리 실수할 거라면 처음부터 포기하는 게 낫다는 식의 사고가 쌓이면 결국 열등한 상태를 부정적으로 여기는 열등 콤플렉스가 형성된다. 똑같은 면접을 치르는데도 누군가는 최선을 다하고, 누군가는 포기하는 이유가 여기에 있다.

개츠비는 어땠을까? 소설 속에 개츠비의 어린 시절은 없지만 그 역시 열등한 현실에 대해 부정적인 피드백을 받았을 여지가 높다. 꼭 부모가 아니어도 경쟁적인 사회 분위기, 누구나 노력하면 성공한다는 1920년대 아메리칸드림의 신화, 그것이 소소한 만족을 거부한 채 헛된 꿈을 좇게 만들었을 것이다.

▌자존감, 열등감을 줄이는 묘약

열등 콤플렉스를 벗어나려면 어떻게 해야 할까? 무엇보다 스스로 지나치게 높은 기준을 추구하고 있지는 않은지 점검해야 한다. 이때 필요한 게 '다른 관점을 취하는 일'이다. 아들러에 따르면 정신적으로 어려움을 겪는 이들은 대체로 자기중심성이 아주 높다.[3] 그러니 다른 사람의 관점으로 자기 기준을 돌아보는 게 필요하다. 그러다 보면 타인에 대한 이해도 생기고 갈등도 줄어들 뿐 아니라 자신의 기준을 점검할 수도 있다. 개츠비가 만약 한 번만이라도 타인의 시선으로 자신의 신분 상승 욕구를 점검했더라면 그는 비극적인 결말을 맞지 않았을 것이다. 개츠비의 장례식에 참석하지 않고 마치 달아나듯 여행을 떠나버린 데이지를 떠올리면 개츠비의 욕망은 그저 깃털처럼 허무할 뿐이다. 그러니 전문가들은 "열등감에 시달리고 있다면 한 번쯤 다른 관점으로 바라보는 지혜를 가지라"고 말한다.

자존감을 높이는 일도 중요하다. 이를 위해서는 주위의 지지와 격려가 필요하다. 격려는 아들러 학파의 핵심 상담 기법으로 낙담에 빠진 이들이 삶의 과제에 용기 있게 다가설 수 있도록 해준다.⁴ 열등감에 시달리는 이들에게 지지와 격려는 낮은 자기 개념을 극복하고 자존감을 회복하는 밑거름으로 충분하다. 덧붙여 자존감을 높이려면 당사자는 타인의 평가에 크게 신경 쓰지 않아야 한다. 더 나아가 남에게 비난이나 미움을 받아도 별것 아니라는 대담한 인식이 중요하다. 누군가 불합리한 이유로 비난을 반복한다면, 그저 바람 소리나 빗방울 소리라고 여기는 게 마음을 평온하게 유지하는 길이다. 애써 인정받으려는 욕망은 어디까지나 타인에게 나를 맞추는 일이다. 어떠한 숭고한 노력도 타인의 기준에 맞지 않으면 물거품이 된다. 그러니 타인의 기준에서 벗어나 자유로워지는 게 중요하다. 그 첫걸음은 부정적 평가에 지나치게 신경 쓰지 않는 일이다.

생활양식과 출생 순위는 성격 발달에 어떤 영향을 미칠까?

알프레드 아들러

#인정 욕구 #기생형 생활양식
#회피형 생활양식 #사회적 유용형 생활양식 #우월 추구자
#인정 추구자 #높은 기준 추구자 #변화 반대자 #순교자

한 가지 가정을 해보자. 만약 데이지와의 사랑에 성공했다면 개츠비의 열등감은 사라졌을까? 그렇게 바라던 첫사랑을 얻었으니 그는 만족할 것이라고 생각할 수도 있다. 하지만 개츠비가 더 높은 상류 사회 여자를 만나게 된다면 어떨까? 아마도 개츠비의 마음은 또다시 심하게 흔들릴 것이다. 그 까닭은 그가 우월의식을 추구하는 생활양식을 여전히 지니고 있기 때문이다.

아들러는 생활양식이란 개인이 지니는 독특한 삶의 방식으로 일종의 신념 체계이자 삶에서 겪는 온갖 과제에 대응하는 개인의 행동 패턴이라고 보았다. 이러한 생활양식은 대체로 초기 아동기에 발달하는데, 이 과정에서 가족의 영향은 매우 지대하다. 아들러에 따르면 성인의 행동 특성 중 상당 부분은 어린 시절에 만들어진 생활양식에 기댄 경우가 많다.

예를 들어 자기 자신의 이익을 위해 남을 전혀 배려하지 않는 사람일 경우, 어린 시절 부모로부터 관심과 사랑을 받지 못했을 가능성이 매우 높다. 최초의 사회적 관계인 부모와의 관계가 없었기 때문에 남을 배려해야 한다는 생활양식 자체가 형성되지 못한 것이다.

부모와의 관계뿐만 아니라 출생 순위도 생활양식에 영향을 미친다. 가령 첫째로 태어난 아이는 처음에는 부모를 독차지하며 자라다가 동생이 생기면 부모로부터 예전만큼 관심과 사랑을 받지 못해 심리적인 박탈감을 느끼게 되는데, 이때 첫째는 자신의 우월적 지위를 되찾으려는 생활양식을 형성할 수 있다. 쫓겨난 왕좌를 되찾기 위해 무슨 수를 써서라도 동생보다 우월해지려는 경향이 생긴다.

한편 둘째는 태어날 때부터 형과 경쟁해야 하기 때문에 인정 욕구가 강하며 첫째와는 다른 능력을 개발하려고 노력하게 된다. 캘리포니아 대학교 프랭크 설로웨이 Frank Sulloway의 말처럼 형이 뛰어난 투창꾼이라면 둘째는 창보다 활과 화살을 선택한다는 것이다.[5] 첫째가 선택한 전략에 따라 둘째는 그다음 전략을 모색한다는 의미다.

만약 셋째가 태어난다면, 그는 나머지 형제보다 자유롭게 자신의 길을 탐색할 여지가 높다. 외동으로 태어난 아이는 경쟁할 형제가 없기 때문에 처음부터 성인 수준의 높은 성취를 추구하려는 과도한 압박감을 느낄 수 있다. 또한 협동을 익힐 기회가 높지 않아서 자기중심적인 생활양식이 형성될 가능성이 높다.

이처럼 부모와 형제자매 등 가족 구조에 따라 생활양식은 다양하게 만들어질 수 있다. 아들러는 개인마다 다양하게 존재하는 생활양식을 사회적인 관심과 활동 수준에 따라 지배형, 기생형, 회피형, 사회적 유용형 등 크게 네 가지로 분류했다.[6]

가장 먼저 지배형은 부모가 자녀를 강압적으로 지배하고 통제할 때 만들어지는 유형이다. 이런 유형은 사회에 대한 관심이 낮으며 성인이 되어 사람들을 공격하고 착취하며 자신의 우월성을 과시하려는 경향이 강하다. 가부장적이고 권위적인 가족 환경에서 이런 생활양식이 만들어질 가능성이 높다.

둘째로 기생형은 부모가 자식을 과잉보호할 때 나타나는 유형으로 타인에게 의존적인 특성을 지닌다. 이들은 자신의 욕구를 충족하기 위해 남에게 과도하게 의존하는 기생적인 방식을 취한다. 다른 사람에게 받는 것을 좋아하지만 정작 남에게는 베풀지 않는다.

셋째로 회피형은 사회에 관심이 없고 사회활동도 하지 않는 유형으로 신경증 환자나 정신증을 지닌 이들에게서 주로 관찰된다. 이들은 실패에 대한 두려움 때문에 매사에 소극적이고 부정적이며 새로운 과제에 대해 도전보다 도피를 선택한다. 부모가 자녀를 지나치게 무시하거나 의지를 꺾을 때, 회피형이 형성된다.

친애하는 내 마음에게

마지막으로 사회적 유용형이다. 이런 유형은 사회적 관심이 매우 높고, 활동도 지속적이다. 이들은 자신의 과제를 수행하기 위해 타인과 협력하며 이타적인 행동을 하는 등 가장 건강한 유형에 속한다.

어린 시절 형성된 생활양식은 쉽게 변하지 않는다. 문제는 자신의 생활양식을 명확히 인식하지 못한 채 살아가는 이들이 적지 않다는 점이다. 생활양식 때문에 문제가 발생해도 그것을 인지하기는 쉽지 않다. 만약 심리적인 어려움을 겪거나 주위에 그런 이들이 있다면 가장 먼저 생활양식을 객관적으로 점검하는 일이 필요하다. 자신의 신념과 행동 패턴을 이해해야 변화를 모색할 수 있기 때문이다. 다음은 여러 곤란을 일으킬 수 있는 몇 가지 구체적인 생활양식의 예다.[7] 이 중 혹시라도 해당되는 게 있다면 상담을 받고 자신의 생활양식을 가능한 한 사회적 유용형으로 수정하는 것도 고려해볼 일이다.

우월 추구자: 자신이 우월하다는 것을 느끼기 위해 최고가 아니면 최악을 선택하는 사람이다. 모 아니면 도라고 여기는 사람들. 개츠비도 이런 유형에 속하는 인물이다.

인정 추구자: 자기 가치를 인정받기 위해서 다른 사람의 평가에 지나치게 의존하는 경우다. 대체로 자존감이 낮다.

높은 기준 추구자: 기준을 높게 정함으로써 자신이 높이 올라간다

고 생각한다. 다른 사람에 비해 자신이 도덕적으로 우월하다고 여기는 사람이다.

변화 반대자: 삶의 모든 기대와 요구에 반대하면서 정작 그들이 무엇을 위해서 사는지 잘 모르는 사람이다.

순교자: 고통을 감수하면서 누군가를 위해, 또는 일정한 과업을 위해 죽기도 하는 사람이다.

이밖에 다른 사람을 탈취하고 조종하는 탈취자, 지나치게 야심이 크고 성실하며 헌신적인 추진자, 아무것도 제대로 할 수 없을 것처럼 행동하는 부적절한 자, 일상적인 것을 폄하하고 흥미만 쫓아가는 자극 추구자 등도 문제를 일으킬 소지가 있다.

친애하는 내 마음에게

내 안에 또 다른
내가 있다면

「주홍글자」 _ 너새니얼 호손Nathaniel Hawthorne

"선생님! 민영이 때문에 정말 힘들어요."

"무슨 일인데?"

민영이라고? 그 아이라면 학기 초에 전학 와서 기숙사에 들어갔던 학생 아닌가. 전학생인데도 친구들하고 사이도 좋고 공부도 곧잘 하고. 지난번에 보니까 시험 기간에 자기 노트까지 복사해서 아이들한테 나눠주던데, 뭐가 문제지?

"선생님, 제가 이렇게 말하는 게 꼭 민영이 뒷담화하는 것 같아서 싫지만 걔는 종잡을 수가 없어요. 잘 지내다가도 사소한 일에 화를 내고 난폭해져요. 지난번에 지수가 조별 모임 때 5분 늦은 적 있는데 그걸 두고 버럭 화를 내더니 그대로 뛰쳐나가는 바람에 저희 조는 활동을 하나도 못 했어요. 시험 때는 자기가 문제를 틀려놓고는 선생님들 욕을 너무 많이 해요. 자기 분이 안 풀리면 물건을 닥치는 대로 집어던 져서 공포 분위기를 만든다니까요."

"뭐? 그런 일이 있었어?"

이런? 내가 봤던 민영이랑 완전히 다른걸.

"그래서 어떻게 됐어? 애들이 민영이를 싫어하겠는데."

"꼭 그렇지도 않아요. 시간이 지나면 자기가 먼저 미안하다고 사과 하니까요. 친구들한테 간식도 챙겨주고 다시 친절하게 대해요. 진짜 걔는 성격을 도무지 알 수가 없어요. 어느 장단에 맞춰야 하는 건지 잘 지내다가 또 불쑥불쑥 화를 내니까요."

며칠 후, 나는 민영이를 불렀다. 그리고 혹시 아이들에게 잘못했던 일이나 사과할 일이 없느냐고 조심스럽게 물었다. 그러자, 녀석이 갑 자기 흐느끼기 시작했다.

"저도 왜 그런지 모르겠어요. 그렇게 하는 게 나쁜 줄 알면서도 자 꾸 난폭해져요."

한참을 울게 놔둔 후 나는 민영이가 자기 이야기를 하도록 내버려 두었다. 그러자 민영이는 자기 형 이야기를 꺼냈다. 형이 어렸을 때부 터 자기 멋대로 굴면서 괴롭힐 때가 많았다고, 자기 뜻과 안 맞는 일이 있으면 물건을 집어던지고 소리를 지르고 주먹질까지 한다고 했다. 민영이는 요즘에도 형처럼 되지 않겠다고 하루에도 몇 번씩 다짐한 다. 그런데 어째서 형의 태도를 싫어하면서도 닮아가는 것일까?

친애하는 내 마음에게

사람 성격 참 복잡하다. 친절하고 상냥하게 굴었다가 갑자기 분노 조절 장애라도 있는 것처럼 물건을 집어던지다니. 민영이에게 혹시 영화에 종종 등장하는 다중인격 장애라도 있는 걸까? 정반대의 성격이 어떻게 같은 사람 안에서 함께 존재하는 걸까? 물론 이런 일이 민영이한테만 있는 것은 아니다. 겉으로는 젠틀하게 알려져 있지만 알고 보니 분노조절 장애라도 지닌 것처럼 자기 성질을 이기지 못하는 사람들이 종종 뉴스에 나오지 않는가. 그러고 보면 늘 한결같은 사람이 있긴 할까? 대체 사람의 마음은 어떻게 구성된 걸까? 분석심리학자 카를 융을 통해 너새니얼 호손의 「주홍글자」를 감상하며 복잡한 인간의 마음을 한 겹씩 벗겨보자.

 원작 열기 1

17세기 중엽, 뉴잉글랜드 메사추세츠의 보스턴. 영국의 청교도들이 종교의 자유를 위해 아메리카로 이민을 떠난 지 스무 해 남짓 지난 때였다. 청교도들은 엄격한 도덕에 따라 일체의 향락을 배격하며 살고 있었다. 이들은 스스로 자치 사회를 구성해 법률을 만들었고 그에 따라 질서를 지켜갔다. 공동체를 이끌 총독이 있었고, 치안판사들이 형벌을 내렸으며, 무엇보다도 공동체를 이끌 교회 목사들이 사랑과 존경을 받으며 활동하고 있었다.

그러던 어느 날, 한 여인이 갓난아이를 품에 안은 채 시장 한가운데 설치된 처형대 쪽으로 걸어가고 있었다. 그녀의 이름은 헤스터 프린. 형편상 남편보다 먼저 뉴잉글랜드로 이민을 왔고 홀로 지낸 지 2년이 넘어가고 있었다. 그런데 그런 그녀가 아이를 가졌다니! 그건 명백히 남편 아닌 다른 사람과 부정을 저질렀다는 증거였다.

여자는 스스로 만든 주홍빛 글자를 가슴에 달고 있었다. A. 'adultery'의 약자로 간통을 의미하는 글자였다. 여자는 엄격한 청교도 윤리를 적용했다면 죽음을 피할 수 없었을 것이다. 하지만 2년 동안 남편이 연락 한 번 하지 않고 찾아오지도 않았기에 판사들은 그녀에게 처형대에서 자신의 죄를 공개한 뒤, 주홍 글자를 평생 달고 지내도록 형벌을 내렸다.

여자가 세 시간이 넘도록 처형대에서 치욕을 당하던 그때, 한 낯선 사내가 구경꾼에게 어찌 된 사정인지를 물어왔다.

"대체 그 아비가 누구랍니까?"

"형씨. 그건 수수께끼요. 헤스터 부인이 입을 꾹 다물고 있으니까요."

흥미롭게도 헤스터는 그 낯선 사내를 뚫어지게 바라보고 있었다. 그는 오랫동안 학자로 살아왔던 나이 지긋한 로저 칠링워스였다. 한때 '프린'이라는 성을 가졌던 헤스터의 남편이었다. 그는 태어날 때부터 성불구로, 자신의 열등감을 숨기려고 젊고 아름답지만 가난했던 헤스터와 결혼했고, 그 후로도 아내를 내팽개친 채 의학 공부만 해왔던 사람이었다.

처형대의 일이 끝나고 감옥에 갇힌 그녀에게 칠링워스가 찾아왔다. 헤스터는 말했다.

"전 당신에게 몹쓸 짓을 했어요."

"먼저 잘못을 저지른 쪽은 나요. 꽃봉오리 같던 당신의 청춘을 이미 시들어버린 나와 위선적인 관계를 맺게 했으니까. 당신에게 복수하지 않을 것이오. 하지만 도대체 그자가 누구요? 끝내 밝히지 않겠소? 하지만 언젠가 그자는 내 손아귀에 들어오고 말 거요."

그는 예전과 달리 교활한 웃음을 띠며 감옥을 나섰다. 마치 마귀가 들어앉은 것만 같았다.

수감 기한이 끝나자 헤스터는 마을로 돌아왔다. 그녀의 가슴에는 저주와 치욕의 글자 A가 달려 있었다. 그녀는 한동안 멸시의 시선에 시달렸다. 그럼에도 헤스터는 당당하게 A자를 감추려 들지 않았다. 그리고 묵묵히 자신의 일을 해나가기 시작했다. 뛰어난 바느질로 생계를 이어갔으며, 자신이 모은 돈을 어렵고 불쌍한 이들을 돕는 데 썼다. 마을 사람들도 차츰 헤스터의 진정성을 알아보기 시작했고 헤스터는 딸 펄과 함께 생활을 이어갈 수 있었다.

그런데 그런 헤스터와 달리 나날이 수척해가는 사람이 있었다. 바로 헤스터의 교구 목사 딤스데일이었다. 그는 옥스퍼드 대학을 졸업한 수재였으며 젊고 유능했다. 모든 이들이 그를 사랑과 존경으로 대했다. 그런 그가 아무 까닭도 없이 시름시름 앓고 있었다. 그는 늘 죄의식에 시달렸으며 한 손을 가슴에 얹는 이상한 버릇마저 생겼다. 그가 바로 헤스터와 죄를 저지른 남자였다.

▌ 누구에게나 가면은 있다

이 이야기에서 가장 놀랄 만한 사건은 무엇일까? 바로 헤스터와 간통을 저지른 사람이 다름 아닌 헤스터의 교구 목사, 아서 딤스데일이라는 데에 있다. 그는 헤스터가 처형대에서 만천하에 죄를 알릴 때, 그 곁에 서서 상대가 누군지 자백할 것을 종용하기도 했던 사람이었다.

"헤스터, 부디 그대와 함께 죄를 저지르고 고통받고 있는 그 사내의 이름을 밝혀주시오!"

그런 그가 헤스터와 간통했던 인물이라니! 놀랍지 않은가? 그럼 그가 이처럼 행동할 수 있었던 까닭은 무엇일까? 철면피인가? 아니면 정신분열증이라도 앓는 것일까?

딤스데일이 범죄와 무관한 것처럼 행동했던 것은 그가 목사라는 가면을 쓰고 있었기 때문이다. 가면 안에서 그가 느낄 번뇌, 죄책감과는 별개로 어쨌든 그는 자신이 죄인인 것을 목사라는 가면을 통해 숨겨왔다. 적어도 진실을 알릴 책임을 헤스터에게 돌린 것이다.

딤스데일뿐만이 아니다. 로저 칠링워스 역시 가면을 쓰고 있기는 마찬가지다. 자신의 아내가 부정을 저질러 처형대 위에 서 있음에도 불구하고 그는 자신의 정체를 드러내지 않았다. 또한 자신의 성과 이름마저 바꾸고 헤스터에게 절대로 자신을 알리지 말라는 다짐까지 받아낸다. 어째서 그런 것일까? 그건 자신의 이름을 알리는 순간 자신이 부도덕한 여자의 남편이라는 것이 알려질 뿐 아니라, 동시에 아내와 함께 죄를 저지른 남자에게 은밀히 복수하기가 어렵기 때문이었다. 그러므로 가면은 자아가 자신의 필요에 따라 쓰는 일시적인 인격이라고 할 수 있다.

가면은 특별한 사람만 쓰는 게 아니다. 평범한 사람들도 필요에 따라 다른 인격으로 살아간다. 분석심리학자 카를 융은 이런 인격을 페르소나라고 불렀다. 본래 페르소나는 라틴어로 가면을 의미한다. 주변을 둘러보자. 사람들은 언제나 한결같지 않다. 어떤 집단에 속하느냐에 따라 말투도 달라지고 행동도 바뀐다. 집에서는 속옷 바람에 방귀도 마음대로 뀌지만 밖에서 그랬다가는 큰 망신이다. 직장에서, 집에서, 그리고 또 다른 집단에서 '나'는 각각 다른 사람처럼 말하고 행동한다. 각 집단에서 무엇을 요구하느냐에 따라 감정이나 행동을 조절하기 때문이다.

▍ 자아는 게이트 키퍼, 페르소나는 가면

페르소나가 가면이라면, 가면을 쓰고 벗는 주체가 반드시 있어야 한다. 어떤 가면을 쓸지, 또 언제 가면을 쓰고 벗을지를 판단하고 조율하는 정신, 융은 이를 자아라고 불렀다. 그에 의하면 자아는 의식의 가장 외부에 존재하는 것으로서 일종의 문지기, 게이트 키퍼의 역할을 한다. 마음속에 있는 욕구와 생각 중에 무엇을 드러낼지 판단하는 역할, 그것이 자아가 하는 일이다. 이를테면 딤스데일이 죄를 자백하는 대신 목사라는 가면을 쓰게 한 존재, 그것이 바로 자아다.

　자아의 역할은 무엇보다 자기를 지키는 일이다. 자아는 자기를 지키기 위해 가면을 바꿔 쓰며 내면의 자기 욕망을 절제한다. 만약 자아가 약하면 어떨까? 모래를 이는 체가 성기다고 생각해보라. 자갈이나 돌들이 섞여서 고운 모래를 얻기 어려운 것처럼 자아가 약하면 부정적인 감정이나 사고들이 뒤섞여 인격을 망치게 된다.

　자아는 필요에 따라 페르소나를 바꿔 쓴다. 집에서, 직장에서, 친구를 만나러 갈 때에도 자아는 페르소나를 교체한다. 그런데 만약 페르소나가 너무 많이 바뀌거나, 지나치게 자아와 이질적이면 어떨까? 그렇게 되면 형식적이고 피상적인 관계만 늘어나고 결국 진정한 자기를 잃게 된다. 하루이틀도 아니고 오랜 시간 가면을 쓴다고 생각해보자. 시간이 흐를수록 자기 본모습을 잃는 건 당연하다. 늘 남의 눈치를 살펴야 하는 고달픈 삶이며, 자기를 돌아보기 어렵다.

　딤스데일을 보라! 그는 하루하루 쇠약해져 간다. 그 까닭은 진실을 외면한 채 두꺼운 가면을 쓰고 있기 때문이다. 목사와 죄인, 너무 이질적이지 않은가? 딤스데일뿐인가? 로저 칠링워스도 자신의 성을 버리고 가면을 쓴 뒤부터 성격이 변한다. 그는 비록 아내에게는 위선적인 사람이었지만 본래 꽤 괜찮은 학자였고 의사였다. 하지만 복수하기로 마음먹고 난 후부터 그는 달라졌다. 만약 그가 가면을 쓰지 않고, 죄 지은 자를 찾아 정당하게 벌했다면, 그는 여전히 괜찮은 학자로 남았을 것이다. 하지만 그는 로저 칠링워스라는 가면을 고집했고 그런 까닭에 그의 위선은 더욱 심해졌다. 전에 없이 교활해졌으며 건강하고 온후했던 낯빛은 차츰차츰 검게 변하고 말았다. 이질적인 페르소나가 그나마 존재하던 선한 인격까지 망쳐놓은 것이다.

반면에 가장 괴로워야 할 헤스터는 시간이 흐를수록 사람들로부터 인정을 받기 시작한다. 그녀는 부정과 수치의 상징인 주홍 글자를 단 한 번도 숨긴 적이 없다. 당당하게 자신을 드러냈고 그녀의 탁월한 성실성과 약자에 대한 배려도 함께 실천했다. 그녀는 자신의 죄를 숨기려고 페르소나를 쓰지 않았고 있는 그대로의 자기 모습을 사람들에게 보였다. 그 결과 세 사람 중 가장 건강한 정신력을 실천한다.

📝 원작 열기 2

딤스데일은 나아질 기미가 보이지 않았다. 영혼의 고통이 신체로 나타나고 있기 때문이었다. 딤스데일은 늘 생각했다. 헤스터가 차라리 자신의 이름을 밝혔더라면 고통스러운 죄의식을 느끼지 않았을 텐데. 그는 겉으로는 존경받는 목사였지만 속으로는 죄의식 덩어리에 불과했다.

그런 딤스데일에게 낯선 사내가 접근했다. 그는 나이 든 노인이었지만 유능한 의사였다. 그는 딤스데일의 교회에 나가 목사와 친분을 쌓은 뒤, 그의 병을 돌본다는 구실로 목사와 같은 집에서 살게 된다. 그가 바로 로저 칠링워스였다. 그는 딤스데일이 아내와 간통을 저지른 상대임을 알자 딤스데일을 은밀히 괴롭히기 시작한다. 그의 양심을 바늘로 콕콕 찌르듯 계획적으로 영혼을 파멸시킬 심산이었다.

우연히 딤스데일의 상태를 알게 된 헤스터는 그가 걱정되었다. 게다가 전남편이 딤스데일을 못살게 군다는 것을 알게 된 이상, 가만히 있을 수는 없었다. 헤스터는 인근 마을의 전도사를 만나고 돌아오는 딤스데일을 숲에서 기다리다가 그의 앞에 나타났다.

"아, 가엾은 분. 당신이 이 지경에 이르다니요. 떠나세요. 제발! 더 이상 이렇게 비참하게 사실 순 없어요. 어서 이곳에서 벗어나 행복한 곳으로 떠나세요."

딤스데일은 머뭇거렸다. 그러자 헤스터가 다시 말했다.

"로저 칠링워스의 눈을 감출 곳이 어딘가 있지 않겠어요? 혼자가 아니에요. 함께 떠나자고요. 자, 이제 뒤를 돌아보지 말기로 해요. 과거는 이미 지나가버렸어요!"

헤스터는 간곡하게 말했다. 그러자 딤스데일은 기운을 차렸다. 그는 오랫동안 느끼지 못했던 생기를 느꼈다. 헤스터의 간절하고 오랜 설득에 딤스데일도 마침내 그녀를 따르기로 했다. 헤스터는 곧장 계획을 실행에 옮겼다. 인근 해안에 머물고 있는 스페인 무역선에 배표를 구해놓은 것이다.

하지만 짧았던 행복감은 오래가지 못했다. 숲에서 헤스터와 딤스데일이 만나던 그 순간 누군가 그들을 지켜봤고 교활한 늙은이

로저 칠링워스도 그 소식을 알게 되었다. 그는 배표를 구해서 헤스터와 딤스데일을 따라나설 작정이었고 끝까지 그들을 괴롭힐 심산이었다.

헤스터와 딤스데일이 떠나기로 한 날이자 뉴잉글랜드의 경축일. 그날은 선거로 뽑힌 새로운 총독이 부임하는 날이었다. 시장에는 온갖 사람들이 모였고 축제를 경축하기 위해 딤스데일 목사의 설교가 시작되었다. 사람들은 젊은 목사의 설교에 모두 감명을 받았다.

설교를 마친 젊은 목사는 모든 힘을 설교에 쏟아부었는지 제대로 걷지 못했다. 무슨 일인지 그는 처형대 쪽으로 힘겹게 걸으며 한 여인을 불렀다. 그러자 그 여인이 다가와 그를 부축해서 처형대로 올라섰다. 바로 헤스터 프린이었다.

"그동안 저를 사랑해주신 여러분! 이 사람을 보십시오. 세상에 하나밖에 없는 이 죄인을! 저는 7년 전에 마땅히 섰어야 할 이곳에 지금 섰습니다. 지금 이 여인이 차고 있는 주홍 글자, 그 징표는 저에게도 있습니다. 자, 보십시오! 이 무서운 죄의 증거를."

딤스데일은 갑자기 가슴에서 목사의 띠를 떼어냈다. 그러자 무서운 징표가 드러났다. 그리고 얼마 후 목사는 숨을 거두었다. 시들어가던 영혼이 더 이상 죄의식을 버틸 수 없었다.

▌ 콤플렉스, 숨겨야 할까 마주해야 할까

딤스데일의 병은 나아지지 않았고 결국 비극적인 죽음을 맞았다. 아무리 목사라는 가면을 쓰고 있어도 무의식에서 작동하는 죄의식을 억누를 수는 없었다. 해결되지 않은 죄의식, 불쾌감을 일으키는 기억, 심리적인 갈등과 번민, 이런 것들이 일종의 심리적인 복합물을 구성해 딤스데일을 억누르고 있었다. 카를 융은 이처럼 무의식 속에서 부정적으로 연합된 심리적인 복합물을 콤플렉스라고 불렀다. 딤스데일은 콤플렉스로 오랫동안 고통받았고 결국 육신의 병을 얻었다. 물론 로저 칠링워스가 시시때때로 딤스데일의 콤플렉스를 활활 타오르게 자극했을 것이다. 하지만 어디까지나 콤플렉스는 외부가 아니라 내부의 문제다. 그런 까닭에 그는 헤스터의 딸, 어린 펄이 아무렇지도 않게 철없이 내뱉는 말에도 콤플렉스를 느꼈다.

"목사님은 왜 늘 가슴 위에 손을 얹고 있어요?"

딤스데일은 이 말에 가슴에 묻어둔 죄의식이 들킨 것처럼 불편했다. 결국 그는 지독한 죄의식과 콤플렉스를 다스리지 못한 채 죽음을 맞이한다. 콤플렉스가 한 개인을 파멸시킨 것이다.

그런데 콤플렉스가 인생에서 꼭 나쁘게 작용하는 것은 아니다. 단적으로 헤스터 프린을 보라. 그녀는 수치와 치욕의 주홍 글자라는 콤플렉스의 상징을 지니고 있었지만 그것을 감추지 않았다. 자신의 콤플렉스를 당당히 드러내고 그것에 저항하기 위해 꾸준히 노력해 결국 자신에 대한 편견을 돌려놓았다. 수치의 상징 A는 이제

친애하는 내 마음에게

adultery(간통)의 약자가 아니라 Angel(천사)이거나 Amour(사랑)의 약자가 아닐까 하는 이들마저 생길 정도였다.

우리 주변을 돌아보자. 자신의 콤플렉스를 유머러스하게 승화시키는 이들이 종종 있지 않은가? 신체적인 단점을 웃음으로 승화하는 사람들, 예를 들어 키가 작거나 뚱뚱하거나 못생긴 개그맨들이 자기 단점을 극복하고 많은 이들에게 웃음을 주지 않는가. 그들이 주는 웃음은 콤플렉스의 찬란한 재창조다. 또 '가난'이라는 콤플렉스를 무소유의 자유로 해석하는 이도 있고, 시골 출신인 것을 당당히 밝히며 콤플렉스에 맞서는 이들도 있다. 이들의 모습은 신분이나 지위, 학벌, 출신에 대해서 콤플렉스로 고통받는 이들에게 큰 시사점을 준다. 콤플렉스를 숨긴다면 그것은 과거에 종속된 삶이지만 그것을 떳떳이 밝힌다면 미래를 향한 삶이 된다. 딤스데일이 죄의식으로 가득 찬 과거를 벗어나지 못한 반면, 헤스터가 미래를 꿈꿀 수 있었던 것은 콤플렉스를 받아들이는 태도의 차이에 있었던 것이다.

▌무의식 속 숨은 공포의 그림자

콤플렉스만이 문제는 아니다. 이 소설에서 가장 문제적인 캐릭터는 누구일까? 바로 헤스터 프린의 전남편 로저 칠링워스다. 그는 본래 학자로서 평판이 나쁜 사람이 아니었다. 더불어 인디언들의 전통 약제를 배우고 익혀서 치료가 어려운 환자를 돌볼 만큼 사려 깊은 의사이기도 했다. 그러나 그는 헤스터의 일이 있고 난 후부터 속으로 딤스데일에게 복수의 칼날을 갈았다. 그는 딤스데일을 고발해서 명예를 실추하거나 벌을 받게 하지 않고, 대신 끊임없이 딤스데일의 죄의식을 부추겨 그의 정신을 황폐하게 만들었다. 철저하고 은밀하게 복수를 감행한 것이다. 어쩌다 온후했던 학자, 칠링워스가 복수의 화신이 되었을까?

그건 바로 자아의 가장 어두운 부분인 '그림자'가 등장했기 때문이다. 카를 융에 의하면 그림자란 콤플렉스처럼 의식으로 표현되지 못하는 자아의 어두운 측면을 가리킨다. 자, 이 세상에서 가장 어두운 곳이 어디인가? 빛이 비추는 반대쪽이다. 다시 말해서 자신이 지향하는 성격과 정반대의 성격, 혹은 자신이 혐오하고 싫어하는 성격, 그것이 우리 안에 존재하는 그림자다. 잘난 척하는 누군가가 불편했던 적이 있는가? 내 안에도 가끔 잘난 척하고 싶은 마음이 있는 것이다. 누군가 무임승차해서 싫은가? 사실 내 안에도 한 번쯤 무임승차를 하고 싶은 욕구가 있다. 그게 바로 그림자다.

사람을 살리고 치료하는 의사의 그림자는 사람을 파멸로 몰고 가고 싶은 욕구다. 겉으로는 자상한 의사의 모습이었으나 그 내면은 증오와 분노로 똘똘 뭉친 칠링워스. 그는 딤스데일 목사에게 죄의 값을 치를 기회를 주지 않고 끝내 용서하지도 않았으며 그의 영혼을 철저히 망가뜨렸다. 칠링워스는 복수의 그림자에게 자기를 빼앗긴 잔혹한 인물이었다.

▌방향만 잘 잡는다면 그림자도 괜찮아

그림자에는 대체로 성장 과정에서 생긴 열등한 속성들이 반영되어 있다. 이런 점에서 그림자는 프로이트의 욕망 덩어리, 이드와 참 많이 닮았다. 로저 칠링워스는 성불구자로 태어났으며 헤스터보다 한참 나이가 많았다. 그에게는 젊음과 성에 대한 열등감이 뒤엉켜 부정적인 그림자가 형성되었을 것이다. 그런 그에게 아내와 부적절한 관계를 맺은 젊은 목사는 폭탄의 뇌관을 건드린 것이나 다름없었다. 그가 학자로서, 또 의사로서 오랫동안 억압해왔던 폭력과 파괴, 복수의 그림자는 마음의 깨진 틈 사이로 용암처럼 쏟아져 나왔다. 페르소나도 자아도 그림자를 막을 수 없었고, 칠링워스의 인격을 끝내 파멸로 몰고 갔다.

이 글의 처음에서 살펴봤던 민영이. 민영이는 의식적으로는 형의 폭력적인 성향을 경계하고 싫어하고 억압했다. 하지만 스트레스 등으로 자아의 기능, 곧 게이트 키퍼의 역할이 약해지게 되면 그동안 억압해두었던 그림자가 출현한다. 그 그림자의 정체는 다름 아닌 형처럼 폭력적이 되고 싶은 무의식이다.

하지만 그림자가 항상 나쁜 것일까? 꼭 그런 것은 아니다. 카를 융은 무의식, 그중에서도 그림자가 창조적인 영감의 원천이 된다고 밝혔다. 그림자를 적절히 인식하고 잘 표현하면 오히려 생활에 활력이 생길 수 있다. 딤스데일을 떠올려보자. 그가 만약 자신 안에 있는 그림자를 배척하지 않고 받아들였더라면 어땠을까? 그의 그림자는 청교도의 도덕과 윤리에 억눌린 성적인 감정이었을 텐데, 이런 감정들을 억압하지 않았던들 그의 심신은 약해지지 않았을 것이다. 어쩌면 헤스터가 제안했던 대로 보스턴을 떠나 행복한 가정을 이루고 살았을지도 모른다. 그러니 내 안의 그림자를 무작정 억압한다고 문제가 해결되는 것은 아니다. 밤낮의 길이가 같은 것처럼 그림자도 내 안의 반쪽이라는 것을 인식하고 의식과 어떻게 조화를 이룰지 고민하는 것이 바람직하다. 그것이 파국을 막는 길이다. 민영이의 경우 자기 안에 내재한 폭력성을 인지하고 그것을 스포츠나 게임에 적용했더라면 친구들과의 갈등을 얼마든지 조절하고 해결할 수 있었을 것이다.

할리우드 영화 「스타워즈」 시리즈에는 '포스force'라는 말이 자주 나온다. 우주에 떠도는 설명하기 어려운 힘의 원천을 가리키는 이 말은 어둠의 힘이 되기도 하고, 선한 기운이 되기도 한다. 포스에 휩싸여 그 힘에 복종하면 사악한 다스베이더처럼 영혼이 타락하지만 포스를 제어하면 정의로운 제다이 기사처럼 악에 맞설 수 있다. 무의식 속 그림자도 똑같다. 그 힘의 방향만 잘 잡는다면 인류를 구원할지 또 누가 알겠는가.

친애하는 내 마음에게

어떻게 건강한 정신, 온전한 자기를 이뤄낼 수 있을까?

카를 융

#페르소나 #콤플렉스 #그림자 #자기
#집단무의식 #개인무의식 #본능
#아니마 #아니무스

앞에서 우리는 헤스터와 딤스데일, 그리고 칠링워스의 심리를 융의 개념을 통해 분석해보았다. 분석을 하는 동안 몇 가지 심리적인 개념이 동원되었을까? 일단 사회적 인격인 '페르소나'와 이를 조율하는 '자아', 그리고 무의식에 존재하는 '콤플렉스'와 '그림자'까지, 적어도 네 가지 개념이 필요하다. 거기에 '의식'과 '무의식'처럼 기본 개념까지 더하면 여섯 가지 개념이 인간의 정신을 분석하는 데 동원되었다.

하지만 이것이 융이 제안한 분석의 개념 전부는 아니다. 분석심리학의 창시자답게 융은 인간의 정신을 탐구하기 위해 집단무의식, 개인무의식, 본능, 원형, 아니마와 아니무스 등 다양한 분석적 개념들을 고안했다. 짧게 개념을 정리하면 다음과 같다.

집단무의식
지리적인 차이나 문화, 인종과 관계없이 보편적인 인간의 심리적 성향을 의미한다. 원형과 본능, 아니마와 아니무스 등이 집단무의식에 속한다.

개인무의식
자아에 의해서 걸러진 경험이나 사고, 감정, 욕망, 기억 등이 저장된 것으로 과거에 해결되지 않은 과제, 불쾌감을 일으키는 생각, 심리적인 갈등, 번민과 같은 것들이 고스란히 남아 있다. '그림자'와 '콤플렉스'는 개인무의식에 속한다.

본능
무의식에 존재하며 유전자의 명령에 따라 생존하고, 번식하려는 충동을 일컬으며, 원형은 외부의 경험을 인식하고 구성하는 방식을 말한다.

아니마와 아니무스
아니마는 남성의 안에 있는 여성성으로 다정함이나 감성적인 정서를 뜻하며, 아니무스는 여성의 정신 안에 있는 남성성으로 논리와 이성, 합리성의 특성을 나타낸다.

위의 개념과 별도로 융이 가장 중요하게 여기는 개념이 한 가지 더 있다. 바로 자기self라는 개념이다. 융은 프로이트와 달리 자아ego라는 개념 외에 자기라는 개념을 별도로 사용했다. 융에게 자아란 의식의 주체로서 적절한 욕망이 표출되도록 의식의 문을 여닫는 일을 수행하는 정신의 일부였다. 만약 융이 프로이트를 계속 따랐다면 자아 개념만으로 충분했을 것이다. 그러나 그는 프로이트보다 무의식을 긍정했고, 그 안에는 자아가 의식으로 끌어올리지 못한 보석 같은 존재가 잠들어 있다고 여겼다. 심지어 그림자와 콤플렉스조차도 의식과 조화를 이룰 수 있다면 긍정적인 에너지로 변한다고 보았다. 융은 무의식과 의식이 조화를 이룬 정신의 이상적인 상태를 가정했고, 그것을 자기라는 개념으로 만들었다. 무의식과 의식이 조화를 이룬 정신의 총체, 그것이 바로 자기다.

다시 한번 딤스데일과 칠링워스를 떠올려보자. 두 사람은 페르소나와 그림자, 콤플렉스가 조화를 이루기는커녕 전혀 상반되는 모습을 띠고 있었다. 그런 까닭에 자아는 그림자와 콤플렉스를 무의식에 감금하려고 했다. 이런 경우 스트레스 등으로 자아가 일시적으로 약해지면 그림자와 콤플렉스는 고삐 풀린 망아지처럼 뛰쳐나와 자신은 물론 타인까지 공격한다. 이는 융에 따르면 자기가 제대로 형성되지 못해서 생겨난 일이다. 의식과 무의식의 부조화가 왜곡된 자기를 만들었고 마침내 파국을 일으키는 것이다. 이처럼 전체 정신이 분열되면 그것은 결코 건강한 정신이 될 수 없다.

그렇다면 어떻게 건강한 정신, 온전한 자기를 이뤄낼 수 있을까? 그것은 자아가 무의식에 무심코 방치해둔 콤플렉스와 그림자, 그리고 그 밖의 무의식적인 힘들을 얼마나 의식의 수준으로 끌어올리느냐에 달려 있다. 각각의 에너지가 분열되지 않고 하나로 통합될 때 정신이 건강해진다는 것이다. 융은 이처럼 자아가 무의식과 조화를 이뤄 온전한 자기로 향하는 과정을 개성화라고 부르기도 했다.[1]

융은 말한다. 분리된 정신을 하나로 통합하라고.[2] 그러므로 그동안 의식에 의해 방치되거나 버려진 힘이 있다면 그것을 애써 부정하지 말고 의식으로 끌어올리는 게 중요하다. 그러면 전혀 기대하지 못한 일을 성취할 수 있고 남들과 차별되는 진정한 개성화에 다다를 수 있다. 자, 이제 융의 권고대로 적극적으로 자신을 상상해보자. 편안히 소파에 누워 자기에 대해 상상하는 것은 좋은 방법이다. 이때 자신의 감정, 환상, 강박관념 등을 경계하거나 비판하지 말고 그것들과 적극적인 대화를 나눈다고 가정하는 게 좋다. 그림을 그리는 것, 시를 써보는 것, 동작으로 표현해보는 것도 적극적 상상하기의 구체적인 방법이다.

이에 더하여 융 심리학이 제안한 또 다른 방법은 꿈을 분석하는 것이다. 꿈은 억압된 무의식이 존재하는 영역인 만큼 자아가 놓친 그림자, 콤플렉스 등을 확인하는 좋은 방법이다. 이때 꿈에 나온 것이 아무리 현실을 위반하는 내용이라 하더라도 그대로 적는 게 좋다. 잠이 깬

친애하는 내 마음에게

순간 휴대전화로 녹음해두는 것도 좋은 방법이다. 꿈은 깬 지 얼마 안 돼 기억에서 대부분 소멸하기 때문이다. 다만 이 모든 방법은 혼자서 접근하기 어려우므로 상담사의 도움을 요청하는 것이 바람직하다.

이렇게 드러난 자신의 내면에 혹시 폭력성이 있다 해도 부정하거나 외면해서는 안 된다. 그것을 억누르면 조화가 깨져서 갑자기 자신을 해치거나 누군가를 공격할 수 있다. 오히려 폭력적인 그림자를 꺼내어 의식과 조화를 이루게 한다면, 언젠가 군인으로 승승장구하거나 프로게이머, 혹은 유능한 축구선수가 될 수도 있고 못 돼도 취미활동으로 축구를 하며 스트레스를 날릴 수 있다.

성에 대한 억압된 욕구가 있더라도 그것 역시 의식으로 끌어올리자. 그대로 방치해뒀다가는 자칫 자신도 모르게 성범죄를 일으킬 수도 있다. 차라리 그것이 통용되는 다른 활동을 추구하는 게 바람직하다. 그림을 그려도 좋고, 춤을 배워도 좋다.

2부

나를 이해하는 시간

스키너, 로저스, 엘리스의 심리학

2부에서는 우선 스키너의 행동주의 심리학을 통해서 올더스 헉슬리의 「멋진 신세계」를 읽고, 로저스의 인본주의 심리학으로 「나의 라임오렌지나무」를 살펴볼 것이다. 그리고 엘리스의 합리적 정서행동 치료의 관점에서 「페스트」를 감상해본다. 스키너의 행동주의 심리학은 인간을 조건화된 존재로 여기고 있다. 그런 까닭에 인간의 자율적인 의지를 무시하는 경향이 짙다. 반면에 로저스는 인간 존재를 자기실현의 능력을 충분히 갖춘 자율적인 존재로 본다. 둘의 차이를 비교하며 읽는다면 보다 흥미로운 독서가 될 것이다. 마지막으로 엘리스는 인간의 행동이나 생각은 개인의 신념에 따라 달라진다는 인지적 관점을 주장한다. 최근 각광받는 인지 치료의 개념과 매우 흡사해 뒤에 짧게나마 소개된 아론 벡의 방법과 비교해보길 권한다.

나의 행동을
이루는 것들

「멋진 신세계」 _ 올더스 헉슬리Aldous Huxley

"출출한데 치킨 시켜 먹을까?"

금요일 밤. 오랜만에 아내가 야식을 먹자고 한다. 마침 입이 궁금했는데, 잘됐다.

"그래? 그럼 배달앱에서 시키자. 뭘로 시킬까?"

"아냐. 내가 스키너 치킨에서 직접 시키면 돼. 앱에서 시키면 괜히 배달비만 더 들어. 여기서 한 번만 더 주문하면 50퍼센트 세일 쿠폰이 생기거든. 만 원 넘게 할인해준다니까."

"오호. 그럼 거기서 시키면 되겠네."

사실, 스키너 통닭보다 구미가 당기는 다른 치킨이 있었지만 할인해준다는 말에 솔깃해서 더 이상 묻지도 따지지도 않았다. 어차피 맛이 거기서 거기라 할인을 더 해주는 쪽으로 결정하는 게 낫다고 무심코 생각한 것이다.

하지만 치킨이 배달되고 난 뒤, 늘 먹던 맛에 지겨워 살짝 눈살이 찌푸려졌다. 이왕에 먹을 거 좀 색다른 맛을 즐겼으면 좋았을 것을 하는 후회가 들었다. 처음 시켜 먹었을 때는 꽤 괜찮은 맛이었는데 갈수록 맛이 덜한 건 나만 느끼는 걸까? 쿠폰에 눈이 어두워 아쉬운 선택을 하다니, 내가 이렇게 어리석었나? 요즘 TV에서 간식으로 훈련받는 강아지들처럼 쿠폰 하나에 영혼을 내맡기기라도 한 걸까?

비슷한 일은 일상에서 무척 흔하다. 쿠폰이나 할인의 유혹은 물론이고, 상벌점도 사람을 길들이기는 마찬가지다. 학교에서 학생들에게 상점을 주면 직접적인 이익이 없어도 뿌듯해하며, 벌점을 부여하면 당장에 불이익이 없어도 꽤 불쾌한 표정을 짓는다. 학교뿐일까? 각종 모임과 단체, 그리고 직장에서 상벌제도를 운영하면서 보상과 처벌을 통해 사람들의 행동을 유도하는 것을 어렵지 않게 찾아볼 수 있다. 이렇게 보면 사람들의 심리와 행동은 자율적인 의지라든가 내면의 욕구 때문이 아니라 외부의 환경이나 조건에 따라 결정되는 것만 같다.

심리학 중에 한때 선풍적인 인기를 끌었던 학파가 있다. 바로 행동주의 심리학이다. 그 유명한 파블로프Ivan Pavlov의 조건반사 실험을 통해 잘 알려진 행동주의 심리학은 인간의 행동이 환경과 조건에 의해

친애하는 내 마음에게

서 형성될 수 있다는 전제를 지니고 있다. 이들은 인간의 무의식이나 자유의지를 부정하는 대신 인간의 심리와 행동이 자극과 반응에 의해서 학습된다고 보았다. 쿠폰이나 상벌점제 같은 자극이 인간의 사고와 행동을 결정지을 수 있다는 것이다. 심지어 초기 행동주의 심리학자 존 왓슨 John Watson 은 자신에게 12명의 아동이 허락된다면, 그 아이들을 각각 의사, 변호사, 예술가, 사업가 등으로 훈련시킬 거라고 호언장담하기도 했다. 과연 실제로 이런 일이 가능할까? 올더스 헉슬리의 소설 「멋진 신세계」에는 행동주의 심리학 가설에 따른 미래 인류의 모습이 그려져 있다. 소설 속에서 인류는 어떻게 생각하고 행동할까? 인간의 심리와 행동을 통제하는 게 과연 가능한 일일까?

📝 원작 열기 1

　포드 기원 632년의 미래. 런던의 인공부화 조건반사 양육소에서는 견습생들의 교육이 한창이다. 이곳은 최첨단 대량 생산의 원칙에 따라 인간의 수정란을 1만여 개로 나누어 출생시킨 뒤, 계층에 맞게 교육하는 일종의 국가 기관이다. 인류는 이제 더 이상 어머니 배 속에서 태어나지 않는다. '공유, 균등, 안정'이라는 세계국가의 표어 아래, 인간은 사회에 필요한 수만큼 계층에 따라 생산되고 양육된다.

　견습생들은 이곳 책임자 토마킨 소장을 쫓아다니며 그가 하는 말 하나하나를 노트에 적어 넣고 있었다. 소장을 수행하는 헨리 포스터가 말했다.

"우리는 계급을 미리 정하고 조건반사적 습성을 훈련시킵니다. 다시 말해서 사회화된 아기를 내놓는 것이지요. 알파 계급부터 베타, 감마, 델타, 엡실론까지. 장차 세계를 이끌 지식인부터 하수구 청소부에 이르기까지 치밀한 계획하에 미리 만들어내는 것이죠. 방법은 다른 게 아닙니다. 낮은 계급일수록 산소를 조금씩 줄여서 공급하면 되지요. 그럼 뇌 발달에 차이가 생기니까요."

이 시대의 인간은 사회의 필요에 따라 만들어진다. 예를 들어 열대 지방에서 광부나 철강공으로 일할 인간에게는 태아일 때부터 추위에 대한 공포심이 형성되도록 조건반사 환경을 만들어준다. 추위와 더위를 번갈아 제공하다가 추운 상황일 때 고통을 느끼도록 X-광선을 쬐어주면 해당 인간이 평생토록 추위에 거부감을 갖는 식이다. 화학 공장 노동자가 될 태아에게는 납, 타르, 염소 등을 이겨내는 조건반사 환경을, 로켓 조종사가 될 태아에게는 평형감각을 익히도록 끊임없이 회전하는 환경을 조성해놓는다. 그러면 훗날 이들은 각자의 역할을 수행하며 만족한 삶을 살아가게 된다. 이것이 바로 조건반사 양육소의 목표다. 토마킨 소장은 말한다.

"모든 조건반사적 단련의 목표는 자신들의 피할 수 없는 사회적 숙명을 좋아하도록 만드는 일이야. 그것이 무엇보다 중요해."

이곳에서는 아기들의 지적 호기심이나 잠재적인 능력을 억제하는 조건반사 학습도 이루어진다. 신파블로프식 조건반사 양육실. 한쪽에 책과 장미꽃이 마련되어 있다. 보모들이 아기들을 데려온다. 아기들은 호기심에 흥분했는지 옹알거리며 책과 꽃을 향해 재빨리 기어간다. 그러자 처음에는 강력한 경고음이, 다음에는 바닥에 전기 자극이 주어진다. 아기들의 표정은 일그러지고 여기저기에서 비명소리가 들린다. 이런 일이 몇 차례 반복되자 아기들은 경고음과 전기 자극이 주어지지 않고 책과 꽃만 봤는데도 공포에 질려 울음을 터트린다.

"앞으로 이 아기들은 책과 꽃에 대해서는 본능적인 증오를 가지고 살 것입니다. 하층계급이 책을 보면서 세계국가의 시간을 낭비하게 할 수는 없죠. 꽃처럼 자연에서 얻을 수 있는 것들을 좋아해서도 안 됩니다. 자연을 좋아하면 경제를 발전시키는 게 어려우니까요."

▌인간마저 생산되는 사회

포드 기원 632년. 여기서 포드는 미국의 자동차 왕이라고 불렸던 헨리 포드Henry Ford, 우리가 흔히 아는 미국의 포드 자동차 기업을 만든 사람을 가리킨다. 헨리 포드는 자동차를 대중화시키는 데에 지대한 공헌을 했다. 그 이전까지 자동차는 고객의 취향에 맞춰 다양한 옵션을 갖춘 채, 서민들은 엄두도 못 낼 초고가 상품으로 생산되었다. 그런데 포드는 이런 상식을 깨고 컨베이어 벨트를 활용한 대량 생산 체제를 도입해 오로지 T형 자동차 한 종류만 생산할 것을 계획한다. 똑같은 모양, 똑같은 성능을 지닌 자동차를 만든다는, 당시로서는 허무맹랑한 계획을 실행한 것이다. 결과는 놀라웠다. 동일한 설비에서 제품을 생산한 덕에 작업 속도가 크게 향상되었고, 생산 단가가 낮아지니 값싼 자동차가 양산되어 수많은 대중들이 자동차를 소유하게 되었다. 그렇게 인간의 삶은 자동차로 편리해졌고 표준화되어갔다. 대량 생산 체제는 이후에 '포디즘Fordism'이라는 말이 생길 정도로 산업 전반에 널리 적용되었다. 그러니 만약 미래 사회가 대량 생산 체제에 기댄 표준화된 삶을 지향한다면 그 기원은 포드로 보는 게 마땅하다. 포드 기원 632년. 이는 포드적인 시스템이 전 세계에 두루 자리를 잡은 소설적 미래로, 서기로 환산해보면 약 26세기쯤이 될 것이다.

컨베이어 벨트를 활용한 대량 생산 체제. 만약 그것을 인간에게 적용하면 어떨까? 인공적으로 수정란을 만들어 이를 컨베이어 벨트에 옮겨놓고 일정한 자극을 주면 인간도 표준화되지 않을까?

올더스 헉슬리의 「멋진 신세계」는 이런 호기심에서 시작해 가상의 세계를 소설적으로 형상화하고 있는 작품이다. 작품은 대량 생산 체제가 생물학에도 적용되어 표준화된 인간을 생산하는 미래 사회를 그리고 있다. 인간마저 컨베이어 벨트로 생산되는 사회, 어쩐지 불길하고 꺼려지며 인간의 존엄성이 크게 훼손된 디스토피아적인 느낌이 물씬 풍긴다. 하지만 도덕적이거나 윤리적인 문제를 배제한다면, 현실의 복잡한 갈등은 사라지거나 적어도 조절이 가능할 수 있을 것 같기도 하다. 출생하기 전, 혹은 출생 직후에 개인의 욕망을 조절하고 절제하도록 인간을 설계한다면 욕망의 충돌로 인한 갈등은 사라질 것이다.

▎인간 심리, 조절이 가능할까?

갈등과 다툼은 대부분 욕망의 충돌 때문에 일어난다. 그런데 만약 욕망을 억제하거나 욕망에서 파생된 돌출행동을 제거한다면 어떻게 될까? 사회적인 갈등과 충돌은 그만큼 줄어들게 된다. 서로 상충하는 욕망을 품지 않고, 자기 신분에 알맞은 욕구에 따라 만족을 추구한다면 범죄도 사라지고 안정된 사회를 유지하는 게 이론적으로 가능해진다. 물론 한 가지 전제 조건이 있다. 인간의 심리가 조절될 수 있다는 가정이다.

이 물음에 답하는 심리학파가 있다. 바로 행동주의 심리학이다. 그 유명한 파블로프의 개 실험을 통해 동물이 조건화된 환경에서 학습할 수 있다는 사실이 증명된 후, 일부 심리학자들은 이 실험을 인간에게도 적용했다. 앞에서 자신에게 12명의 아이들을 허락하면 그들을 각각 의사, 변호사, 예술가, 사업가 등으로 훈련시킬 수 있다고 했던 존스홉킨스 대학의 존 왓슨. 그는 9개월 된 아기가 동물을 만지려는 순간 커다란 망치를 두드려 큰 소리를 냈다. 그러자 아기는 자지러지게 울었다. 이후 반복된 조건이 아기에게 주어졌고, 얼마 지나지 않아 아기는 동물만 봐도 공포심을 느끼며 소스라치게 울게 되었다. 어린 앨버트 실험이라고 명명된 이 실험을 통해 존 왓슨은 인간에게 인위적으로 공포심을 주입하는 데에 성공했다.[1]

거꾸로 된 조건화도 가능하다. 왓슨의 실험을 지켜본 제자, 메리 존스Mary Jones는 토끼를 두려워하는 세 살짜리 어린아이를 상대로 정반대의 실험을 시행한다. 그녀는 토끼를 보여주면서 아이에게 달콤한 먹을 것을 함께 제공했다. 토끼와 함께 긍정적인 자극을 제공한 것이다. 이런 조건화가 반복되자 아이는 어느새 토끼에 대한 공포심을 잊고 토끼를 만지는 것을 꺼리지 않게 되었다. 부정적인 학습뿐 아니라 긍정적인 조건화도 가능하다는 게 실험으로 증명되는 순간이었다. 이런 여러 실험들로 행동주의 심리학자들은 결론을 내렸다. 인간의 심리는 조절이 가능하며, 인간은 의지와 욕망을 지닌 존재가 아니라 조건 형성으로 만들어진 결과물이라고.

▌조작적 조건 형성이 습관을 만든다

행동주의 심리학자들은 인간의 자유의지라든가 무의식적 욕망 같은 내면적 가치를 인정하지 않는다. 이들은 인간 행동의 대부분이 외부 조건에 의해 학습된다고 여기기 때문에 대체로 환경결정론적인 입장을 지니고 있다. 후천적인 경험에 의해 인간의 사고와 행동이 결정된다는 입장이다. 그렇다면 후천적인 경험 중 어떤 것들이 인간의 행동에 영향을 미칠까?

자, 헉슬리의 소설에는 태아들의 훈육 방식이 소개되어 있다. 그중

친애하는 내 마음에게

책과 꽃에 대한 부정적인 정서가 만들어지는 과정에 집중해보자. 아기들은 호기심이 많다. 그 대상이 어떤 것일지라도 보고 만지고 느끼고 냄새를 맡으려 한다. 다양한 그림이 인쇄된 책과 향기가 나는 장미꽃. 아기들은 이 두 가지 1차적 자극에 강한 호기심을 느끼고 능동적으로 반응한다. 그런데 책과 꽃을 느끼려는 순간, 갑자기 경고음이 들리고, 전기 자극이 주어진다. 여러 차례 같은 상황이 반복되자 어느새 책과 꽃은 고통이라는 조작된 조건과 연합되고 아이들은 책과 꽃을 고통으로 여기게 된다. 훗날 아기들은 책과 꽃을 멀리 한 채 노동자로서의 삶에 최적화된 채 살아가게 될 것이다. 결국 처벌이라는 조작된 조건이 아기들의 삶을 결정지은 셈이다.

위의 과정을 이론화시킨 심리학자가 있다. 바로 버러스 스키너 Burrhus Skinner다. 행동주의 심리학자 스키너는 인간의 행동이 대부분 조작적 조건에 의해서 형성된다고 주장한다. 그에 의하면 인간의 행동은 행동 후에 뒤따르는 결과에 의해서 통제된다. 조금 전 다루었던 책과 꽃의 상황에서 경고음과 전기 자극은 부정적인 결과였다. 그런 까닭에 책과 꽃을 가까이하려는 어린 아기들의 행동은 감소하거나 소멸한다. 만약 긍정적인 결과를 얻었다면 어땠을까? 아마도 아기들은 책과 꽃에 더 자주, 더 가까이 다가갔을 것이다. 이처럼 부정적인 결과, 즉 처벌이 주어지면 행동은 감소하고, 긍정적인 결과, 즉 강화가 주어지면 행동은 증가한다. 이러한 원리를 스키너는 조작적 조건 형성이라고 명명했다.

스키너는 조작적 조건 형성을 증명하기 위해 지렛대를 누르면 먹이가 나오는, 이른바 스키너 상자를 만들었다. 그는 그곳에 쥐를 집어넣었다. 쥐는 상자 안에서 이리저리 움직이다가 우연히 지렛대를 누르고 먹이를 먹는다. 처음에 쥐는 지렛대와 먹이의 관계를 인지하지 못하지만 우연한 상황이 반복되자 쥐에게 학습이 이루어졌고, 쥐는 먹이를 먹을 때면 으레 지렛대를 누르는 행동을 하게 된다. 강화가 행동 형성에 영향을 준다는 것을 과학적으로 증명한 것이다.[2] 이후 스키너의 이론은 여러 분야에서 응용되었다. 쿠폰을 활용한 마케팅이나 아이들 교육을 위한 칭찬 스티커는 모두 스키너의 조작적 조건 형성을 변형한 사례다. 쿠폰을 모으면 할인을 해준다는 말에 솔깃해서 비합리적인 선택을 하는 것은 비단 치킨을 주문할 때만 있는 일은 아니었다.

📝 원작 열기 2

모든 인류가 계층별로 표준화된 채 인체 공장에서 생산되는 미래 세계. 가족이 없으니 가족이기주의가 없고, 맡은 일이 미리 주어져 있으니 과도하고 치열한 경쟁도 없다. 결혼 제도가 없어서 남녀의 사랑도 평생 한 사람이 아니라 시시때때로 상대를 바꿔가며 자유연애를 즐길 수 있다. 행여 불쾌감이 들거나 피곤할 때면, 진정제의 일종인 소마를 먹고 정신과 육체를 회복하면 된다. 사회의 요구에 맞게 생산된 인간은 주어진 일에 만족하고, 그런 까닭에 구

친애하는 내 마음에게

성원 각자가 행복감을 누리며 살아간다.

그런데 어디서 결함이 생겼는지 가장 고등하고 완전무결해야 할 알파 플러스급 인간, 버나드에게 문제가 생겼다. 그는 신체적으로는 하위 계층처럼 키가 작았고, 정신적으로 자기 일에 만족을 느끼지 못하는 결함을 지니고 있었다. 항간에는 그가 유리병 속에 담긴 태아 상태일 때 누군가 실수로 알코올을 잘못 주입했다는 소문도 떠돌았다. 그는 알파 플러스급이면서 열등감을 느꼈고, 자신이 맡은 일에 깊은 회의를 지니고 있었다. 심지어 '공유, 균등, 안정'이라는 세계국가의 정책에 의구심을 지닌 채 자유에 대한 유혹에 점점 빠져들고 있었다.

어느 날 그는 레니나라는 여성과 헬기를 타고 데이트를 하다가 문득 기수를 돌려 먼 바다로 나갔다. 그는 공포에 떠는 레니나를 돌아보며 말했다.

"난 바다를 보고 싶습니다. 그것을 보고 있으면, 마치 내가 나 자신 이상이 된 것 같습니다. 훨씬 나다워지는 것 같다는 말입니다. 다른 어떤 완전한 것의 일부가 아니라 독립된 존재가 된다는 이야기죠. 당신은 사람들과 다르게 당신만의 자유를 느끼고 싶지 않나요?"

레니나는 지금도 충분히 행복하다고 말한다. 그녀는 체제를 위협하는 버나드의 생각에 두려움을 느꼈다. 하지만 그녀는 키도 작고 이상한 생각으로 가득 찬 버나드에게 묘하게 이끌렸다. 그리고 얼마 후 두 사람은 야만인 구역을 함께 여행한다. 그곳은 문명과는 대척되는 곳으로 포드를 따르지 않는 사람들이 사는 지역이었다. 고통과 슬픔이 존재하는 곳, 가족제도와 일부일처제가 유지되는 그런 곳이었다.

이곳에서 두 사람은 존을 만난다. 존은 스무 해 전 토마킨 소장이 베타급 여성인 린다와 야만인 구역을 방문했다가 그곳에서 낳은 아이였다. 토마킨 소장 역시 문명 사회에서 해서는 안 될 일탈 행위를 스무 해 전에 했던 것이다. 버나드는 존을 문명 세계로 데려왔다.

야만인 구역에서 자란 존은 문명 세계의 인간들에게 인기가 매우 높았다. 다들 독특한 그의 모습을 보려고 줄을 섰고, 특히 레니나는 그에게 이성으로서 특별한 감정까지 느꼈다. 존도 그녀가 싫지 않았다. 그녀의 세련된 모습에 끌렸던 것이다. 그러나 존은 문명 사회의 여러 모습들을 접하면서 이 사회가 슬픔이나 고통, 그리고 진정한 사랑이 없고, 각자의 운명이 미리 결정되어 있다는 사실에 심한 거부반응을 보였다. 그는 차츰차츰 문명을 거부하기 시작했고 급기야 사랑을 위해 찾아온 레니나를 창녀 취급하며 심하게 폭행하고 곳곳에서 난동을 부렸다. 마침내 그는 문명을 거부한 채 외딴 섬을 찾아간다. 그러나 안타깝게도 안정을 얻지 못한다. 그를 구경하러 문명세계에서 수많은 사람이 섬을 방문했기 때문이다. 결국 존은 생활에 적응하지 못하고 스스로 삶을 마감한다.

▌끝내 길들여지지 않는 사람

보상과 처벌에 의해서 형성되는 인간. 그런데 보상과 처벌이 모든 심리와 행동을 조절하는 데에 효과가 있을까? 그렇다면 어째서 소설 속 버나드와 레니나, 그리고 토마킨은 굳이 야만인 구역을 다녀왔던 것일까?

물론 버나드, 레니나, 토마킨이 태아 상태에 있을 때, 혹은 조건반사 학습 때에 알코올이 주입되는 등 뭔가 잘못된 일이 일어났을 수도 있다. 하지만 그것이 전부는 아니다. 야만인 구역에 살던 존이 문명 세계에 왔을 때를 떠올려보자. 문명인들은 야만인에 대해 잔뜩 호기심을 갖고 그를 보고자 했다. 만약 문명인들의 심리가 보상과 처벌에 의해 통제되어 있다면, 그를 보려는 욕망은 성립할 수 없다. 특히 그가 외딴 섬에서 추하고 폭력적인 행동을 할 때, 그를 보려고 수많은 이들이 찾아온 것은 안정을 추구하는 문명인의 태도로 보기 어렵다. 그렇다면 이것은 그들 내면에 길들여지지 않은 자유에 대한 갈망이 존재함을 의미한다. 자유에 대한 갈증! 이를 극적으로 보여주는 인물이 바로 버나드와 존이다. 그들은 문명을 거부하며 말한다. 독립된 자유를 얻고 싶다고, 불행할 권리를 찾고 싶다고.

자, 이들 이야기에는 행동주의 심리학이 지닌 특성과 한계가 숨어 있다. 무엇보다 행동주의 심리학은 인간의 자율성을 부정한다. 그들은 인간이 스스로 행동을 형성하지 못하며 환경에 따른 경험으로 학습된다고 보았다. 또한 이들은 인간을 자유의지를 지닌 존재가 아니라 매우 정교하고 복잡한 기계쯤으로 여긴다. 따라서 철학적 사색이나 무의식적인 욕망, 동기, 감정 등을 인정하지 않는다. 보상과 처벌이 없는 한 인간은 어떤 행동이나 심리도 가질 수 없다고 보는 것이다. 과연 그럴까?

작가 올더스 헉슬리는 버나드와 존을 통해 어쩌면 행동주의의 주장에 의문을 제기하고 싶었던 것일지 모른다. 모든 인간 행동이 법칙적으로 결정되고, 예측될 수 있으며, 환경적으로 통제 가능하다는 것이 허구인 것을 보여주고 싶었던 것이다. 우리 주변을 둘러보자. 아무리 보상과 처벌을 가해도 길들여지지 않는 이들이 있다. 자기 양심, 도덕, 욕망, 기질, 성격 등 생물학적, 혹은 인지적 차이가 경험과 학습을 압도하기도 한다. 그러니 조작적 조건 형성이 모든 인간의 행동과 심리를 조절한다는 것은 지나친 오만일 수 있다.

▌그럼에도 행동주의는 여전히 유효하다

그럼 행동주의는 일종의 해프닝이었던 것일까? 그렇지 않다. 행동주의 심리학은 지금도 여전히 유효하다. 특히 올바르지 않은 행동을 수정하는 데에는 매우 효과적이고 다양한 기법들이 존재한다.

여기서 행동 수정이란 무엇일까? 말 그대로 부적응 행동을 수정하고 적응 행동을 형성하는 것을 가리킨다. 우리 사회에는 다양한 중독 현상, 도착증, 공포증, 불안장애, 조현병 같은 불안정한 심리와 부적응 행동으로 자신은 물론 타인에게까지 고통을 주는 일들이 적지 않다.

이러한 부적응 행동은 그 피해를 생각할 때, 반드시 수정되어야 하는데, 이때 행동주의 기법이 상당한 도움을 준다.

행동 수정의 기본적인 전제는 '모든 행동은 그 행동에 앞서서, 또는 뒤이어 일어나는 결과에 영향을 받아 유발된다'는 것이다. 다시 말해서 선행 사건Antecedents이 특정한 행동Behavior을 유발하고, 그 결과Consequence가 다시 재조건화되어 행동을 강화한다.[3] 따라서 특정한 행동을 억제하기 위해서는 해당 행동을 직접 변화시키기보다 선행하는 조건이나 후속 결과를 교체해 행동의 맥락을 변화시키는 게 효과적이다.

쉽게 떠올릴 수 있는 방법은 역시 강화와 처벌이다. 이는 스키너가 정립한 조작적 조건 형성을 응용한 것으로 행동 교정과 학습 치료에 두루 사용된다. 반려동물의 행동을 수정할 때, 먹이로 보상하는 경우를 흔히 볼 수 있는데, 이 방법들은 모두 스키너의 조작적 조건 형성을 활용한 것이다. 아동들에게 흔히 사용하는 칭찬 스티커 등도 행동을 교정하는 강화 전략이다. 이때 중요한 것은 반드시 일관성이 있어야 한다는 점, 그리고 즉각적인 보상이 주어져야 한다는 점이다.

체계적 둔감법도 행동 수정 전략으로 두루 쓰인다. 만약 닭에 대한 공포증을 지닌 아이가 있다면, 처음에는 '닭'이라는 단어를 읽거나 큰 소리로 말하게 하고, 여기에 익숙해지면 닭 울음소리를 들려준다. 그래도 별다른 이상이 없으면 이후에 닭의 사진을 보여주다가 다소 적응되었다고 판단될 때 실제로 닭 근처까지 가게 만드는 방식이다. 후

속 결과에 이상이 없음을 점차적으로 인식하다 보면 행동과 심리에 변화가 나타날 수 있다.

정반대의 방법도 있다. 홍수법이다. 말 그대로 공포스러운 자극을 홍수처럼 마구 제시해준 뒤, 아무 일도 일어나지 않음을 확인시켜 공포를 극복하는 방식이다. 다만 이 방법은 치료 과정에서 환자가 실신할 수도 있으니 전문가의 도움이 반드시 필요하다. 이외에도 중독 치료 등을 수행할 때, 내담자가 선호하는 대상과 혐오스러운 자극을 함께 제공해 행동을 억제하는 방법도 있다.

행동주의는 그 가정과 전제에 아쉬움이 있다. 하지만 문제 행동을 수정하는 데에 적잖은 도움이 되고, 또한 적응 행동을 학습하는 데에도 여러모로 활용도가 높다. 혹시 자신이나 주변인에게 문제 행동이 있다면, 행동주의적인 전략을 전문가와 함께 상의해보는 것도 유의미할 것이다.

친애하는 내 마음에게

나도 모르게 부적절한 생각이나 행동을 하고 있다면?

버러스 스키너

#행동주의 심리학
#강화와 처벌 #정적 처벌 #부적 처벌
#정적 강화 #부적 강화

「멋진 신세계」에는 인간의 행동과 의식을 조절하는 대표적인 방법으로 처벌이 주로 소개되어 있다. 책이나 꽃 같은 중립적인 대상, 혹은 긍정적인 대상에 전기 자극이나 추위와 같은 부정적인 자극을 연합시켜 욕망 자체를 스스로 좌절하게 만드는 방법이 쓰인 것이다. 행동주의 심리학에는 이외에도 다양한 강화와 처벌의 방법이 활용되고 있는데, 그 유형은 다음과 같다.[4]

가장 먼저 정적인 처벌이 있다. 이는 소설 속에 소개된 것처럼 어떤 행동을 했을 때, 부정적인 경험을 제공하는 조치다. 특정 행동과 부정적인 경험이 연합해 행동을 사라지게 만드는 방법이다. 신체에 주어지는 체벌이 대표적이며 알코올 중독 등 약물중독을 치료할 때 활용되는 혐오 치료 등도 이에 해당한다. 정적인 처벌은 효과는 즉각적일 수 있지만 윤리적으로 문제를 일으킬 수 있다.

부적인 처벌도 있다. 이는 특정 행동을 절제시키기 위해 긍정적인 경험을 제거하는 것을 뜻한다. 흔히 '생각하는 의자'라고 들어본 적이 있을 것이다. 어린아이들이 지나치게 말썽을 부리거나 떼를 쓸 때 종종 사용되는 처벌로 아이를 한쪽 의자에 앉혀두는 처벌이다. 아이 입장에서 보면 자신이 좋아하는 대상을 빼앗기거나 친근한 무리에서 격리되는 것과 같다. 잘못된 행동을 했을 때 외출금지를 당하는 것도 부적 처벌에 해당한다. 정적 처벌이든 부적 처벌이든 처벌의 효과는 즉각적일 수 있지만 자칫 부작용이 생길 수 있다. 따라서 처벌이 이루어지더라도 반드시 당사자의 권리와 선택이 존중받아야 한다.

처벌이 특정 행동을 감소시키는 것이라면, 강화는 특정 행동이 일어날 확률을 증가시키는 요소다. 강화 역시 처벌과 마찬가지로 정적 강화와 부적 강화가 있다. 먼저 정적 강화는 특정 행동을 했을 때, 유쾌하거나 바람직한 자극을 제공해 행동의 빈도를 더 높이는 방법이다. 스키너의 상자에 갇힌 쥐처럼 지렛대를 누른 쥐에게 먹이가 제공되는 것이 바로 정적 강화에 해당한다. 반려동물에게 주어지는 간식도 모두 정적 강화에 해당한다. 쿠폰을 여러 개 모은 사람에게 상품을 주거나 군대에서 포상휴가를 주는 것도 모두 긍정적인 반응을 유도

친애하는 내 마음에게

하는 자극이므로 정적 강화에 해당한다.

이에 비해 부적 강화란 어떤 행동을 했을 때, 고통이나 불쾌한 상태를 피할 수 있도록 강화하는 방법이다. 예를 들어 평소 영업 실적이 좋은 사원에게 지겨운 서류 정리 업무를 경감시켜주는 경우가 부적 강화에 해당한다. 휴대전화에 불편한 사람 전화번호가 떴을 때, 전화를 받지 않는 것도 부적 강화다. 전화를 받지 않으면 불편한 대화, 즉 고통을 피하는 결과를 얻는다는 것이 학습되어 행동이 더욱 강화되기 때문이다.

그런데 강화는 강화물을 제공하는 계획에 따라 그 효과가 달라진다. 만약 발생하는 모든 반응에 강화가 주어진다고 해보자. 이럴 경우, 강화가 중단되면 학습된 행동은 빠르게 사라진다. 늘 주어지던 보상이 없으니 행동을 해야 할 이유가 사라지는 것이다. 따라서 연속 강화는 행동을 통제하는 데에 그다지 효과적이지 않다. 떼를 쓰는 아이의 요구를 매번 들어주면 오히려 떼를 쓰는 일이 고착되는 부작용마저 생긴다. 이에 비해 때때로 강화물이 주어지면 강화물이 주어지지 않더라도 꽤 오랫동안 학습된 행동이 지속된다.

스키너는 효과적으로 행동을 통제하기 위해 네 가지 강화 계획을 제시한다. 첫째로, 고정간격 계획이다. 이는 일정한 시간마다 강화물이 주어지는 것으로 노동자에게 제공되는 월급과 같은 경우에 해당한다. 두 번째로 변동간격 계획이다. 이는 일정한 시간 간격 없이 부여되는 강화로 어쩌다 나오는 보너스와 같다. 셋째는 고정비율 계획으로 일정한 비율에 따라 강화물이 주어지는 것인데, 생산된 물품의 수량에 따라 노동자에게 보수가 지급되거나 쿠폰을 일정량 모으면 서비스가 무료로 제공되는 식이다. 마지막으로 변동비율 계획이다. 이경우는 도박이나 슬롯머신처럼 강화물이 불규칙적으로 주어지는 것인데, 강화와 강화 간의 반응 수가 일정하지 않고 다만 평균적으로 일정한 횟수의 반응이 있고 난 후 강화가 주어진다. 네 가지 강화 계획 중에 변동비율 계획은 행동의 빈도를 가장 빠르게 높이면서 행동을 오랫동안 유지하게 해준다. 이런 까닭 때문일까? 도박, 경마, 복권, 슬롯머신, 혹은 우리가 거리에서 접하는 인형 뽑기는 빠르게 행동의 빈도가 증가하면서 그 지속성도 오랫동안 유지하게 만든다. 일종의 중독 현상을 가능하게 하는 것이다.

혹시 자신도 모르게 부적절한 생각이나 행동을 하고 있다면 스스로를 관찰하고 점검하는 일이 필요하다. 행동 수정을 최초로 제안한 마이켄바움Donald Meichenbaum의 말처럼 우리가 우리 스스로의 사고와 행동이 어떻게 형성되는지 알게 된다면, 우리의 행동을 훨씬 더 잘 조절할 수 있기 때문이다.[5] 만약 부적응 행동이나 비합리적인 신념으로 힘겨워하고 있다면, 우선 그것들이 어떻게 형성되었는지 그 과정을 파악해야 한다. 혹시 부적절한 강화와 처벌로 인해 부정적인 인식과 언어가 형성된 것이라면 이를 교정해주는 것이 바람직하다. 다른 한편, 긍정적인 인식과 행동을 유도하는 강화와 처벌 전략을 수립한다면 조만간 긍정적인 자아를 회복할 것이다.

친애하는 내 마음에게

우리에게는
뽀루뚜가가 필요하다

「나의 라임오렌지나무」 _ **J. M. 데 바스콘셀로스** J. M. de Vasconcelos

경주 씨는 시청 공무원이다. 담당 업무는 장애인 복지 지원. 현장에 나가 장애인 실태를 조사하고, 장애인 관련 제보와 불만 사항을 챙기는 게 경주 씨의 업무다. 고된 일이기는 하지만 친구들은 경주 씨가 안정적인 공무원 생활을 하게 된 것을 무척 부러워했다. 그러던 어느 날 경주 씨는 오랜만에 절친한 친구를 만나 그동안의 생활을 털어놓으며 갑자기 울음을 터트렸다.

"나, 그만두려고. 더 이상 버틸 수가 없어."

"무슨 일인데? 요즘 아무나 공무원 되는 거 아니잖아."

"난 내가 누군지 정말 모르겠어."

경주 씨는 발령을 받고 나서 최선을 다해서 일했다. 하지만 일이 낮설어서 몇 차례 실수를 할 수밖에 없었다. 장애인 급여를 누락해서 당사자들에게 거친 욕설을 들었고, 감사 자료를 제때 챙기지 못해서 상급자에게 심한 모욕을 당하기도 했다.

"하루 종일 사람들과 실랑이하는 게 너무 힘들어. 게다가 실수를 자주 하니까 윗사람 눈치만 보게 되고, 사람들이 내 뒷이야기만 하는 것 같아서 가시방석에 앉은 기분이야. 민원인들도 어찌나 무서운지, 매일 아침 눈을 뜨면 새롭게 지옥이 펼쳐지는 것 같아. 남들 비위 맞추며 사는 거, 이제는 더 못하겠어."

경주 씨는 한참 동안 자기 신세를 한탄하듯 말을 이었다. 사실 경주 씨의 꿈은 따로 있었다. 어린 시절부터 그림에 소질이 있어서 학창시절에는 미술 동아리 활동을 꾸준히 했다. 하지만 가정 형편이 좋지 않았는지 미대 진학은 생각조차 하지 못했다. 경주 씨 부모님은 여자는 공무원이 최고라며 대학은 어디를 가든 상관없으니 그저 공무원 시험에 합격해 하루빨리 가정 경제에 보탬이 되기만을 바랐다. 그렇게 경주 씨는 자기를 잊은 채 살아왔다.

사람은 누구나 자기 경험에 가치를 부여하며 살아간다. 그런데 모든 경험이 긍정적인 것은 아니다. 자기 취향에 맞는 사람을 만나면 호감을 느끼지만 그렇지 않으면 꺼려지는 것처럼, 경험은 긍정적일 때도 있고 부정적일 때도 있다. 그럼 긍정과 부정을 가르는 기준은 무엇일까? 그것은 해당 경험이 얼마나 만족스럽고 편안하고, 안정감을 주

친애하는 내 마음에게

느냐에 달려 있다. 그림을 그리고 뿌듯해하고, 노래를 부른 뒤 만족스럽다면 그게 바로 긍정적인 경험이다.

그런데 만약 그림을 그리고 노래를 부르는 나는 만족스러운데, 주변 사람들, 특히 가장 가까운 가족들이 아무 반응이 없거나 은연중에 그것을 꺼려한다면 어떨까? 아마 만족감은 떨어지고, 어쩐지 그림이나 노래를 해서는 안 될 것 같은 기분이 들 것이다. 차라리 타인에게 인정받는 다른 일을 하는 편이 낫겠다는 마음까지 생길 수 있다. 이렇게 되면 그 사람의 내면에는 진정한 자기와 멀어진 채 타인의 기대와 가치만이 자리를 잡게 된다.

브라질의 국민 작가 바스콘셀로스의 「나의 라임오렌지나무」에는 자기 내면과 멀어져가는 한 아이가 등장한다. 다섯 살짜리 사고뭉치 제제. 제제는 자기 본모습을 잃고 타인의 관심을 받으려다 그만 애물단지가 되고 만다. 제제가 타인의 눈치를 벗어나 자기를 긍정하게 하려면 어떻게 해야 할까? 인본주의 상담심리학자 칼 로저스Carl Rogers의 도움을 받아 어린 제제의 삶을 들여다보자.

📝 원작 열기 1

나는 노래 부르기를 좋아하는 브라질의 다섯 살 소년 제제다. 우리 가족은 엄마, 아빠, 그리고 누나 셋, 형 하나, 마지막으로 남동생 루이스가 있다. 우리 집은 가난하다. 아빠는 동료와 싸움이 붙어 직장에서 쫓겨난 지 여섯 달이 지났고, 엄마랑 누나는 공장에 다니고 있다.

나는 모든 것을 집 밖에서 배웠다. 누나가 잠깐씩 돌봐주기는 했지만 대부분 혼자서 눈치껏 지내야 했다. 그 때문에 실수가 많았고, 걸핏하면 매를 맞았다. 나는 기억력도 좋고 머리도 나쁘지 않아서 글자도 혼자서 익혔다. 동생 루이스를 돌볼 때는 꽤 어른스럽게 챙겨주기도 한다. 이웃집 에드문두 아저씨는 이런 나를 보고 나이에 비해 조숙하다고 말하면서 언젠가 큰 인물이 될 거라고 말하곤 했다.

하지만 나는 동네에서 알아주는 말썽꾼이다. 에드문두 아저씨 안경을 빨래통 속에 몰래 숨겨놓기도 했고, 양초를 길 위에 미끄럽게 칠해서 사람들을 넘어뜨린 적도 있다. 셀리나 아줌마네 뒤뜰에 숨어 들어가 유리 조각으로 빨랫줄을 끊어놓는가 하면, 한번은 검정색 스타킹을 묶어 뱀 모양을 만들어서 지나가는 임산부를 놀래주기도 했다. 그 일로 착하디착한 엄마가 나를 아주 세게 때렸었다. 가족들 말처럼 내 안에는 악마의 피가 흐르고 있는 것 같다.

우리는 가난 때문에 더 작은 집으로 이사를 해야 했다. 나는 새집의 뒤뜰에 있는 가시 많고 볼품없는 어린 라임오렌지나무와 친구가 되었다. 신기한 일은 나무가 내게 말을 걸어오는 것이었다. 나는 라임오렌지나무에게 밍기뉴라는 이름을 붙이고는 인디언 놀이도 하고 가끔씩 수다도 떨며 지냈다. 밍기뉴와 함께 있으면 다른

친애하는 내 마음에게

사람에게는 말 못 할 비밀을 털어놓을 만큼 마음이 편했다.

크리스마스 날 우리 가족은 쓸쓸한 저녁을 보냈다. 나는 혹시나 싶어 선물을 기대했지만 역시나 아무것도 받지 못했다. 나는 홧김에 "아빠가 가난뱅이라 진짜 싫어"라고 내뱉었다. 그런데 하필이면 아빠가 바로 뒤에 계셨다. 아빠는 슬픔에 가득 차 말없이 나가셨다.

어떻게 해야 할지 몰랐다. 그런 말을 하다니. 아빠 마음을 아프게 한 게 견딜 수가 없었다. 나는 구두닦이 통을 들고 거리로 나섰다. 그리고 구두닦이로 번 돈으로 아빠가 좋아하는 담배를 샀다. 그렇게 해서라도 사죄하고 싶었다. 나는 아빠에게 말했다.

"아빠, 아빠가 절 때리시겠다면 반항하지 않을게요. 이번만큼은 막 때리셔도 좋아요."

그날 아빠는 내 등을 토닥이며 흐르는 눈물을 닦아주시고는 괜찮다고 하셨다.

나는 다섯 살이지만 글자를 이미 깨우쳐 학교에 다니기 시작했다. 학교는 즐거웠다. 세실리아 선생님은 내가 읽기를 잘하자 나를 아주 뛰어난 학생이라고 칭찬해주셨다. 선생님은 내게 빵을 사 먹으라고 돈을 주셨는데, 나는 나보다 더 형편이 안 좋은 흑인 여자애와 빵을 나눠 먹었다. 그 이야기를 듣더니 선생님께서는 나를 황금 같은 마음씨를 가진 아이라고 칭찬해주셨다. 내가 진짜 어떤 녀석인지 선생님은 모르시는 것 같다.

▌그저 존재감을 확인하고 싶었을 뿐

다섯 살짜리 꼬마 제제. 나이는 어리지만 영특하고 똘똘해서 글자도 먼저 익히고 동네 어른들과 스스럼없이 지낼 만큼 조숙하다. 한 가지 문제는 장난이 심하다는 것이다. 제제는 매를 맞으면서도 장난을 멈추지 않는다.

어린아이가 장난을 치는 것은 흔한 일이다. 세상에 대한 궁금증과 호기심이 많기 때문이다. 하지만 시간이 지날수록 아이들의 장난기는 줄어든다. 장난이 뜻하지 않은 실수나 사고로 이어져 처벌이나 꾸중 등 부정적인 대가가 따라오기 때문이다.

그런데 제제는 다르다. 제제는 자신이 슬리퍼로 얻어맞을 줄 뻔히 알면서도 장난을 멈추지 않는다. 그 까닭은 제제가 매질이라는 부정적인 처벌 못지않은 긍정적인 의미를 장난에 부여하기 때문이다.

소설의 첫 대목을 보자. 제제는 모든 것을 혼자서 눈치껏 해야 하는 아이다. 제제 스스로 모든 일을 밖에서 배웠다고 말할 정도다. 엄마는 공장에 나가 밤늦게 돌아오고, 실직한 아빠는 친구들과 카드놀이 하느라 집안에 붙어 있지 않는다. 누나들은 공장에 나가거나 집안일로 바쁘고, 그렇지 않으면 남자친구와 사귀느라 정신이 없다.

그런데 바쁘고 무심한 가족들이 제제에게 관심을 기울이는 때가 있다. 바로 제제가 장난을 쳤을 때다. 존재감 없는 제제가 유일하게 자신을 능동적으로 드러내는 방법, 그게 바로 장난이다. 그러니 장난은 제제가 가족과 이웃으로부터 자기 존재감을 확인할 수 있는 유일한 수단이다. 비록 장난의 결과는 얻어맞는 걸로 끝나지만 그 이면에는 자신을 능동적으로 드러내고 존재감을 확인하려는 동기가 내재해 있는 것이다.

▌관심과 애정을 얻기 위한 왜곡된 욕망

인본주의 심리학자 칼 로저스는 사람이라면 누구나 자기 자신에 대해 지속적이고 체계적인 인식을 지닌다고 보았다. 그는 이러한 인식의 개념을 자기self라고 지칭했으며, 이 개념에는 현재의 모습을 반영하는 '현실적인 자기real self'는 물론이고, 존중과 인정을 받기 위해 앞으로 추구해야 할 '이상적인 자기ideal self'도 포함되어 있다고 보았다.

그런데 인간은 사회적 관계를 맺기 시작하면서부터 자신의 경험을 통해 자기를 구성하기보다 타인의 시선과 평가로 자기를 구성하려는 경향을 보인다. 특히 어릴 때는 자기에게 중요한 타인으로부터의 관심과 지지를 받으려는 욕구가 어느 때보다 강렬해서 타인의 가치 체계를 자기의 가치 체계로 받아들이곤 한다. 이런 까닭에 아이들은 자기가 좋아하는 일보다 부모가 좋아하고 만족하는 일에 매달린다. 그림이 재미있어도 부모가 싫어하면 그 욕구를 억누르고, 노래 부르는 게 좋아도 부모의 눈치를 슬슬 살핀다. 심할 경우 아이는 부모가 좋아하는 일이라면 자신이 잘 못해도 잘해야 할 것 같은 도덕이나 의무감마저 느낀다.

제제의 경우는 약간 복잡하다. 제제의 부모는 장난을 좋아하지 않는다. 제제가 장난을 하는 순간 매를 들 뿐이다. 그런데도 제제는 장난을 멈추지 않는다. 인정과 존중을 받으려면 장난을 멈춰야 될 텐데 대체 무슨 까닭일까? 그것은 장난을 해서라도 부모의 관심을 얻기 위해서다. 아동에게 가장 끔찍한 것은 부모가 자기를 외면하고 버릴 것이라는 불안감이다. 부모와 어떤 상호작용도 하지 않을 때, 아동은 가장 불안하다. 그런 까닭에 아동은 어떻게든 버림받지 않기 위해 부모의 관심을 붙들려고 한다. 최악의 경우 자기를 학대하는 부모라도 그들의 관심을 받을 수만 있다면 아이는 그들 곁에 머물려 한다. 제제는 아무리 자신을 학대하는 부모라 해도 부모가 자기에게 관심을 가져줄 것을 원했다. 장난은 비록 매를 맞는 희생이 따랐지만 자기에 대한 부모의 관심을 증명하는 능동적인 행위였던 셈이다.

제제가 부모를 비난하지 않고 오히려 자기에게 악마의 피가 흐른다고 자신을 책망하는 것도 같은 맥락이다. 만약 제제가 부모를 나쁜 사람이라고 여기면, 그것은 부모가 언젠가 자기를 버릴 거라는 불안감을 강화시킨다. 그러니 부모는 늘 좋은 사람이어서 아무리 가난해도 나를 버리지 않을 것이며, 부모가 나를 때리는 것은 어디까지나 맞을 짓을 한 '나' 때문이지 부모 때문은 아닌 게 된다. 인디언 엄마를 자랑스럽게 여기고, 성탄 선물도 주지 않는 가난뱅이 아빠에게 용서를 비는 것은 모두 이런 까닭이다. 결국 제제의 장난은 관심과 애정을 얻으려는 왜곡된 욕망의 변형일 뿐, 제제의 진실한 자기가 투영된 일은 아니었다.

친애하는 내 마음에게

▌ 자기실현의 가능성을 잃지 않으려면?

제제는 부모의 관심과 인정을 받기 위해 장난을 선택했다. 하지만 로저스의 말처럼 인간에게는 타인에게 존중받으려는 욕구 외에도 현실적인 자기를 실현하려는 경향도 지니고 있다. 어린 시절 부모가 싫어했지만 정작 자신은 재밌고 만족스러웠던 일들을 떠올려보면 숨겨진 자신의 윤곽은 곧 드러난다. 공부를 위해서, 혹은 장래를 위한다는 명목으로 부모에게 가로막혔던 지난날의 꿈을 떠올려보라. 그림 그리기, 노래 부르기, 게임하기, 공차기, 조립하고 해체하기, 색칠하기, 수다 떨기 등등 만약 이런 것들이 즐거움과 만족을 준 적이 있다면 그것이 바로 진실한 자기가 투영된 모습이다.

다시 제제를 떠올려보자. 제제의 진실한 자기는 무엇이었을까? 무엇보다도 제제는 노래 부르기를 좋아한다. 소설의 중간 부분에서 제제는 악보를 파는 아저씨를 따라다니며 거리에서 노래를 불렀고 사람들에게 꽤 인기가 있었으며 스스로도 몹시 자랑스러워하곤 했다. 노래 외에도 제제는 이야기를 좋아하고 이름 붙이는 것에도 남다른 재주가 있으며 혼자서 글자를 깨우칠 만큼 언어적인 재능도 갖췄다. 그뿐 아니라 사교성도 좋아서 동네 어른이나 선생님들과 두루두루 친분을 쌓기도 하고 가난한 친구와 빵을 나눠 먹을 만큼 공감 능력도 탁월하다. 이 모든 것들이 제제의 현실적인 자기에 해당한다.

하지만 안타깝게도 제제는 자기가 지닌 특성과 역량을 긍정적으로 인식하지 못한다. 그것은 가족들의 무관심과 왜곡된 평가가 제제의 자기실현성을 방해하고 있기 때문이다. 제제가 노래를 부르거나 창의적인 이야기를 할 때, 가족들은 관심이 없다. 오로지 제제가 장난을 할 때만 부정적 관심을 기울일 뿐이다. 만약 가족들이 진짜 제제의 모습을 격려하고 지지했다면 어땠을까? 적어도 제제 스스로 자신의 역량과 특성을 인식하고 스스로 긍정적인 가치를 부여했다면?

로저스는 한 개인이 자신의 특성을 자각하고 거기에 긍정적인 가치를 지속적으로 부여하면 진정한 자아실현에 이를 수 있다고 보았다. 그는 이 과정을 '유기체의 가치화 과정'이라고 불렀다.[1] 만약 제제가 자기의 가치를 인식하고 유기체의 가치화 과정을 따른다면 제제는 모르긴 몰라도 음악가나 작가로서 성장할 여지가 높다. 또한 제제가 지닌 공감 능력에 주목하면 상담사나 교사로서도 자기를 실현할 수 있을지 모른다. 안타깝게도 아직 제제는 진짜 자기 모습을 잘 모른다. 그저 자신을 애물단지, 작은 악마로만 여기고 있다. 그렇다면 제제는 영영 자기실현의 가능성을 잃게 되는 것일까?

📝 원작 열기 2

나는 얼마 전부터 박쥐 놀이에 빠져 있었다. 자동차 뒤꽁무니에 박쥐처럼 매달려 시원한 바람을 맞는 장난이었다. 처음에는 두려웠지만 갈수록 모험심이 커져서 더 어려운 자동차에도 도전하고 싶었다. 이를테면 포르투갈 사람의 커다란 차 같은. 하지만 도전은 실패했다. 차가 출발하는 줄 알고 꽁무니에 매달렸는데 출발하기는커녕 차 주인 포르투갈 사람이 나오더니 나를 붙잡고 혼쭐을 냈다. 나는 창피해서 한동안 포르투갈 사람이 사는 곳을 피해 다녔다.

며칠 후 나는 이웃집 구아버 열매를 훔치려다가 유리 조각을 밟는 사고를 당했다. 다음 날 가족들에게 비밀로 하고 절뚝거리며 학교를 향해 걷고 있었다. 그때였다.

"꼬마야, 발을 다친 거냐? 많이 아프니?"

며칠 전 그 포르투갈 사람이었다. 그는 부드러운 미소를 짓고 있었다. 처음에 나는 그를 경계했다. 하지만 그가 나를 치료해주고 친절하게 대해주자 나도 모르게 마음이 열렸다. 그날 후로 우리는 둘도 없는 친구가 되었다. 나는 그에게 우리 가족 이야기까지 들려주었다.

"난 아주 쓸모없는 아이예요. 개망나니인데다가 불량배예요. 우리 누나 말로는 나같이 못된 애는 태어나지 말았어야 했대요."

아저씨는 내가 저지른 장난들을 모두 말했는데도 내가 나쁜 아이가 아니라고 했다. 그와 좀 더 친해지자 나는 그를 뽀르뚜가라고 불렀다. 우리는 종종 드라이브를 다녔고 뽀르뚜가는 나를 친자식처럼 살갑게 대해주었다. 신기하게도 그를 만난 후로 나는 심한 장난도 치지 않았고 예전처럼 욕도 안 했으며 이웃을 괴롭히는 일도 하지 않았다. 나는 이 모든 이야기들을 가족에게 비밀로 한 채 오로지 라임오렌지나무에게만 말해주었다.

그러던 어느 날 종이풍선을 만들고 있던 때였다. 잔디라 누나가 얼른 밥을 먹지 않는다고 내가 만들고 있던 종이풍선을 갈기갈기 찢어버렸다. 너무 화가 났다. 악마가 마음속에 되살아났고 나는 누나에게 갈보라고 욕을 했다. 그러자 누나의 사정없는 매질이 시작되었다. 얼굴이 부어서 이틀 동안 밖을 나갈 수 없을 정도였다. 아빠는 다시 한번 그런 말을 했다가는 나를 가루로 만들어버리겠다고 했다. 나는 뽀르뚜가 아저씨가 보고 싶었지만 갈 수 없었다. 대신 나는 장난을 참으려고 일부러 아빠 곁에 머물렀다.

문득 일상에 지친 아빠를 위로해주고 싶어 노래를 불렀다. 요새 유행하는 탱고였다. "나는 벌거벗은 여자가 좋아, 벌거벗은 여자를 원해 ……." 그런데 갑자기 아빠가 벌떡 일어서더니 그따위 노래를 누구한테 배웠느냐며 내 뺨을 후려갈겼다. 이유도 모른 채 얻어맞자 나는 반항했다. 그러자 아빠는 온갖 욕을 퍼부으며 허리띠를 풀어서 내 몸을 휘감으며 때렸다.

다 낫기까지 꼬박 일주일이 걸렸다. 나는 뽀루뚜가를 만나 모든 것을 이야기했다. 그러자 그는 눈물을 흘리며 진심으로 나를 걱정해주었고 차분하게 타일렀다. 욕을 해서는 안 되고, 잘못된 생각을 해서도 안 된다는 것을. 그리고 말했다.

"꼬마야, 난 널 무척 사랑한단다. 이제 다 잊게 될 거야. 넌 연날리기 챔피언도 되고, 구슬치기 왕도 되어야지."

나는 그에게 앞으로 욕도 안 하고 나쁜 생각도 하지 않겠다고 약

친애하는 내 마음에게

속했다. 그 후로도 그는 내게 친절하고 따뜻했다. 나는 그가 내 아빠가 되어주기를 간절히 바라면서 앞으로 착한 아이가 되겠다는 다짐을 했다. 하지만 그처럼 다정했던 뽀르뚜가는 어느 날 기차 사고를 당하고 말았다. 그 사이 나의 작은 라임오렌지나무는 어느새 다 자라 흰 꽃을 피웠다.

▌ 무조건적인 긍정과 존중이란

제제의 가족은 여전히 제제의 참된 자아를 보지 못한다. 특히 아빠가 제제를 폭행하는 장면은 비극적이기까지 하다. 제제는 자기의 참된 자아, 즉 노래하는 자아를 드러내 진실하게 아빠에게 다가갔었다. 자신이 가장 잘하고, 자랑스럽고, 만족스럽게 여기는 것을 아빠에게 들려줌으로써 그를 위로하려고 했다. 그러나 아빠는 노랫말이 저속하다는 이유로 다른 사정은 일절 묻지도 않은 채 제제를 폭행한다. 제제의 참된 자아를 외면하고 겉으로 드러난 노랫말 따위에 흥분하고 만 것이다.

반복되는 매질과 비난으로 제제는 자신을 악마 같은 존재로 여긴다. 자존감은 낮아지고 스스로에게 부정적인 낙인을 찍는다. 아마 이대로 성장한다면 제제는 진정한 자기를 잃고 평생 마음의 문을 닫은 채 살아갈 운명이었을 것이다.

다행히 제제에게 마음을 열어줄 구원자가 등장한다. 뽀루뚜가 아저씨. 아저씨는 장난기 많은 어린 제제를 처음에는 측은하게 여겼고,

나중에는 진실한 제제의 모습에 감동을 받아 한없는 친절을 베풀기 시작한다. 자동차로 드라이브를 가고, 딱지와 구슬을 사주고, 함께 낚시를 떠나는 등 뽀루뚜가는 가족에게 외면받는 제제에게 조건 없는 애정을 쏟는다. 무엇보다 제제를 존중하고 진실하게 제제의 이야기를 들어준다. 그는 말을 끊지 않았고, 나무라거나 꾸짖지도 않았다. 그저 이야기를 듣고 맞장구를 쳐줄 뿐이었다. 제제가 잘하는 것을 잘하도록 그저 내버려둘 뿐이었다.

심리학자 칼 로저스는 억눌린 마음의 빗장을 열기 위해서는 무엇보다 상대를 향한 진실한 태도와 무조건적인 긍정이 필요하다고 제시한 바 있다. 아무 조건 없이 상대를 긍정하면 아무리 마음이 억눌린 사람이라도 마음의 빗장을 열고 참된 자아를 보여준다는 것이다.

뽀루뚜가는 로저스가 제시한 미덕을 두루 갖추고 있었다. 그는 아픈 제제를 치료해주고, 제제의 시시콜콜하고 궁상맞은 이야기를 진실하게 들어주었으며, 한 번도 성을 내거나 비판하지 않았다. 지시하고 해석하고 평가하고 편견을 내비치는 대신, 무조건적인 존중과 진실한 태도를 보여주었다.

그러자 닫힌 제제의 마음이 열리기 시작했다. 제제는 자신이 가족들에게 얻어맞는 이야기, 지금까지 장난했던 이야기, 엄마가 진짜 인디언이라는 이야기, 라임오렌지나무가 친구라는 이야기까지 하나도 빠짐없이 뽀루뚜가에게 이야기한다. 제제의 입장에서는 자신이 가장 잘하고 만족감을 느끼는 활동, 즉 '이야기'를 아무 제한 없이 나눌 수

친애하는 내 마음에게

있는 친구를 드디어 만난 것이었다. 뽀루뚜가는 제제의 '현실적인 자기'를 있는 그대로 인정하고 존중하는 유일한 사람이었다. 어느 날 제제는 말한다.

"난 절대로 당신 곁을 떠나고 싶지 않아요. 가슴속에 행복의 태양이 빛나는 것 같아요. 할 수만 있다면 팔십오만이천 킬로미터를 쉬지 않고 달리면서 당신하고 이야기하고 싶어요."

그 후 제제는 장난도, 욕도, 이웃을 골탕 먹이는 일도 멈춘다. 그뿐이 아니다. 자기를 악마라고 낙인찍는 대신 착한 아이가 되겠다는 다짐까지 밝힌다. 더 이상 타인의 반응을 신경 쓰지 않고 '진정한 자기'를 인식하고 거기에 긍정적인 가치를 부여하기로 마음먹은 것이다. 뽀루뚜가의 무조건적이고 긍정적인 존중의 태도가 진실한 제제를 되찾게 한 순간이었다.

▎숨은 가치를 찾아주는 공감 그리고 이해

제제가 뽀루뚜가에게 마음을 열었던 또 다른 이유는 그가 제제에게 높은 수준의 공감을 보여주었다는 데 있다. 뽀루뚜가는 제제가 자기에게 악마의 피가 흐른다거나 새끼 악마 같다면서 스스로를 조롱할 때면, 너는 그냥 장난끼가 많을 뿐 나쁜 아이가 아니라고 고쳐서 말해주곤 했다. 제제가 그렇게 말한 진짜 의미를 뽀루뚜가가 충분히 공감했기 때문이다. 아마도 제제는 속으로 말했을 것이다. '가족들이 나를 새끼 악마라고 부르는데, 아저씨도 정말 나를 그렇게 생각하나요?

그렇지 않죠?'라고.

　사실 제제는 가족들이 자기를 악마라고 비난하는 것을 어떻게 받아들여야 할지 마음을 정하지 못했을 것이다. 악마가 아닌 걸 확인받고 싶었지만 그 마음을 자신도 미처 자각하지 못하고 있었을 것이다. 뽀루뚜가는 제제가 미처 깨닫지 못한 이런 마음까지 읽고 공감함으로써 제제에게 평생 신뢰할 만한 동반자가 되었다. 그뿐이 아니다. 제제가 자기를 폭행한 아빠의 심정을 헤아리고, 공장에 다니는 엄마와 누이를 걱정하자, 뽀루뚜가는 제제에게 세상에 너처럼 깊은 생각을 하는 어린애는 처음이라며 제제의 선한 본성까지 일깨워준다. 가면을 벗기고 내면 깊이 숨어 있는 진짜 얼굴을 보게 해준 것이다.

　로저스는 상대방에 대한 높은 수준의 공감이 이루어지기 위해서는 무엇보다 상대방의 마음으로 온전히 들어가 거기에 완전히 익숙해져야 한다고 보았다.[2] 상대의 삶을 진실하게, 그리고 마음속 깊숙이 숨겨진 감정과 경험을 읽어주는 것이 수준 높은 공감을 가능하게 한다는 것이다. 뽀루뚜가는 제제의 겉모습과 장난기 많은 말투, 저속하고 외설적인 노래 따위에는 주목하지 않았다. 그는 제제의 마음속으로 들어가 온전히 제제가 되어 그가 진짜 하고 싶은 말들에 주목했다. 그리고 그것들을 다시 제제에게 들려주며 제제가 자신의 참된 모습을 인식할 수 있도록 도와주었다. 이처럼 상대가 미처 인식하지 못한 긍정적인 면을 찾아내 자신을 온전히 이해하도록 할 때, 진정한 공감은 이루어진다.

　　　　　　　　　　　　　　　　　　친애하는 내 마음에게

다시 처음으로 돌아가서, 사람은 누구나 타인에게 존중을 받으려는 욕구를 지녔다. 하지만 사회적 관계가 형성되는 과정에서 자칫 타인의 기준에 얽매여 스스로를 억압하거나, 스스로를 부정하는 일마저 생길 수 있다. 덴마크의 철학자 쇠렌 키르케고르Søren Kierkegaard의 말처럼 깊은 절망이란 자기가 아닌 '다른 사람이 될 때' 찾아온다.

자기가 누군지 모르겠다며 흐느끼던 경주 씨를 생각해보자. 만약 현실에서 경주 씨처럼 주위 눈치를 보며 자기를 부정하는 이가 있다면 그를 어떻게 도와야 할까? 그를 평가하고 비판하고, 그에게 지시하고 충고해야 할까? 아마 그렇게 되면 상대는 더 움츠러들고 더욱더 마음의 문을 닫게 될 것이다. 따라서 자기를 부정하고 괴로워하는 이가 있다면 로저스의 충고대로 진실한 마음으로 상대를 긍정하고, 공감해주는 게 필요하다. 그러면 어느 순간 상대는 스스로 억압과 족쇄를 풀고 자기 내면의 가치를 서서히 회복하기 시작할 것이다. 그리고 언젠가는 자기 힘으로 진정한 가치를 꽃피울 수 있을지 모른다. 볼품없던 라임오렌지나무가 스스로 꽃을 피웠던 것처럼 말이다.

자꾸만 남 눈치만 보는 나, 어쩌면 좋을까?

칼 로저스

#인본주의 심리학
#비지시적 상담 #내담자 중심 치료
#충분히 기능하는 사람

사는 동안 뽀루뚜가 같은 사람을 만난다면 그것은 더없는 행운일 것이다. 진정한 자기를 만나게 해주고 자기를 실현할 수 있게 도와주니 말이다. 그런데 실제로 뽀루뚜가가 제제에게 해준 일을 떠올려보면 그다지 특별한 것은 없다. 그는 교훈을 주기보다 비지시적인 태도로 일관하며 제제의 자발성을 신뢰했을 뿐이다. 무엇을 하는 게 좋다거나, 무엇을 하면 안 된다고 강요하고 지시하기보다 스스로 판단하게 그냥 내버려두었다.

인본주의 심리학자 로저스의 인간관은 정확히 뽀루뚜가에 대응한다. 그는 인간이라면 누구나 선천적으로 자기를 유지하고 향상시키

124

며 궁극적으로는 자기를 실현하려는 경향성을 지녔다고 보았다. 마치 땅 위에 자라는 나무처럼 적절한 환경만 주어진다면 얼마든지 자기를 실현하는 것이 인간이라고 본 것이다. 비료가 아무리 훌륭해도 나무에 맞지 않으면 오히려 나무를 해치고, 아무리 생장에 필요한 물이라고 해도 지나치면 나무를 썩게 만든다. 나무가 가장 잘 자라는 조건은 나무를 키우는 사람이 아니라 나무가 가장 잘 알고 있다. 마찬가지로 인간도 타인이 아니라 스스로 성장하는 법을 가장 잘 안다. 이것이 바로 인본주의 심리학의 가정이다.

이러한 인본주의 심리학은 정신분석 및 행동주의 심리학과는 큰 차별성을 지니고 있다. 로저스는 과거의 억압된 무의식이 현재에 큰 영향을 미친다는 정신분석의 주장에 동의하지 않았다. 또한 인간을 조건화된 자극에 의해 결정되는 존재로 여기는 스키너의 행동주의에도 의구심을 가졌다. 정신분석은 내담자를 분석의 대상으로 삼는 까닭에 내담자의 심리적인 저항에 직면하는 한계를 지니고 있고, 행동주의 기법은 지나치게 지시적이어서 내담자가 따르지 않으면 그 효과를 기대하기 어렵다고 보았다.

로저스는 상담을 수행할 때, 오히려 지시적이지 않을수록 상담 결과가 긍정적이며 만족스럽다는 데에 주목했다. 그는 이런 결과를 활용해 비지시적 상담을 창안했다. 그는 내담자를 판단하거나 해석하지 않고, 가르치지 않는 자세가 사람을 치료하는 데 가장 효율적이라고 주장하며 자신의 상담을 '내담자 중심 치료'라고 이름을 붙였다.

내담자가 자신에게 집중하며 자기 안에서 문제 해결의 열쇠를 찾아가는 것이 효율적이라고 판단했기 때문이다. 다시 한번 제제와 뽀루뚜가를 떠올려보라. 뽀루뚜가는 제제에게 어떤 지시도 하지 않았다. 그럼에도 불구하고 제제는 스스로 자기에게 집중하며 온갖 이야기를 꺼내놓았고, 스스로 장난을 줄이는 등 문제 해결의 방법을 찾아갔다.

로저스는 내담자 중심 치료를 위해 '충분히 기능하는 사람'이라는 개념을 제시한다. 충분히 기능하는 사람이란 자신의 자아를 온전히 자각하는 사람이다. 이들은 어떤 경험에도 개방적이며 매 순간 충실히 삶을 살아가는 '과정 지향적인' 사람으로 자신의 신체, 정서, 지식을 신뢰한다.

로저스에 따르면 심리학적인 문제는 타인에 의해 자기 개념이 형성될 때 발생한다. 자신이 아니라 부모에 의해서, 선생님에 의해서, 혹은 동료에 의해서 자기 개념이 만들어질 때 심리적 문제가 발생한다. 이 경우 자신의 경험을 신뢰하지 못한 채 타인의 반응만 살피며 충분히 기능하지 못하는 사람이 되고 만다. 쉽게 말해 남의 눈치만 보는 사람은 자기를 신뢰할 수 없고, 이는 스트레스 등 심리적인 곤란을 일으키게 된다. 로저스에 따르면 문제의 해결은 내담자를 충분히 기능하는 인간으로 되돌려놓는 데에 있다. 무엇보다도 내담자를 무조건 긍정하고, 공감해주면서 그동안 남의 눈치를 살피느라 표현하지 못한 모든 것들을 숨김없이 꺼내놓도록 해야 한다. 그리고 그 안에 진정한 자기를 발견하고 그것을 신뢰하도록 해주어야 한다. 타인에 의해 형

친애하는 내 마음에게

성된 자기 개념으로부터 벗어나 참된 자아, 다시 말해 충분히 기능하는 인간으로 되돌리는 것, 이것이 인본주의 심리학의 목표다. 참고로 다음은 로저스가 제시한 충분히 기능하는 사람의 특성이다.[3] 만약 이런 특성들이 자신에게 모자라다면, 지나치게 타율적인 기준을 좇으며 살아가는 것은 아닌지, 또는 자기 스스로를 일상 속에서 억압하는 것은 아닌지 한 번쯤 되돌아볼 필요가 있다.

충분히 기능하는 사람은,

① 체험에 대해 개방적이다. 부정적이거나 긍정적인 감정, 혹은 경험에 대해서 심리적으로 방어하거나 억압하지 않고 늘 열린 마음으로 인식하고자 한다. 자기 자신에게 귀를 기울이고, 자신의 감정이 자유롭게 살아 있음을 느낀다.

② 순간순간을 충실히 살아간다. 지금, 여기의 현실을 중시하는 존재론적이고 실존적인 삶을 살아간다. 자신의 체험에 개방적인 태도를 취하면서 어떠한 순간도 부정하거나 왜곡하지 않는다.

③ 자기 자신을 신뢰하며 살아간다. 어떠한 판단이나 결정을 내릴 때, 타인에게 휘둘리거나 의존하지 않고 자신의 경험을 신뢰하고, 그것을 기준으로 삼는다.

④ 자유롭다. 자신에 대한 지배력을 가지고 주체적으로 자신의 미래를 결정한다. 방어적인 사람은 타인의 시선에서 자유롭지 못한 반면에 충분히 기능하는 사람은 절대적인 자유를 유용하게

활용한다.

⑤ 창의적이다. 충분히 기능하는 사람은 열린 감각으로 세상을 바라보고 주변 환경과 항상 새로운 관계를 맺으며 살아간다. 자신이 속한 문화에 수동적으로 이끌려 살아가지 않고 삶의 모든 순간에 창조적 희열을 느끼며 살아간다.

친애하는 내 마음에게

고통? 마음먹기 나름이지!

「페스트」_ 알베르 카뮈 Albert Camus

2019년 12월 중국 우한에서 발병한 코로나 바이러스는 얼마 지나지 않아 전 세계를 휩쓸었다. 우리나라도 예외는 아니어서 수많은 사망자가 나오고, 감염자가 속출하는 상황이 오랜 시간 지속되었다. 그나마 다행인 것은 질병관리청의 대응과 성숙한 시민의식으로 다른 서구 선진 국가에 비해서 그 피해가 상대적으로 적다는 것이다. 그런데 만약 코로나19보다 훨씬 더 강력한 바이러스성 질병이 퍼져서 사람들이 무차별적으로 감염되고, 주변 사람들마저 병에 걸려 자신도 언제 감염될지 모르는 상황에 처한다면 어떨까? 엎친 데 덮친 격으로 정부에서 감염의 확산을 막기 위해 도시를 완벽하게 봉쇄한다면?

대부분 시민들은 불안에 떨며 집 밖 출입을 삼가고 조심하겠지만, 누군가는 불안과 공포를 견디지 못하고 도시를 탈출할 것이고, 누군가는 규칙이나 질서가 무너진 틈을 타서 약탈을 일삼을지도 모른다. 시시각각 생필품이 바닥나고 식량까지 줄어들면 범죄는 더욱 증가할 것이다. 실제 코로나19가 심한 몇몇 나라에서는 물건 사재기가 기승을 부리고 약탈과 방화도 일어났던 적이 있었다. 하지만 똑같은 일을 당하면서도 어떤 사람들은 질병과 맞서 환자를 돌보고 질서를 유지하는 등 인간다움을 잃지 않으려고 안간힘을 쓴다. 위기에 놓였을 때, 한계 상황에 놓였을 때, 사람들은 제각각 자신의 진짜 맨얼굴을 드러내 보인다.

어디 전염병뿐인가. 우리가 사는 세계에는 늘 불안이 존재한다. 예측할 수 없는 자연재해나 범죄도 있고, 전쟁이나 경제 위기도 얼마든지 닥쳐올 수 있다. 커다란 위험만 있는 게 아니다. 어느 날 갑자기 사랑하는 사람이 곁을 떠날 수 있고 직장에서 실직할 수도 있으며, 중요한 시험을 망쳐서 꽤 오랜 시간 힘들게 보낼 수도 있다.

그런데 참으로 이상한 것은 위기를 받아들이는 사람들의 태도가 각기 다르다는 것이다. 같은 부상을 입더라도 어떤 사람은 재활에 성공해서 제2의 인생을 사는가 하면, 어떤 사람은 장애를 극복하지 못한 채 인생을 포기하기까지 한다. 또, 가족이나 사랑하는 사람을 잃었을 때, 어떤 이들은 절망감에 극단적인 선택까지 하지만, 어떤 이들은 절망감을 딛고 일어나 더 큰 사랑을 사회에 베푼다. 같은 고난과 역경을 경험하면서도 어째서 사람들은 서로 다른 반응을 보이는 걸까?

친애하는 내 마음에게

심리학자 앨버트 엘리스Albert Ellis는 인간의 행동은 사건 자체만이 아니라 각자의 가치관이나 신념에 영향을 받는다고 말한다. 같은 사건을 경험해도 올바른 신념을 지닌 이들은 사건에 합리적으로 대응하지만, 왜곡된 신념을 지닌 이들은 부적응 행동을 보인다는 것이다. 자, 이제 알베르 카뮈의 소설 「페스트」를 읽어보자. 이 안에는 페스트라는 흉측한 전염병에 노출된 인간 군상이 등장한다. 그중에 어떤 이의 대응이 과연 가치 있는 행동일까? 또 우리는 어떤 신념으로 위기에 맞서야 할까?

 원작 열기 1

알제리 해안에 있는 프랑스의 상업도시 오랑. 이곳은 여느 도시와 마찬가지로 아침부터 저녁까지 사람들이 일을 하고, 남는 시간에는 카드놀이나 잡담으로 세월을 보내는 지극히 평범한 곳이다. 그런데 어느 날 갑자기 거리에서 쥐들이 죽어간다. 단지 몇 마리가 아니라 수백 마리, 수천 마리씩. 얼마 후 이번에는 사람들이 고열로 괴로워하다가 피를 토하며 쓰러진다. 그리고 한두 명씩 목숨을 잃는다. 대체 무슨 일일까? 세상에! 중세 유럽 인구의 절반을 죽음으로 몰아간 흑사병, 페스트가 현대 도시 오랑에 창궐하다니!

하루하루가 다르게 세력을 키워가는 페스트. 처음에는 그 희생자가 한두 명에 불과했지만 어느덧 하루에 100여 명이 훌쩍 넘는 사람들이 죽어간다. 결국 오랑시는 폐쇄된다. 외부로 연결되는 문들은 모두 닫히고 감시병들이 삼엄하게 초소를 지킨다. 식량과 생필품이 외부에서 전달되어 사는 데 문제는 없지만 편지를 주고받는 것조차 감염의 위험 때문에 금지된다. 이제 오랑의 시민들은 페스트가 창궐하는 곳에서 그것이 사라질 때까지 견뎌야만 한다.

감염 초기에 오랑의 시민들은 그다지 동요하지 않았다. 시민들은 페스트가 오랫동안 지속될 거라고 믿지 않았고, 감염은 불결한 시의 외곽 지역에서나 발생하는 일이라고 여겼다. 그러나 페스트는 물러서기는커녕 도시에 널리 퍼지기 시작했다. 시 중심부의 시민들이 감염되었고 지방판사의 가족, 의사, 시의 관리들까지 죽어갔다.

페스트가 빠르게 퍼지는데도 시민들 중에는 페스트를 남의 일로 생각하는 이들이 있었다. 그들은 페스트의 불안과 공포를 잊으려는 듯 과도한 오락을 즐겼다. 도시 곳곳은 오페라를 관람하고 카페에 모여 수다 떠는 사람으로 북적였다. 마치 집행유예 망상에 빠진 사람들처럼 자신만은 페스트가 비껴갈 거라는 헛된 기대에 빠진 이들이었다.

또 다른 오랑의 시민들은 공포와 불안에서 탈출하려 한다. 젊은 기자 랑베르가 그렇다. 그는 어떻게든 도시를 탈출하고자 했다. 랑베르는 본래 오랑의 시민이 아니다. 아랍인들의 생활상, 특히 보건 위생과 관련된 기사를 작성하려고 취재차 오랑을 방문했다가 시

친애하는 내 마음에게

가 폐쇄되는 바람에 어쩔 수 없이 오랑에 머물고 있었다. 사랑하는 연인을 두고 온 랑베르. 그는 어떻게든 오랑에서 벗어나 연인에게 되돌아가고자 했다. 필요하다면 범죄 집단의 도움도 상관없다.

페스트를 자신에게 유리하게 이용하는 이도 있었다. 오랑이 페스트로 신음하고 있을 때 오히려 생기를 띠는 인물, 바로 코타르다. 그는 페스트가 퍼지기 직전 스스로 생을 마감하려던 범죄자였다. 그런 그가 전염병이 퍼지자 '페스트'를 행운이라고 생각하며, 페스트가 끝나지 않기를 속으로 기원한다. 왜냐하면 그에게 페스트는 과거의 범죄를 숨겨줄 뿐만 아니라 또 다른 범죄 기회를 제공하기 때문이었다.

▌중요한 건 사건이 아니라 신념이다

똑같은 일이 모두에게 발생했다. 하지만 그 일이 모든 이에게 같은 행동을 유발하지는 않는다. 왜 그럴까? 앨버트 엘리스는 이에 대한 단서를 제공한다. 먼저 엘리스는 인간을 이중적이고 양면적인 존재로 규정한다. 그는 인간이 합리적일 수도 있지만 때로는 비합리적인 신념을 지닐 수 있다고 보았다. 그의 견해에 따르면 인간의 정서와 행동은 사건 자체보다 사건을 받아들이는 신념에 따라 달라진다. 평소 합리적인 신념을 지닌 사람은 어떤 중대한 사건이 발생해도 합리적으로 대처하려고 하는 반면, 비합리적인 신념을 지닌 사람은 사소한 사건이 일어나도 극단적으로 받아들이는 경향이 있다는 것이다.

자, 어떤 사건Activating event이 발생했다. 그리고 이 사건으로 인해 특정한 결과Consequence가 생겼다. 이것이 일반적인 인과론(A → C)이다. 사람들은 가난이나 질병, 폭풍우, 연인과의 이별 등 부정적인 사건이 삶을 파괴한다고 생각한다. 하지만 엘리스의 생각은 달랐다. 그는 사건과 결과 사이에 각자의 신념Belief이 작용한다고 보았다. 사건이 결과를 만드는(A → C) 게 아니라 사건이 신념을 거쳐 결과를 만든다(A →B → C)고 인과관계를 수정한 것이다. 이때 어떤 신념Belief을 지녔느냐에 따라 결과는 크게 달라진다.

간단한 예를 들어보자. 소영과 진석은 대학 동기다. 같은 회사에 입사원서를 냈는데 안타깝게도 둘 다 모두 면접에서 떨어졌다. 소식을 들으니 자신들보다 준비가 미흡했던 사람이 최종 합격했다. 오랜 준비가 무색할 만큼 허무한 결과였다. 그런데 두 사람의 반응은 극히 달랐다. 소영은 그날 이후 좌절감, 우울감에 휩싸여 스스로를 보잘것없고 가치 없는 사람으로 여기며 한동안 자취를 감춘 반면, 진석은 결과에 대해 일시적으로 속상한 기분이 들었지만 스스로를 비하하거나 비난하지 않고 얼마 후 평범한 일상으로 돌아와 또 다른 취직 준비에 박차를 가했다. 이처럼 같은 사건인데 다른 행위가 나오는 것은 서로의 관점이 달랐기 때문이다.

먼저, 평범한 일상으로 되돌아간 진석은 건강하고 합리적인 신념을 지니고 있는 사람이다. 그는 취직에 실패해서 속상했지만 그저 그뿐이었다. 반면에 우울증을 겪는 소영은 한 번의 실패를 마치 인생 전

체의 실패인 양 받아들이고 말았다. 조금 어렵게 말하자면, 과잉일반
화에 빠져 생각이 경직되고, 독단적으로 변한 것이다. 따라서 소영의
근본적인 문제는 당장 취직을 못한 데에 있는 게 아니라, 그가 비합리
적인 신념을 지녔다는 데에 있다. 이처럼 엘리스는 마음고생을 하는
사람들이 고통 자체보다 고통을 대하는 신념 때문에 어려움을 겪는
다고 진단했다.

▌ 비합리적 신념에 빠지지 않으려면

그렇다면 비합리적인 신념의 실체는 뭘까? 우선 앞에서 살펴본 것
처럼 비합리적인 신념은 과잉일반화의 특성을 지닌다. 사소하고 우
연히 일어난 일마저 마치 보편적이거나 당위적인 것처럼 받아들이는
게 비합리적인 신념이다. 모든 일은 언제나 필연적으로 발생하며, 그
런 까닭에 자신과 타인, 세상은 언제나 절대적이고 완벽해야 한다는
믿음, 이것이 비합리적인 신념이다. 이런 신념을 지닌 이들은 언제나
'반드시 ~해야 한다must, should'라는 강박적인 생각을 갖는 경향이 짙
다. 이러한 비합리적인 신념은 그 대상에 따라 다음과 같이 세 가지 유
형으로 나뉜다.[1]

가장 먼저 자신에 대한 당위적이고 비합리적인 신념이다. 구체적
으로는 '나는 모든 일을 탁월하게 수행해야 한다.' 혹은 '나는 모든 사
람에게 인정받아야 한다.' 만약 그렇지 않으면 '나는 무가치한 존재
다'라는 신념이다. 만약 이런 신념이 좌절되면 당사자는 그 순간 불

안, 우울, 절망에 휩싸인다. 페스트가 퍼졌을 때 절망했던 이들은 페스트 때문에 자기 뜻대로 일이 되지 않자 현실에서 도피하려고 했다. 기자 랑베르를 보라. 그는 사랑하는 연인과 연락이 끊기자 불법을 저질러서라도 오랑을 탈출하려고 했다.

둘째, 타인에 대한 당위적이고 비합리적인 신념이다. '모든 사람은 어떤 상황에서도 나를 공정하게 대해야 한다. 그렇지 않으면 그들은 무가치하고 벌을 받아 마땅하다.' 이런 신념을 지닌 사람은 신념이 좌절되는 순간 분노와 복수심에 들끓는다. 범죄자 코타르가 이런 유형에 해당한다. 그는 자신이 범죄자임에도 불구하고 사람들이 자기를 언제나 공정하게 대해주길 바란다. 그러나 현실이 그렇지 않자 세상에 대한 실망으로 자살을 결심한다. 그러다 페스트의 유행으로 범죄자라는 사실이 묻히고 새롭게 삶을 시작할 기회를 얻지만 아쉽게도 코타르는 지난날을 반성하지 않고 또다시 범죄를 저지를 뿐이다.

셋째, 세상에 대한 당위적이고 비합리적인 신념이다. 구체적으로는 '세상은 항상 공정하고 정의로워야 한다.' 혹은 '세상은 늘 안전하고 즐거워야 하며, 내가 원하는 대로 돌아가야 한다'라는 신념이다. 이런 신념을 지닐 경우, 사람들은 현실이 악화되어도 아랑곳하지 않고 자신들의 삶을 즐긴다. 페스트가 창궐하는데도 카페와 영화관에 사람들이 넘치는 까닭은 바로 이런 신념이 작동했기 때문이다. 다만, 이들은 신념이 좌절될 경우 분노와 우울, 자기연민이나 조급함에 빠질 위험이 높다.

자, 이처럼 당위적이고 경직된 신념들은 현실에서 추구하기 어렵고 언젠가 좌절될 여지가 높다. 당장에는 '반드시 ~해야 한다'는 신념이 멋져 보일 수 있고 대단히 의지적으로 보일 수도 있다. 그러나 이런 신념은 결과적으로 좌절을 안겨주며, 부정적인 정서와 행동으로 이어진다. 신념을 갖지 말자는 게 아니다. 신념이 경직되고, 극단적이고, 비현실적이지는 않은지 점검해야 한다는 것이다. 어떤 일을 성취하기 위해 굳은 의지를 지니는 것은 가치 있는 일이지만 그것이 경직되어 있거나 당위적이라면 곤란하다. 그 순간 비합리적인 신념에 빠져들기 때문이다.

📝 원작 열기 2

페스트로 들끓는 오랑. 도시를 탈출하려는 이들과 혼란을 틈타 범죄를 저지르는 코타르. 그렇다면 페스트에 정면으로 맞서 싸우는 이들은 없을까?

가장 먼저 파늘루 신부. 그는 성당에서 언제나 사랑의 실천을 외쳐왔던 만큼 페스트에 당당히 맞선다. 환자를 실어 나르고, 그들을 돌보며, 약을 처방해주는 등 최선을 다해 페스트에 저항했다. 그런데 그의 저항은 인간을 돕는다기보다 신의 뜻을 실천하는 것처럼 보인다. 그는 페스트가 유행하게 된 까닭이 오랑의 시민들이 도덕적으로 타락했기 때문이라고 여겼다. 파늘루는 페스트로 겪는 고통을 자기 삶을 반성할 기회로 삼고 그것을 은혜롭게 여겨야 한다고 설교한다. 페스트를 신이 내려준 기회로 받아들인 것이다.

그렇다면 평범한 인간으로서 페스트에 맞선 사람은 없었을까? 신이나 영웅처럼 대단한 존재가 아니라 보통 인간으로서 페스트에 저항한 사람, 그가 바로 외과의사 리유다.

"앞으로 무엇이 나를 기다리고 있을지, 이 모든 일이 끝난 다음에는 무엇이 올지 나는 모릅니다. 눈앞에 환자들이 있으니 그들을 고쳐야지요. 누군가 비웃을지 모르지만, 페스트와 싸우는 유일한 방법은 성실성입니다. 그것은 자기가 맡은 역할을 수행하는 것입니다."

리유는 의사로서 페스트를 처음 인지한 인물이었다. 그는 그 뒤로 페스트와의 불가능한 싸움을 벌인다. 그의 모습은 마치 그리스 신화에 등장하는 시시포스와 비슷하다. 죄악을 저질러 그 형벌로 커다란 바위를 산꼭대기로 밀어 올려야 하는 시시포스. 그가 힘겹게 바위를 밀어 올려 산꼭대기에 다다르면 바위는 다시 아래로 굴러떨어진다. 그러면 시시포스는 다시 처음부터 바위를 밀어 올린다. 형벌이 반복되는 것이다. 리유는 정확히 시시포스와 대응된다. 페스트가 사라질 듯 다시 시작하기를 반복하기 때문이다.

리유도 페스트가 닥쳤을 때 당황했고, 시당국이 초기에 제대로 대응하지 않는 걸 보고 분노했으며, 어린아이가 죽어가고, 페스트에 맞섰던 동료가 죽자 몹시 안타까워했다. 그러나 그는 절망에 오

친애하는 내 마음에게

래 휩싸여 있거나 좌절하지 않았다. 그는 슬픔에서 벗어나 남은 환자들을 치료하는 데에서 살아갈 이유를 찾았다.

"왜 살아야 하는지 아는 사람은 그 '어떤' 상황도 견딜 수 있다."

철학자 니체Friedrich Nietzsche의 말처럼 리유는 자신이 살아야 할 의미를 분명히 인식하고 자기 삶을 성실하게 살았다. 그뿐 아니다. 그는 파늘루 신부, 랑베르와 이야기하며 좀 더 현실적이고 합리적인 생각들을 사람들에게 전했다.

"침묵하고 있는 하늘을 쳐다볼 것이 아니라 있는 힘을 다해서 죽음과 싸워주기를 신은 더 바랄 것입니다."

그의 진정성 때문일까. 파늘루 신부는 도덕적 타락을 더는 말하지 않았고, 랑베르는 도시를 떠나려던 마음을 접고 리유를 도와 자원봉사에 나섰다.

▌합리적인 신념은 무엇으로 이뤄져 있을까?

비합리적 신념에 대응하는 합리적인 신념은 뭘까? 자, 이제 리유를 보자. 그는 종교적인 믿음이나 높은 도덕성을 지닌 인물이 아니었다. 다만 그는 소설의 시작부터 끝까지 이성을 잃지 않는 사람일 뿐이었다.

그는 외과의사다. 페스트가 닥쳤을 때, 외과의사로서 그가 할 수 있는 일은 병자를 치료하는 일이다. 그는 페스트 이전과 이후 전혀 달라지지 않았다. 자신이 맡은 역할을 예전과 같이 성실히 수행한다.

타인을 위해 자기를 희생한다는 거창한 명분이나, 사람을 구해낸다는 영웅심리에 빠졌던 게 아니라, 단지 환자가 많아졌고 그 까닭에 일이 많아졌다고 느낄 뿐이다. 그런 맥락에서 그는 다른 사람에게 자신을 지지하고 도와달라고 강요하지 않는다. 물론 도움을 거절하지는 않는다. 하지만 "반드시 도와주셔야 합니다"라는 말을 그 누구에게 단 한 번도 한 적이 없다. 그저 자신의 삶에 책임을 느끼며 성실하게 살아갈 뿐이었다. 그가 가장 강조한 것은 다름 아니라 삶에 대한 성실성이었다.

그는 이상주의적이지도 않았다. 페스트가 곧 나아질 거라고 섣불리 기대하지 않았고 매일매일 감염자를 늘려가는 페스트에 솔직하게 패배를 인정하고 수용한다. 그러면서도 포기하지 않고 최선을 다한다. 앞으로 닥쳐올 불확실성을 있는 그대로 인정하며 그것에 대처하려고 노력한다.

작품 속에서 리유가 보여주는 삶, 이것이 바로 합리적인 신념을 지닌 사람의 특성이다. 다른 무엇보다도 객관적이고 이성적으로 생각하는 것, 자기를 수용할 줄 아는 동시에 자기 책임을 다하는 것, 그러면서도 타인에게 관용을 베푸는 것, 불확실성을 수용하고 이상주의적인 태도를 경계하는 것, 자신을 자학하지 않는 것, 과거보다 미래를 지향하는 것, 살아 있다는 자체를 긍정하고 자기 삶에 최선을 다하는 것, 이런 생각들이 합리적인 신념을 이루는 것이다.

친애하는 내 마음에게

▋ 비합리적 신념을 합리적 신념으로 바꾸려면

그럼 비합리적인 신념을 어떻게 합리적인 신념으로 바꿀 수 있을까? 엘리스는 기존 A-B-C의 모델에 몇 가지 요소를 추가하여 새로운 인지 모델을 제안한다. 그에 따르면 비합리적인 신념은 적극적인 논박disputing을 통해 깨뜨릴 수 있다. 그러면 그 자리에는 효율적인 생각effective philosopy이 다시 만들어지고 새로운 느낌과 행동new feeling and behavior이 뒤따르게 된다. 좀 더 구체적으로 하나씩 살펴보기로 하자.

A(activating event) ➡ B(belief) ➡ C(emotional and behavioral consequence)

⬆

D(disputing) ➡ E(effecive Philosophy) ➡ F(new feeling)

❶ 비합리적 신념 논박하기

이는 극단적이고 비현실적인 신념을 합리적으로 수정하는 과정이다. 소설 속에서 파늘루 신부는 페스트가 도덕적인 타락 때문에 발생한 죄의 결과라는 비합리적인 신념을 지니고 있었다. 이에 대해 리유는 페스트는 단지 페스트일 뿐이며, 당장 해야 할 일은 신이나 도덕을 들먹이기 전에 페스트를 극복하기 위해서 최선을 다하는 것이라고 말한다. 파늘루의 비합리적인 신념을 과학적이고 합리적인 이성으로 설득한 것이다. 물론 설득이 잘 되지는 않는다. 신념을 바꾸는 게 쉬운 일은 아니기 때문이다. 하지만 이 과정을 거치지 않는 한 신념은 결코 변하지 않는다.

❷ 효과

신념이 수정되면 그때부터 부정적인 상황에 대해 긍정적인 감정들이 생겨난다. 파늘루는 리유와의 대화를 통해 생각이 변하기 시작한다. 게다가 죄 없이 페스트에 감염되어 죽어가는 어린아이의 모습을 지켜보면서 페스트가 죄악의 결과라고 여겼던 자신의 신념에 큰 동요를 느낀다. 파늘루만이 아니다. 도시를 떠나 연인을 만나러 가려던 랑베르는 리유에게 영향을 받아 마음을 바꾸고 탈출 계획을 포기한다.

❸ 새로운 감정과 행동

합리적인 신념이 형성되었으니 새로운 감정과 행동을 갖는 것은 어쩌면 당연한 결과다. 파늘루 신부는 리유와 논쟁을 벌인 후, 겉으로는 자신의 신념을 고수하는 듯했지만 마침내 리유의 진료소에 찾아와 페스트에 감염된 환자를 돕는 데 전력을 다한다. 그의 행동이 변화된 것은 그의 비합리적인 신념에 균열이 생겼다는 증거이며, 그의 의식에 새로운 감정이 자리 잡았음을 의미한다. 랑베르 역시 리유를 찾아와 자원봉사에 적극 참여하는데, 이는 그에게 새로운 감정이 형성되었기 때문이다.

현실에서 우리는 숱한 위기를 겪는다. 사스, 메르스, 코로나19 같은 전염병도 있고, 전쟁, 외환위기, 부동산 광풍, 정치의 부패 등 사회 전체가 술렁일 정도의 큰 타격을 받는 사건도 터진다. 그때마다 비합리적인 신념을 지닌 이들은 극단적이고, 비합리적인 소문을 만들어 불안을 조장하며 사태를 악화시킨다. 이럴 때 필요한 것은 무엇일까? 그것은 왜곡된 신념을 차분하게 수정해주는 일이다. 엘리스의 의견대로 신념이 수정되면 이후의 변화는 자연스럽게 이어지기 때문이다. 물론 이 일은 절대 쉬운 일이 아니다. 신념을 바꾸는 것은 결코 하루아침에 이루어지지는 않는다. 그러므로 신념의 수정을 위해서 상대를 논박할 때 강요와 압박은 금물이다. 소설 속에서 리유는 단 한 번도 상대방에게 고압적인 태도를 지닌 적이 없었다. 상대가 합리적으로 생각하고 판단할 여지를 줄 뿐이었다. 신념의 수정은 어디까지나 당사자 스스로 결정해야 하기 때문이다.

▌고통스럽지만 인생은 아름답다

사람은 살아가면서 누구나 고통을 겪는다. 하지만 고통을 대하는 태도는 각자 다르다. 누군가는 고통에 쓰러지고, 누군가는 도망치고, 누군가는 운명으로 받아들인다. 그러나 누군가는 성실하게 맞서고 고통을 창조적으로 변화시킨다.

오래된 고전 영화 한 편을 떠올려보자. 로베르토 베니니의 〈인생은 아름다워〉. 이 영화는 나치 독일의 유태인 학살이라는 고통을 다루고 있다. 영화의 주인공 귀도는 어느 날 갑자기 어린 아들과 함께 유태인 강제수용소에 수감된다. 언제 죽을지 알 수 없는 유태인 강제수용소는 페스트의 상황과 다르지 않다. 그런데 귀도는 어린 아들이 수용소 생활에 절망하거나 불안해하지 않도록 수용소의 간수들과 유태인 수감자들의 상황을 마치 게임인 것처럼 창조적으로 변형시킨다. 그는 위기와 학살의 순간에도 비합리적인 신념에 빠져 우울해하거나 좌절하거나 자기비하에 빠지지 않았다.

만약 귀도가 우울에 빠지거나 자기비하에 빠졌다면 어땠을까? 아마 귀도뿐 아니라 그의 아들도 얼마 지나지 않아 목숨을 잃었을 것이다. 그의 아들이 살아남았던 건 귀도가 고통을 창조적으로 인식했기 때문이었다. 그리고 그 힘은 그가 평소에 건강하고 합리적인 신념을 지니고 있었기에 가능했을 것이다.

위기는 끊임없이 닥친다. 사랑하는 가족을 잃을 수도 있고, 각종 시험에서 떨어질 수도 있으며, 질병에 시달리기도 하고, 경제적인 곤란을 겪을 수도 있다. 그럴 때 위기의 경험을 지나치게 과잉일반화해서 스스로를 쓸모없는 사람이라며 자기비하나 우울에 빠진다면 그때부터 진짜 비극은 시작된다. 시련을 당했을 때, 슬퍼하는 것은 당연하다. 그러나 오랜 좌절이나 우울은 사람을 병들게 한다. 슬픔은 건강한 감정이지만 우울은 사람을 망가뜨린다. 삶은 위기 자체가 아니라 위기를 받아들이는 신념이 결정하는 것이다.

친애하는 내 마음에게

멍든 기억, 그만 떨쳐낼 방법은 없는 걸까?

앨버트 엘리스

#자동적인 사고 #인지적 왜곡 #과잉일반화
#흑백논리적 사고 #이분법적 사고 #비합리적 신념
#인지도식 #A-FROG

　「페스트」에서 가장 극단적인 변화를 보여주는 인물은 코타르다. 그는 페스트가 퍼지기 전에 자살을 시도했었고, 페스트가 퍼지자 범죄 행각을 벌였으며, 페스트가 사라지자 끝내 자살한다. 그의 삶은 극단적이고 부정적인 신념 체계가 낳은 비극에 가까웠다. 그렇다면 대체 왜 그는 부정적인 생각에 사로잡혀 살았던 것일까?

　앨버트 엘리스와 함께 심리치료 분야에서 인지의 중요성을 일깨운 아론 벡 Aaron T. Beck은 사람들이 지닌 부정적인 신념을 자동적인 사고의 한 유형이라고 파악했다. 여기서 자동적인 사고란 개인의 노력이나 선택과 관계없이 자신도 모르게 스스로 형성되는 생각을 가리킨다. 예를 들어 자녀를 둔 부모가 언론을 통해 유괴 사건을 접했을 때, 자신도 모르게 자기 자녀가 유괴되지 않았을까 걱정하는 것이 자동적인 사고다. 같은 직장에 근무하는 이성이 친절을 베풀었을 때도 상대가 혹시 나를 좋아하는 건 아닌지 착각하는 경우도 자동적인 사고에 해당한다.

이런 자동적인 사고는 우리가 의식하지 못하는 사이에 생겨나고, 비합리적일뿐더러 때때로 극단적인 특징을 지니고 있다. 게다가 아무리 떨쳐내려 해도 생각이 멈춰지지 않으며 당사자들에게 사실처럼 받아들여지곤 한다. 가장 큰 문제는 이런 자동적 사고 중에 현실을 부정적으로 왜곡하고 과장하는 생각이 존재한다는 점이다.

부정적인 자동적 사고는 다른 말로 인지적 왜곡이라고도 하는데 구체적인 양상으로는 흑백논리적인 사고, 과잉일반화, 지나친 의미 확대와 의미 축소 등이 있다. 또한 타인의 생각을 제멋대로 추측하는 것, 전체를 보지 않고 부정적인 것만 선택적으로 받아들이는 것도 인지적 왜곡이다.

이 중 흑백논리를 예로 들자면 다음과 같다. 흑백논리는 흔히 이분법적 사고라고도 하는데, 어떤 사건이나 대상을 이분법적으로만 인식하는 사고의 유형이다. 예를 들어 성공 아니면 실패, 칭찬 아니면 비난, 좋은 것 아니면 나쁜 것, 예쁜 것 아니면 미운 것 등 중간 지대의 넓은 스펙트럼은 인식하지 못하고 극단적인 인지적 왜곡을 겪는 경우에 해당한다.

친애하는 내 마음에게

그렇다면 인지적 왜곡은 어째서 일어나는가? 아마도 앨버트 엘리스라면 비합리적 신념 때문이라고 즉각 답할 것이다. 이에 비해 아론 벡은 인지도식schema이라는 개념을 제시한다. 인지도식이란 과거의 경험을 추상화해놓은 기억의 체계로서 미래의 결과를 예상하게 해주는 인지적인 구조를 뜻한다. 책을 읽을 때를 생각해보자. 새로운 책의 내용을 이해하고 해석할 때, 우리는 과거의 배경지식이나 지식의 구조를 적극 활용한다. 이때 기존의 배경지식이나 지식의 구조에 해당하는 것이 바로 인지도식이다.

인지도식은 과거의 경험을 통해 형성되기 때문에 사람마다 다르게 만들어진다. 그렇기 때문에 누군가는 인지도식으로 현재의 경험을 긍정하고 결과를 낙관하지만, 누군가는 현재의 경험을 부정하고 결과를 비관한다. 사람에 따라 인지도식이 순기능도 하고 역기능도 하는 것이다. 지하철 사고를 전하는 뉴스가 방송되었다고 하자. 순기능적 인지도식을 지닌 이들은 크게 동요하지 않겠지만 역기능적 인지도식을 지닌 이들은 어떨까? 아마도 이들의 뇌리에는 부정적인 자동적 사고, 인지적 왜곡이 발생해서 자기 주변 사람들을 걱정하는 등 불안이 증폭될 게 분명하다.

인지도식은 과거의 경험을 바탕으로 형성된다. 그러므로 역기능적 인지도식은 과거의 부정적인 경험에 의해서 형성되었을 가능성이 높다. 지나치게 엄격한 부모 밑에서 자랐다거나, 혹은 학대를 당했다거나, 사랑을 제대로 받지 못했다면 역기능적 인지도식이 만들어지기 쉽다. 「페스트」의 경우 범죄자 코타르 역시 어린 시절이 불우했을 것이고, 그것이 그의 역기능적 인지도식을 형성했을 것이며, 인지적 왜곡, 즉 부정적인 자동적 사고로 이어졌을 것이다.

그렇다면 코타르를 도울 방법은 없을까? 시시때때로 부정적인 사고에 사로잡혀 우울을 호소한다면 그들을 어떻게 도울 수 있을까? 가장 먼저 할 일은 자동적인 사고를 명확히 파악하는 일이다. 대부분의 부정적인 생각들은 자기도 모르는 사이에 만들어진다. 따라서 부정적인 생각이 어째서 시작되었는지 스스로 인식하지 못한다. 이런 문제를 겪는 경우 전문가들은 부정적 사고의 일일기록표를 만들어볼 것을 권한다. 그러면 자신의 부정적 사고를 명확히 인식할 수 있다는 것이다. 그 후에는 부정적인 생각이 어떤 유형에 해당하는지 이름을 붙여본다. 흑백논리라든가, 과잉일반화, 의미축소 등 인지적 왜곡의 유형이 파악되면 그것들을 적극적으로 비판해본다. 자동적 사고를 원천적으로 막지는 못하더라도 그것을 객관화해 적절히 통제할 수만 있어도 우울감이나 정신적인 피로는 줄어들 것이다. 이 밖에도 다양한 치료적 접근이 개발되어 있다. 다만 당사자 혼자서 하기는 매우 어려우니 전문가의 도움을 받는 것이 좋다.

하지만 스스로 부정적인 사고에 빠진다는 것을 절실히 느끼지 않는 한, 그 어떤 대책도 큰 의미가 없다. 여기 아론 벡이 인지타당성을 평가하기 위해 고안한 'A-FROG'의 질문들을 소개한다.[2] 혹시라도 '아니오'라는 답을 하게 된다면 인지적 왜곡, 부정적인 자동적 사고가

친애하는 내 마음에게

진행 중이라고 보면 된다. 만약 그렇다면 위의 방법들을 한 번쯤 시도해보길 권한다.

A: Alive 나의 생각은 나를 생기 있게 해주는가?

F: Feel 나는 이러한 생각의 결과로 기분이 나아졌는가?

R: Reality 나의 생각은 현실적인가?

O: Others 나의 생각은 다른 사람과의 관계에 도움이 되는가?

G: Goals 나의 생각은 나의 목표를 성취하는 데 도움이 되는가?

3부

가족은 어째서
서로에게 상처를 주는 걸까?

애착과 자아분화, 착한 아이 콤플렉스

가족은 생애 처음 만나는 타인으로 이루어진 공동체다. 가족은 미성숙한 아동을 보호하고 양육하며 성장하게 하는 밑거름이 되지만 한편으론 이로 인해 억압과 통제가 이루어지기도 한다. 또한 가족의 구조는 각 개인의 성격 형성에도 크게 작용해 성인기의 삶에 큰 영향력을 행사한다. 혹시 가족 문제로 어려움을 겪은 적이 있다면 글을 읽으며 문제의 원인을 점검하는 것도 흥미로울 것이다. 첫째 장에서는 볼비와 에인스워스의 '애착' 개념을 바탕으로 에밀리 브론테의 「폭풍의 언덕」을 살펴볼 것이며, 둘째 장에서는 보웬의 '자아분화' 개념을 활용해 박완서의 「엄마의 말뚝」을 분석할 것이다. 셋째 장에서는 브래드쇼의 '상처받은 내면아이'와 '착한 아이 콤플렉스'를 통해 카프카의 「변신」에 나타난 가족의 억압을 관찰해볼 것이다.

어째서 폭력성을 띠게
되었을까

『폭풍의 언덕』_ 에밀리 브론테 Emily Jane Brontë

승수 씨가 마트에서 완구류 마케팅을 담당한 지 이제 막 보름이 지났다. 하루하루 매출과 재고량을 파악해서 예상 수량을 해당 업체에 요청하고 매장을 관리하는 게 승수 씨의 업무다. 일은 고됐지만 나름대로 보람 있는 일이었다.

그런 승수 씨에게 말 못 할 고민이 생겼다. 김 팀장의 폭언과 폭행때문이다. 김 팀장은 잡화를 총괄하는 팀장이었는데 직원들에게 반말하는 것은 물론이고 남들 앞에서 다른 직원들을 나무라기 일쑤였다. 한번은 아르바이트생이 애써 정리해둔 물건을 바닥에 모두 쏟아버리더니 더럽다며 다시 정돈해두라고 했다. 심지어 아르바이트 직원을 주먹으로 때리거나 욕설을 퍼붓기도 했다. 직접 당하지는 않았지만 그대로 지켜볼 수만은 없었다.

"승수 씨. 참아요. 저 사람 잘못 건드렸다간 정말 큰일 나요. 예전에도 어떤 직원이 맞서다가 퇴근길에 봉변당했어요. 일부러 차 사고를 냈다니까요. 큰 부상이 아니었고 고의성이 입증이 안 돼서 김 팀장은 처벌도 받지 않았어요. 그 직원만 억울해하다가 결국 퇴사했죠."

동료 직원 준영 씨의 말이었다.

한 달 후, 매장에 경찰이 들이닥쳐 김 팀장을 붙잡아갔다. 술집에서 사람을 폭행하고 기물을 부순 뒤 달아났기 때문이다. 결국 그는 구속되었고 직장도 그만둘 수밖에 없었다.

"김 팀장도 알고 보면 참 안됐어요. 능력이 나쁘지는 않았는데 인성이 워낙 나빠서. 그 사람이 술김에 하는 말을 들어보면, 어릴 때 부모가 이혼하면서 아무도 자기를 안 맡았다고 하더라고요. 괴팍한 할아버지 밑에서 자란 모양이던데 아마도 어릴 때부터 마음 둘 데 없이 거칠게 컸을 거예요. 누굴 좋아해본 적도 없는 것 같더라고요."

정붙일 곳 없이 살았던 김 팀장, 하지만 그게 그의 거친 성격과 무슨 상관이 있는 걸까?

심리학에서는 정붙이고 사는 것을 '애착'이라는 말로 정의한다. 애착을 본격적으로 연구한 심리학자 존 볼비John Bowlby와 메리 에인스워스Mary Ainsworth는 애착이 제대로 형성되지 않은 사람은 사회성이 결여될 뿐 아니라 항상 불안에 시달려 그로 인해 폭력성이 드러난다고 보

친애하는 내 마음에게

왔다.

우리가 위험에 처해 있다고 가정해보자. 사람들은 누구나 자신이 애착을 느꼈던 존재에게 도움을 받으려 할 것이다. 적어도 위로라도 얻으려 한다. 그런데 어디에도 의지할 곳이 없는 사람은 어떻게 해야 할까? 스스로를 보호하기 위해 있는 힘을 다해 맞설 수밖에 없을 것이다. 만약 위기가 반복되기라도 한다면, 그는 사소한 위기의 징후만 나타나도 과잉 반응을 하는 성향을 지니게 될 것이다.

앞의 김 팀장은 사는 동안 자신이 기댈 만한 애착의 대상을 찾지 못했다. 그런 까닭에 시간이 흐를수록 폭력적이 될 수밖에 없었을 것이다. 이처럼 애착은 인간의 의식과 행동에 큰 영향을 미친다. 이제 에밀리 브론테의 소설 「폭풍의 언덕」을 감상하며, 애착이 인간의 삶에 미치는 영향을 구체적으로 살펴보자.

📝 원작 열기 1

18세기 영국 북부 요크셔의 한 시골 마을. 바람이 쉴 없이 불어서 나무들도 잘 자라지 못하는 이곳에 폭풍의 언덕이라는 저택이 있다. 이곳의 주인은 언쇼 일가. 언쇼와 그의 부인, 그리고 아들 힌들리와 딸 캐서린이 여러 하인들을 거느린 채 한적하고 단란한 생활을 이어가고 있다. 어느 날 언쇼는 리버풀에 다녀오면서 한 사내아이를 데려왔다.

"여보, 여기 이 아이 좀 봐요. 마치 악마의 선물처럼 얼굴이 까맣지요. 당신은 이 아이를 하나님이 주신 선물로 여겨야 해요."

아내는 언쇼에게 무슨 작정으로 떠돌이 아이를 데려왔느냐며 펄쩍 뛰었다. 하지만 언쇼의 설득으로 아이는 힌들리, 캐서린과 함께 생활하기 시작했다. 언쇼는 아이의 이름을 히스클리프라고 지었다. 먼저 죽은 자식의 이름을 딴 것이었다. 언쇼의 아들 힌들리는 히스클리프를 몹시 싫어했고 그를 못살게 굴었다. 그 집의 하인들도 대체로 히스클리프를 못마땅하게 여기는 눈치였다. 다만 언쇼의 딸 캐서린만큼은 히스클리프를 따뜻하게 대해주었고 어느새 누구보다도 친한 사이가 되었다.

언쇼는 히스클리프를 이상하리만큼 아꼈고, 아들 힌들리가 그를 못살게 굴면 무척 나무라기까지 했다. 세월은 흘러 언쇼는 늙고 아내는 세상을 떠났다. 힌들리는 대학에 입학했고 그동안 캐서린과 히스클리프는 함께 자라며 둘도 없는 친구, 아니 영혼을 나누는 단짝이 되었다. 힌들리가 대학에 간 지 3년 후, 이번에는 언쇼가 세상을 떠나고 말았다. 힌들리는 아버지의 장례를 치르기 위해 폭풍의 언덕으로 돌아왔고, 곧 저택의 새로운 주인이 되었다. 그는 이미 결혼을 했는지 아내까지 데리고 왔다.

힌들리의 아내는 폭풍의 언덕에 올 때 임신한 상태였다. 그러나 야속하게도 그녀는 아들 헤어튼을 낳다가 죽고 만다. 아내를 잃은 힌들리는 제정신이 아니었다. 그는 술을 입에 달고 살면서 망나니

친애하는 내 마음에게

처럼 굴었다. 사람들의 발길은 끊겼고 하인들도 폭풍의 언덕을 하나둘씩 떠나기 시작했다. 힌들리는 집안을 전혀 돌보지 않았고 히스클리프를 하인처럼 부리며 학대했다.

다행히 히스클리프에게는 캐서린이 있었다. 힌들리의 학대가 심해질수록 두 사람 사이는 더 가까워졌다. 하지만 캐서린과 히스클리프는 현실에서 이루어질 수 없었다. 히스클리프는 떠돌이 처지로 캐서린과의 결혼이 불가능했기 때문이다. 안타깝게도 캐서린은 스러시크로스 저택 주인인 애드거의 청혼을 허락한다. 마음속에는 여전히 히스클리프를 남겨둔 채 말이다. 캐서린은 유모에게 말했다.

"언젠가 천국에 간 꿈을 꿨지. 내가 땅으로 돌아오고 싶어서 엉엉 울었더니 천사들이 나를 폭풍의 언덕에 있는 숲 한복판에 내던지더라고. 나는 너무 기뻐서 잠에서 깼어. 에드거와의 결혼도 똑같아. 오빠가 히스클리프를 저렇게 천한 인간으로 만들지만 않았더라면, 에드거와 결혼은 생각지도 않았을 거야. 내가 얼마나 히스클리프를 사랑하는지 그는 모를 테지. 그가 잘나서가 아니야. 그는 나 이상으로 내 자신과 닮았기 때문이야."

모진 박대를 당하면서도 폭풍의 언덕을 떠나지 않았던 히스클리프는 캐서린의 결혼 소식을 듣고 깊은 상처를 안은 채 종적을 감춘다. 그리고 3년 뒤 돈 많은 신사가 되어 다시 '폭풍의 언덕'으로 돌아온다.

▌애착, 안전 기지를 찾아가는 길

캐서린과 히스클리프는 서로에게 강한 애착을 느끼며 상대를 마음의 안전 기지로 삼았다. 그렇기에 서로를 자신과 가장 닮았다고 여겼다. 이처럼 두 사람의 애착은 외롭고 힘겨운 생활을 견디게 해준 버팀목이었다.

애착을 이론화시킨 심리학자 볼비와 에인스워스는 애착이 인간의 사고와 행동에 깊은 영향을 준다고 보았다. 이들은 동물행동학적인 관점에서 애착이 아주 이른 시기부터 형성된다고 주장했다. 볼비와 에인스워스에 따르면 애착이란 미성숙한 아이가 자신의 생존을 위해서 보다 성숙하고 믿을 만한 존재와 가까이 하려는 욕구로 정의할 수 있다. 다시 말해서 아이는 생존을 위해 엄마처럼 믿을 만한 존재와 가까이 있도록 생물학적으로 프로그래밍되어 있다는 것이다.[1]

어린아이의 행동을 떠올려보라. 갓난아이들은 울거나 옹알이를 하거나, 때로는 사랑스럽게 웃기도 한다. 친숙한 사람이 나타나면 미소를 짓고, 그가 떠나면 떼를 쓰거나 훌쩍인다. 때때로 낯선 사람을 마주하면 자지러지게 운다. 별것 아닌 이 행동들은 볼비의 관점에서 보면 애착의 전략에 해당한다. 이런 행동들을 취하면 적어도 누군가 자기를 돌보러 와준다는 것을 아이는 본능적으로 알고 있다.

아이의 본능적인 행동에 양육자, 특히 엄마가 취하는 태도는 매우 중요하다. 아이가 보내는 신호에 양육자가 적절하게 조치를 취하면 아이는 안정적인 애착을 형성한다. 웃을 때 안아주고, 울 때 젖을 먹이거나 기저귀를 갈아주는 등 기본적인 처치가 이루어지면 아이에게는 양육자에 대한 신뢰가 형성된다. 이후 아이는 자신이 어려움을 겪거나 위기 상황에 놓이게 되면 자연스럽게 양육자에게 도움을 청한다. 이런 아이들은 낯선 상황에도 잘 적응하고 새로운 과제가 주어져도 더 열심히 접근하려고 노력한다. 심리적인 안전 기지가 있어서 불안을 덜 느끼기 때문이다. 이러한 애착은 생애 초기뿐만 아니라 그 이후에도 지속적으로 삶에 영향을 미친다. 성인으로 성장한 후에도 어렵고 힘든 일을 겪을 때마다 어머니를 떠올리는 것은 이런 까닭이다.

▌안전 기지가 없으면 저항할 수밖에 없다

그런데 만약 애착이 형성되지 않거나 불완전하다면 어떨까? 한 가지 오래된 사례를 들어보자. 1940년대 세계는 2차 세계대전 중이었다. 부모를 잃은 전쟁고아들이 곳곳에 넘쳐났다. 갓난아이들은 돌보는 사람이 턱없이 부족한 매우 열악한 보육시설에 맡겨져 방치에 가까운 상태에 놓여 있었다. 그곳의 아이들은 갓난아이 특유의 미소를 짓지 않았고, 옹알이도 하지 않았으며, 늘 우울한 모습을 띤 채 울지도 않았다. 누군가가 자극해도 냉담하고 무관심할 뿐이었다.

전쟁 후 더 열악한 환경에서 살던 아이들도 발견되었다. 나치의 핍박으로 숨어 지내던 유태인 아동들이었다. 이들은 전쟁 후 특수시설에 보내져 보살핌을 받았지만 방 안에 있는 가구와 장난감을 망가뜨리고, 심지어 치료센터 직원들에게 폭력까지 휘둘렀다.

왜 이런 일이 일어난 것일까? 그것은 애착이 형성되지 않았기 때문이다. 자기를 돌봐줄 안전 기지가 없으니 애착 행위를 할 이유가 없었고, 아무도 자기를 지켜주지 않으니 불안과 공포가 증폭되어 스스로를 지키려고 난폭해졌던 것이다.

한 가지 흥미로운 사실은 아이들끼리는 아주 잘 지냈다는 것이다. 그 까닭은 양육자에게 형성되어야 할 애착이 함께 생활하는 아이들에게 형성되었기 때문이다. 이런 점에서 애착이 반드시 부모에게만 일어나는 것은 아니며, 성장 과정에서 자신에게 의미 있다고 여기는 사람이라면 누구나 애착의 대상이 될 수 있다. 다만 이 경우에도 애착이 안정적으로 이루어진 것은 아니어서 낯선 타인에게는 매우 공격적이거나 폭력적인 성향을 보인다.[2]

「폭풍의 언덕」에서 히스클리프는 고아다. 그는 어릴 때부터 애착을 느낄 대상이 없었다. 그래서 그런지 히스클리프는 처음에는 매우 방어적이고 공격적이었다. 다행히 폭풍의 언덕에 온 이후로는 그를 돌봐주는 어른이 생겼고, 비슷한 또래의 캐서린이 있었다. 그들이 히스클리프에게 애착의 대상이 되어주었다. 특히 캐서린은 히스클리프에게 정신적으로 의지할 안식처와도 같았다. 언쇼가 죽고, 힌들리의 학대가 시작되었을 때, 캐서린은 히스클리프에게 유일한 안식처였다. 그것은 캐서린도 마찬가지였다. 어머니, 아버지가 연이어 돌아가시고 망나니 같은 오빠로부터 자신을 지키기 위해 캐서린도 히스클리프를 정신적으로 의지했기 때문이다.

친애하는 내 마음에게

반면에 힌들리는 어릴 때부터 애착에 문제가 있었다. 아버지 언쇼는 무슨 까닭인지 히스클리프를 아끼고 친아들 힌들리는 무시했는데, 이런 상황으로 인해 힌들리의 애착은 불안정할 수밖에 없었다. 아버지에게 애착을 느끼려 하지만, 아버지의 냉담함 때문에 애착이 제대로 형성되지 못한 것이다. 게다가 어머니의 죽음과 사랑하는 아내의 죽음은 그에게 최소한의 애착마저 허락하지 않았다. 갓 태어난 아들 헤어튼이 있었지만 아내를 죽음에 이르게 한 원인이라고 여겼는지 전혀 애착을 쏟지 않았다. 마침내 그는 난폭해졌고 사람들은 그를 멀리하기 시작했다. 애착이 사라진 곳에 폭력만이 남게 된 것이다.

📝 **원작 열기 2**

다시 돌아온 히스클리프. 캐서린은 히스클리프를 뜨겁게 환영한다. 하지만 그는 더 이상 예전의 히스클리프가 아니었다. 캐서린을 여전히 사랑했지만 그의 마음은 힌들리에 대한 불타는 복수심과 캐서린의 남편 애드거에 대한 증오로 가득 차 있었다.

그는 아내를 잃고 폐인이 된 힌들리에게 일부러 접근한다. 사업가로 변신한 히스클리프는 힌들리를 도박으로 파멸시킨 후, 폭풍의 언덕을 손에 넣는다. 또한 힌들리의 아들 헤어튼을 하인으로 부리면서 지난날 당했던 수모를 철저히 복수한다.

그의 다음 목표는 애드거였다. 히스클리프는 영혼의 단짝 캐서린을 빼앗아간 애드거를 결코 용서할 수 없었다. 그는 애드거를 괴롭히기 위해 애드거의 여동생 이사벨라를 유혹한다. 철없던 이사벨라는 말쑥하고 남자다운 히스클리프에게 마음을 빼앗겨 그와 결혼한다. 하지만 히스클리프는 오로지 복수할 생각으로 마음에 없는 결혼을 했을 뿐, 이사벨라를 사랑하지 않았다. 이사벨라는 뒤늦게 히스클리프의 의도를 눈치챘지만 때는 이미 늦었다.

히스클리프는 그 후로도 스러시크로스 저택을 찾아가 캐서린을 만나며 애드거를 괴롭혔다. 캐서린은 히스클리프를 반기면서도 한편으로는 괴로워했다. 그를 여전히 사랑하지만 남편 애드거를 외면할 수 없었기 때문이다. 캐서린은 심신이 쇠약해진 탓이었는지 딸 캐시를 낳다가 끝내 숨을 거두었다. 영혼의 단짝, 캐서린이 세상을 떠나자 히스클리프는 마음이 무너져내렸고 그의 복수는 더욱 잔혹해졌다.

히스클리프에게는 아들이 한 명 있었다. 이사벨라와의 사이에서 태어난 린튼이었다. 이사벨라는 자신이 히스클리프에게 속았다는 걸 깨닫고 홀로 아이를 키우다 병을 얻어 그만 세상을 떠나고 말았는데, 이사벨라의 오빠 애드거가 조카 린튼을 데려다 키우려 했다. 철천지원수인 히스클리프의 자식이었지만 죽은 여동생의 아들이기도 했기 때문이다. 하지만 이마저도 뜻대로 되지 않았다. 친권자인 히스클리프가 어느새 눈치채고 린튼을 데려갔기 때문이었다. 히스클리프가 아들을 데려간 것은 결코 린튼을 사랑해서가

친애하는 내 마음에게

아니었다. 그는 병약한 린튼을 이용해서 악마라도 된 듯 몹쓸 계략을 세우고 있었다.

세월은 흘러 린튼이 성년이 되고 캐서린이 남기고 간 딸 캐시도 성숙해졌다. 히스클리프는 아들 린튼에게 캐시를 유혹하게 했다. 아무것도 모르던 캐시는 히스클리프의 꼬임에 빠져 린튼과 강제로 결혼하게 된다. 얼마 후, 병약한 린튼은 아내 캐시를 남기고 죽는다. 히스클리프는 자기 아들 린튼이 죽어가는데도 의사를 부르기는커녕 약 한 번 제대로 쓰지 않는 잔인함을 보인다. 이미 캐시의 아버지 애드거는 폐렴으로 세상을 떠나버린 후였다. 마침내 스러시크로스 저택마저 히스클리프의 차지가 되고 그의 처절한 복수는 끝이 난다.

복수는 끝났지만 히스클리프는 공허했다. 그는 매일 밤 캐서린의 영혼을 찾아 헤매다가 어느 날 쓸쓸히 숨을 거둔다. 영혼의 동반자, 캐서린을 따라 세상을 떠난 것이다.

▌불안정한 애착이 폭력을 부른다

캐서린이 애드거와 결혼한 것은 히스클리프에게 큰 충격이었다. 그에게 캐서린은 연인을 넘어서 강렬한 애착의 대상이었기 때문이다. 부모도 없이 천한 취급을 받았던 히스클리프에게 캐서린은 삶의 전부였다. 그런 애착의 대상이 사라지는 걸 히스클리프가 받아들일 리 없었다.

앞에서도 말했듯이 애착은 단순히 어린 시절에만 존재하는 게 아니다. 청소년기, 성인기에도 애착은 이어진다. 특히 청소년기에는 부모 못지않게 또래 친구들과의 애착 형성이 매우 중요하다. 그 어느 때보다 부모로부터 독립하려는 욕구가 높은 청소년기에는 새롭고 강렬한 애착의 대상을 갈구하게 되는데, 그것이 바로 또래 친구들이다. 이제 친구는 단순한 놀이의 상대만이 아니라 정서적인 유대감을 제공하는 의미 있는 존재가 된다. 그 누구도 상대해주지 않았던 히스클리프. 그에게 캐서린은 정서적인 유대감을 느끼게 하는 정신의 동반자였다.

그뿐만이 아니다. 두 사람의 애착은 성인기에까지 이어졌다. 성인기의 애착은 위로와 공감, 정서적인 지지, 이성으로서의 친밀감 등으로 나타나는데, 히스클리프와 캐서린의 상호 애착은 어린 시절에서 성인기까지 줄곧 이어져 그 어떤 애착보다 강렬했다. 하지만 두 사람의 애착은 힌들리와 애드거로 인해 불안정해지고 말았다. 게다가 두 사람의 신분에는 엄격한 차이가 존재했다. 히스클리프는 버려진 고아였고, 캐서린은 하인들을 거느린 영국의 중산층이었다. 결정적으로 캐서린의 태도도 문제였다. 캐서린은 히스클리프를 사랑하면서도 애드거와 약혼하는 등 혼란스러운 태도를 보였는데, 그것은 히스클리프의 애착을 불안정하게 만들었다.

애착이 불안정해진다는 것은 마음속에 존재하던 안전 기지가 제대로 기능하지 않는다는 것을 의미한다. 이럴 경우 자기를 부정하거나,

친애하는 내 마음에게

타인을 부정하거나, 아니면 둘 다 부정하는 일이 벌어진다. 그리고 타인을 적대적이고 폭력적으로 대하기 시작한다. 앞에서 살펴본 전쟁고아에게 나타나던 폭력성 역시 불안정한 애착이 가져온 결과였다. 불안정한 애착에 빠진 히스클리프의 선택은 불보듯 뻔했다. 복수의 화신이 되어 한 명씩 잔인하게 파멸시키는 것이다.

▮ 애착과 집착 사이

애착이 불안정했지만 히스클리프는 캐서린을 여전히 사랑했다. 만약 그가 캐서린에게 더 이상 애착을 느끼지 않았다면 그는 폭풍의 언덕을 영원히 떠났을 것이고 성공한 사업가로 제2의 인생을 살았을 것이다. 하지만 그는 돌아왔다. 불안정한 애착을 지닌 채.

불안정한 애착은 폭력적인 성향 못지않게 애착의 대상에 대해 집착을 유발한다. 어린 시절을 떠올려보라. 혹시 어머니와 떨어지는 게 죽도록 싫었던 적이 있었다면 그게 바로 불안정한 애착이 형성된 경우다. 애착이 잘 형성된 아이들은 엄마가 잠시 보이지 않아도 다시 돌아온다는 것을 알기에 엄마에게 집착하지 않는다. 그런데 엄마가 갑자기 사라지거나, 제대로 약속을 지키지 않는 경우가 반복되면 아이는 엄마에게 과도하게 집착하는 경향이 생긴다. 엄마가 언제 어떻게 사라질지 모르기 때문이다. 히스클리프도 똑같았다. 캐서린이 자기 곁을 언제든 떠날 수 있다는 불안감이 그에게 병적인 집착을 불러일으켰다. 그는 어떤 수단을 써서라도 캐서린과 함께 지내려고 했다.

캐서린과의 사이를 방해했던 힌들리를 파멸시키고, 그의 자식을 종처럼 부렸으며 캐서린의 남편 애드거에게 복수하려고 일부러 여동생 이사벨라와 결혼했다. 히스클리프의 모든 행위들은 캐서린과의 사이에 걸림돌이 되었거나, 걸림돌이 될 사람들을 응징하는 일이었다. 히스클리프는 그러고도 모자라 캐서린이 남긴 딸 캐시마저 강제로 자기 며느리로 삼아서 폭풍의 언덕에 감금 아닌 감금을 한다. 딸을 통해서라도 캐서린을 붙잡아 두려는 병적인 집착을 드러낸 것이다. 그의 최후는 캐서린의 유령을 쫓다가 숨을 거두는 것이었다.

▎폭력과 집착에서 벗어나는 방법은 없을까?

혹시 평소에 들끓는 복수나 폭력에 대한 제어할 수 없는 욕구가 있는가? 그렇다면 그것은 어쩌면 어린 시절 애착이 제대로 형성되지 않았기 때문일지 모른다. 실제 사이코패스를 포함한 폭행범들은 유년 시절 정상적인 애착이 형성된 경우가 거의 없다고 한다. 애착의 대상이 없었거나 혹은 애착이 불안정하게 형성된 경우가 대부분이라는 것이다. 이들은 '나는 혼자다', '그 누구도 나를 도울 수 없다', '누구나 언제든 내 곁을 떠날 것이다'라는 생각을 지니고 있으며 이런 마음들이 불안과 초조, 폭력을 부른다. 또한 제대로 사랑하고 공감하는 법을 익힌 적이 없으니 범죄를 저지르고서 죄책감도 느끼지 않는다.

이런 삶에서 벗어나기 위해서는 무엇보다 사랑할 대상을 찾아야 한다. 누군가에게 사랑받는 것 못지않게, 누군가를 사랑하는 것도 애

친애하는 내 마음에게

착을 만들어주기 때문이다. 히스클리프가 삶을 실패한 것은 어쩌면 사랑할 대상을 다시 찾지 못했기 때문이다. 기회는 여러 번 있었다. 캐서린 이외에 이사벨라도 있었고, 아들 린튼, 캐서린의 딸 캐시까지. 하지만 그는 모든 기회를 날려버렸다.

우리가 앞에서 봤던 김 팀장은 어떨까? 그도 히스클리프처럼 마음을 둘 곳이 없어서 폭력적이고 저항적이 되었을 것이다. 괴롭고 힘들고 외로울 때 기댈 수 있는 안전 기지가 존재하지 않기 때문에 악에 바쳐 자기를 방어했을 것이다. 이런 상황을 벗어나는 길은 하루빨리 애착의 대상을 찾는 일이다. 반려견이나 반려묘도 좋은 애착의 대상이지 않은가.

오래 묵혀놓은 묵정밭을 가꾸려면 잡초만 뽑는 것으로는 아무 소용이 없다. 잡초는 아무리 뽑아도 또다시 자라나기 때문이다. 그보다 좋은 씨앗을 뿌려서 그것들이 싹을 틔울 수 있도록 돌보고 아껴주어야 한다. 그러면 잡초는 천천히 사라질 것이다. 마찬가지로 폭력은 사랑으로 사라진다.

아주 오래된 영화지만 인상적인 영화 〈레옹〉을 생각해보자. 영화 속 주인공인 살인청부업자가 숙소를 옮겨 다니며 반드시 가지고 다니는 게 있다. 바로 화분이다. 냉혹한 살인마가 왜 화분을 가지고 다닐까? 그건 보잘것없는 화초라도 자신의 애착을 기울일 수 있는 존재이기 때문이다. 아무리 작은 사랑이라도 살아갈 이유로는 충분하다.

애착은 어떻게 형성될까?

존 볼비

#애착 #안정 애착 #불안정 애착
#애착 형성 #양육 민감성 #놀이 민감성

히스클리프의 난폭한 성격은 불안정한 애착이 가져온 결과였다. 제대로 된 양육자 없이 자랐고, 캐서린과의 애착마저 불안정했기에 비극적인 생애를 살았던 것이다. 이처럼 애착은 생애 전체에 중요한 영향을 미친다. 좋은 부모를 만나 안정적인 애착이 형성되면 다행이지만 모든 양육자가 안정적인 애착을 형성해주는 것은 아니다.

애착을 형성하는 데에는 양육자의 태도가 무엇보다 중요하다. 특히 생애 초기에는 갓난아이를 대하는 어머니의 태도가 애착 유형을 결정짓는다. 왜냐하면 아이와 가장 많은 시간을 보내기 때문이다.

에인스워스에 따르면 애착 형성에 영향을 미치는 양육자의 태도는 몇 가지로 유형화할 수 있다. 가장 먼저 어머니의 민감성을 들 수 있다.

친애하는 내 마음에게

민감성이란 아이의 신호에 얼마나 신속하고 적절하게 반응하는지 그 정도를 뜻한다. 태어난 지 얼마 안 된 영유아들은 자신들의 욕구를 울음, 옹알이, 몸짓 등으로 나타낸다. 이럴 때 어머니가 아이의 신호에 민감하게 반응해주면서 자녀와의 친밀한 접촉을 즐기면 아이에게는 안정 애착이 형성된다. 반면 아이의 신호에 반응하지 않거나 무관심하면 아이는 불안정 애착을 형성하게 된다. 물론 대부분의 어머니들은 아이가 보내는 신호에 맞춰 잘 행동할 수 있다. 배고플 때 젖을 먹이고, 대소변을 봤을 때 기저귀를 갈아주며, 졸릴 때 재워준다. 하지만 양육자가 아이를 돌보기보다 자신의 욕구에 몰입되어 있다면 아이의 신호에 제대로 답을 하지 못할 수 있다. 그러니 아이를 양육하고 있다면 일단 아이의 신호에 보다 집중하려고 의식적으로 노력해야 한다.

애착 형성에 영향을 주는 또 다른 요인은 어머니의 성격 및 과거 경험 등 개인적인 특성이다. 만약 어머니가 우울증을 앓고 있다면 예외 없이 아이들에게 불안정 애착이 형성된다. 우울증을 앓게 되면 아이의 신호를 무시하게 되고 친밀한 상호관계가 형성되지 않기 때문이다. 따라서 어머니 스스로 신체적으로, 정신적으로 건강하지 못하면 안정 애착을 기대하기는 어렵다. 어머니의 과거 경험도 중요한 요인이다. 아동기를 불행하게 보낸 어머니들은 자기 자식만큼은 따뜻하게 양육하겠다고 다짐하지만 정작 아이들이 떼를 쓰거나 울면 자신도 모르게 화를 내는 등 부정적인 감정에 휩싸이는 경향을 보인다. 미리 임신을 계획하지 않았거나 원치 않은 출산을 했을 때에도 어머니가 아이에게 관심을 갖지 않는 경향이 있다. 이런 경우 대부분 불안정 애착이 형성된다.

환경적인 요인도 어머니의 양육 태도 및 애착 형성에 영향을 미친다. 특히 부부 사이의 관계는 아주 중요하다. 부부 사이에 결혼 만족도가 높고 서로가 상대의 양육 태도를 지지해주면 자녀는 안정 애착을 형성하지만 그렇지 않을 경우 불안정 애착을 형성하기 쉽다. 이밖에 경제적인 배경이나 사회적인 지지도 어머니의 양육 행동에 영향을 미쳐 결과적으로 자녀의 애착에 일정 부분 영향을 준다.

생애 초기 어머니 다음으로 애착이 형성되는 대상은 아버지다. 각종 연구에 따르면 생후 18개월이 지나면 80퍼센트 이상의 아동이 아버지와 애착을 형성한다고 한다. 아버지와의 애착은 어머니와의 애착과 비교할 때 한 가지 특이성이 있다. 아버지와의 애착 형성은 보살핌을 받을 때보다 놀이를 할 때 더 잘 형성된다는 점이다. 어머니는 달래주고 욕구를 채워주는 애착 대상인 반면, 아버지는 보다 탐색적이고 재미있는 놀이 상대자로서 애착 대상이 된다. 자녀가 놀이를 주도적으로 할 수 있게 시간과 공간을 마련하고, 정서적이고 육체적인 지원을 제공해주면 자녀는 양육자에 대해 안정적인 애착을 형성한다고 한다. 특히 청소년기에는 어머니의 양육 민감성보다 아버지의 놀이 민감성이 안정적 애착을 지속하는 데에 효과적이라고 알려져 있다.[3]

안정적인 애착을 맺는 것은 인지 및 정서, 그리고 사회성 발달에 이르기까지 개인의 삶에 긍정적인 영향력을 행사한다. 그러므로 아이

친애하는 내 마음에게

에게 무작정 욕심을 내기보다는 우선 아이와 안정적인 애착이 이루어지고 있는지 점검해야 한다. 다행히 우리나라 부모들은 대체로 자녀와 안정적인 애착을 맺으며 살아간다. 요즘은 아버지들도 놀이뿐만 아니라 육아와 보육에까지 나서서 자녀와의 애착이 보다 안정적으로 형성되어가는 추세다. 다만 안타까운 것은 최근 우리 사회에 불안정한 가족 구조가 꾸준히 증가하고 있다는 점이다. 이혼율 증가, 지속적인 불황, 실직 등 가족을 불안정하게 하는 요인들이 늘어나면서 어느 때보다 불안정 애착이 발생할 여지가 높아지고 있다. 이런 현상을 예방하기 위해서는 부모를 대신해서 안정적이고 지속적인 애착이 가능한 2차적인 애착 대상을 사회적으로 지원하는 일도 검토해야 한다. 히스클리프처럼 불안정 애착을 지닌 이들이 늘어난다면 그 개인은 물론이고 사회적으로도 큰 부담이기 때문이다. 다음은 안정 애착 형성을 위한 몇 가지 팁이다.

① 애착 대상과 충분한 스킨십을 나눈다.

② 애착 대상에게 적극적이고 충분한 반응을 보여준다.

③ 애착 대상과 함께 음식을 만들어 맛있는 식사를 즐긴다.

④ 애착 대상에게 일관된 태도로 임한다. 변덕스러움은 안정 애착을 방해한다.

⑤ 애착 대상과 놀이, 특히 신체적인 활동을 함께 한다.

⑥ 애착 대상과 함께 책을 읽고 대화를 나눈다.

제발 홀로 서게
도와줘!

「엄마의 말뚝」_ 박완서

엄마랑 외식하던 날.

"엄만 안 먹어?"

"응. 어서 먹어. 엄만 너 먹는 것만 봐도 배불러."

아, 또 시작이다. 정말 부담 백배. 엄마는 먹지도 않으면서 어떻게 배가 부르다는 거지? 하기는 자식이 잘 먹는 걸 보면 마음이 뿌듯하실 수도 있다. 그런데 문제는 먹는 것만 그런 게 아니라는 거다. 사실 엄마는 나와 모든 일상을 공유하고 있다. 옷 입는 거, 음식 먹는 거, 잠 자고 일어나는 시간, 시험공부는 물론이고 학교 과제나 학원 스케줄도 엄마가 관리한다. 어떤 책을 읽을지, 어떤 친구를 사귈지, 어떤 운동을 할지도 엄마가 나서서 정해준다. 엄마의 일상은 나의 일상이고,

나의 일상은 엄마의 일상이다. 의사가 되라는 엄마의 꿈이 나의 꿈이 된 지도 아주 오래. 나는 엄마 없이 따로 꿈꾸는 게 가능하기는 할까? 아니, 혼자서 살아가는 게 가능할까? 엄마가 실망하지 않게 잘 살아야 하는데 왜 이렇게 부담스러운 걸까?

'내게 가장 부담스러운 건?'이라는 주제로 학생들에게 작문 과제를 냈을 때 제출된 글의 일부다. 제출된 과제 중에는 성적, 이성교제에 관한 내용도 적지 않았지만 부모의 기대를 부담스러워하는 내용이 가장 많았다. 사실 위 내용은 조금 과하기는 하지만 우리 주변에서 종종 볼 수 있는 풍경이다. 꼭 이 글에서처럼 엄마와 아들만이 아니라 엄마와 딸, 아빠와 딸, 혹은 아빠와 아들일 때도 마찬가지다. 부모가 자식에게 집착하는 것뿐 아니라 거꾸로 자식이 부모에게 지나치게 의존할 때도 있다. 서로 사이가 가까우니 관계가 좋은 것일까? 반드시 그런 것은 아니다. 아무리 가족이라 하더라도 나름대로 각자의 개성이 있으니 불편할 때도 있기 때문이다. 그리고 지나치게 친밀한 가족은 서로에 대한 심리적 의존도가 높아서 예상치 못한 상황이 생기기라도 하면 불안이 급격하게 커지는 부작용도 생긴다.

만약 앞의 친구가 엄마가 원치 않는 친구를 사귀거나 갑자기 성적이 떨어졌다고 가정해보자. 엄마는 불안해지고, 그 불안을 자식에게 투영할 것이다. 그리고 자식은 스트레스를 받고 부모에게 죄의식마저 느낄 수 있다. 이런 가족이 과연 행복할까?

더 심각한 것은 시간이 흘러 자식이 성장해 다른 사람을 만나 또 다른 가정을 이룰 때 발생한다. 이때도 어머니가 아들을 독립적인 존재로 여기지 않을 경우, 아들이 새롭게 이룬 가정에 끊임없이 침범할 수 있다. 이 경우 아들은 현재의 가족에게 충실하지 못한 채 자기 부모의 요구와 눈치를 살피며 살아가게 된다. 당연히 어머니와 아내 사이, 남편과 아내 사이에 갈등이 일어날 수밖에 없다. 그렇다 보니 부모자식 간의 과도한 친밀함은 종종 파국으로 끝난다.

가족 치료의 선구자 머레이 보웬Murray Bowen은 가족은 그 구성원 사이에서 반드시 감정의 분화가 일어나야 한다고 주장한다. 그래야만 개인의 독립과 성장이 가능하다고 본 것이다. 만약 분화가 이루어지지 않고 가족 구성원 사이에 감정이 더 강화되면 가족이 오히려 개인의 성장을 가로막는 역기능을 하게 된다. 무엇이 가족의 감정 분화를 가로막는 것일까? 보웬의 이론을 바탕으로 박완서의 「엄마의 말뚝」을 분석하며 그 까닭을 살펴보자.

📝 원작 열기 1

해방이 되기 몇 해 전, 황해도 개풍군 박적골. 나는 할아버지, 할머니와 함께 시골에서 맘껏 자유를 누리며 살고 있었다. 그런데 어느 날 서울에 살던 엄마가 나를 데리러 왔다. 나는 정든 박적골을 떠나기 싫었다. 앵두나무, 배나무, 자두나무, 살구나무가 때맞춰

친애하는 내 마음에게

꽃피고 온갖 새들이 지저귀는 시골이 어린 나에게는 낙원 같았기 때문이었다.

"여자애도 가르쳐야 해요. 이 아이를 시골뜨기로 자라게 할 수는 없어요. 너, 서울 가서 학교 가야 돼. 학교 나와서 신여성이 되어야 한다고."

엄마는 싫다는 나를 기어코 서울로 데리고 갔다. 몇 해 전에 오빠를 먼저 서울로 데려가 공부를 시키고 있던 엄마는 서울에 가서 어떻게든 자식의 성공을 이뤄내겠다는 강한 의지를 지니고 있었다.

엄마에게 박적골은 아픔의 땅이었다. 아버지가 복통을 앓고 얼마 안 되어 돌아가셨기 때문이다. 그때 집안 어른들은 새로 장만한 집에 나쁜 기운이 끼었으니 굿을 하자고 했다. 그 당시는 시골 어른들이 의사가 병을 치료하는 것조차 낯설어하던 때였다. 아버지는 결국 복막염이 심해져 돌아가시고 말았다. 엄마는 아버지를 의사에게 보였더라면 충분히 살렸을 거라고 생각했다. 그런 까닭이었을까? 엄마는 어떻게든 자식들을 서울로 데려가 교육하고자 했다. 교육받지 못하면 자식들도 불행한 삶을 살게 될 거라고 염려했던 것이다.

엄마를 따라온 서울살이는 기대 이하였다. 사대문 밖 인왕산 자락의 현저동 상상꼭대기, 그것도 다른 사람 집에 세를 얻어 사는 게 우리 가족의 서울살이였다. 엄마는 삯바느질을 해가며 오빠를 공부시키고 있었고, 오빠도 기대에 어긋나지 않게 열심히 공부하며 무엇이든 최선을 다하는 효자로 자라고 있었다.

그런 오빠는 엄마에게 신앙의 대상과 같았다. 엄마는 오빠가 잠이 들면 머리맡도 지나다니지 않았고, 오빠가 다 쓴 공책도 차곡차곡 모아 신줏단지처럼 받들었다. 나는 어린 나이였지만 집안을 일으켜야 할 의무를 지닌 오빠를 보며 안쓰러움을 느꼈다.

그런데 그 당시 현저동 윗동네는 주로 가난한 사람들이 모여 살고 있었다. 나는 그곳에서 엄마가 싫어할 만한 친구와 어울렸고 그 아이를 따라 서대문 형무소 근처에서 놀았다. 엄마는 뒤늦게 그 사실을 알고 화들짝 놀랐다. 그러더니 거짓 주소를 만들어 나를 집에서 멀리 떨어진 학교에 입학시켰다. 나쁜 아이들과 섞이지 말라는 의도가 분명했다. 그리고 얼마 후 우리 가족은 할아버지가 보낸 돈과 은행에서 빌린 돈을 합해 현저동에 작은 집 한 채를 마련할 수 있었다. 하지만 엄마는 여전히 이웃들을 좋아하지 않았다. 엄마는 이웃들에게 욕을 했고 그들을 상것, 바닥 상것이라며 아주 나쁘게 말하곤 했다. 딱 한 사람, 아들을 좋은 학교에 보냈다는 물장수 아저씨만 빼고 말이다.

얼마 후 일본이 망하고 나는 중학생이 되었고, 해방 후 오빠는 어떻게 돈을 모았는지 그럴듯한 집을 장만해서 마침내 엄마의 소원을 풀어주었다.

▌ 함께 지낼까? 따로 살까?

소설 속에 등장하는 엄마를 보면 어떤 생각이 드는가? 오직 자식만을 바라보며 살아가는 어머니의 모습이 보이지 않는가? 자식의 일이라면 물불을 가리지 않는 억척어멈, 그것이 이 소설의 진짜 주인공이다. 자식의 성공을 자신의 성공으로 여기는 어머니. 어째서 어머니는 자신의 삶을 살아가지 않았던 걸까? 그런 어머니 밑에서 자란 자식은 커서 어머니로부터 정서적으로 독립할 수 있을까?

심리학자 머레이 보웬은 작품 속에 등장하는 가족처럼 정서적으로 지나치게 밀접하게 연결된 가족을 '분화가 덜 된 가족'이라고 진단했다. 여기서 분화는 가족끼리 정서적으로 얼마나 독립되어 있느냐를 의미한다. 소설 속에서 엄마는 자식들과 정서적으로 전혀 분리되어 있지 않았다. 아들에게는 지나친 기대를, 딸에게는 지나친 염려를 보여주고 있으니 말이다.

가족끼리 친밀한 것이 문제가 될 수 있을까? 물론 친밀한 것 자체가 나쁠 리는 없다. 하지만 그 정도가 문제다. 가족끼리 지나치게 밀착되고 융합되어 있다고 하자. 그렇게 되면 가족 안의 구성원들이 각자 자주성을 발휘하기가 어렵다.

보웬은 사람에게는 서로 의존하면서도 동시에 독립적이길 바라는 마음이 존재한다고 한다. 특히 가족 구성원들은 정서적으로 얽혀 있어서 상대에게 의지하려는 마음과, 가족과 독립해서 지내려는 두 마음이 함께 존재한다고 보았다. 보웬은 이를 각각 연합성과 개별성이라고 이름 붙였다. 정리해서 말하자면 연합성이란 다른 가족에게 연결되어 서로에게 민감하게 반응하는 성질을 말하고, 개별성은 자신의 삶의 방향을 스스로 정하고 추진하려는 힘을 의미한다.[1]

가장 이상적인 경우는 두 힘이 서로 균형을 이룰 때다. 이럴 때 인간은 한쪽에 치우치는 극단적인 행동을 취하지 않고 자율적으로 살아가는 게 가능하다. 보웬은 이런 상태를 '분화'되었다고 보았다. 가족이 잘 분화될 경우 인간은 자신의 주관적인 감정과 객관적인 이성에 균형을 갖춰 사고와 감정을 분리시킬 줄 알고, 위기나 불안에 대처하는 능력도 갖추게 된다. 반면에 연합성과 개별성, 이 두 힘이 조화를 이루지 못한 채 한쪽으로 치우친 경우를 '미분화'라고 하는데, 이럴 경우 지극히 의존적으로 살아가거나, 그와 정반대로 가족과 관계를 단절한 채 살아가게 된다.

자, 다시 한번 소설 속의 엄마를 보자. 어떤 모습인가? 자식들의 삶을 자신의 삶과 동일시하고 있으니 누가 봐도 분화가 덜 된 모습이다. 자신의 개별성은 고사하고 자식들의 개별성마저 인정하지 않으려는 엄마. 소설 속 가족은 오로지 서로에게 의존적인 삶을 살아가고 있다. 그렇다면 이처럼 미분화된 가족에게는 어떤 문제가 놓여 있을까?

▎미분화된 가족, 원인은 불안

미분화된 가족의 가장 큰 문제는 가족 구성원이 지나치게 감정에 치우쳐 살아간다는 데 있다. 미분화된 이들에게 가족은 커다란 감정의 덩어리다. 가족이 감정으로 얽혀 있으니 이들에게는 논리적이고 합리적인 이성으로 감정을 인식할 틈이 없다. 엄마가 싫어하는 일은 '나'도 싫어하고, 엄마가 기쁜 일은 '나'도 기쁘다. 자식들에게 좋은 일은 엄마도 좋은 일이며, 엄마 스스로 좋아할 다른 이유를 찾을 필요도 없다. 만약 자식에게 잘못된 일이라면 그건 엄마에게도 나쁜 일이니 반드시 피해야 한다. 다른 이유는 없다.

이처럼 미분화된 가족들은 모든 판단이 이성이 아니라 감정에 치우쳐 있다. 이들은 감정을 객관적으로 인식하지 못한 채 서로의 감정에 휩쓸린다. 개별성이 발달하지 않았으니 모든 것은 주변 상황에 의존할 수밖에 없고, 그러다 보니 외부 스트레스에 취약하다. 좋고 나쁨만 있을 뿐, 옳고 그른 논리는 없다. 왜 나쁜지, 왜 좋은지를 따지는 것 자체가 이들에게는 무의미하다.

소설 속 엄마를 보라. 그녀는 주변 이웃들을 항상 상것, 바닥 상것이라고 비난한다. 그들이 자식들에게 나쁜 영향을 끼칠 것 같기 때문이다. 그 외에 그들의 처지나 마음씨, 경제적인 사정은 생각할 필요가 없다. 반면 명문 학교에 자식을 보냈다는 이유만으로 보잘것없는 물장수는 엄마의 후한 대접을 받는다. 명문 학교는 자식에게 좋은 것이고, 그러니 더 이상 묻지도 따지지도 않고 물장수는 그저 그냥 좋은 사람이 된다. 맹목적인 긍정, 이것이 미분화된 가족의 문제다.

그렇다면 어째서 엄마는 분화가 제대로 이루어지지 않았던 것일까? 어째서 자신의 삶보다 아들과 딸의 출세에 더 집착했을까? 그것은 바로 아버지의 죽음 때문이었다. 의사보다 무당에게 찾아가 병을 낫게 하려던 시골 풍습에 대한 불안감이 자식들을 시골이 아니라 도시에서 교육해야 한다고 믿게 만들었다. 미신적인 생각으로 또다시 가족을 잃을 수 없다는 불안이 가족 구성원의 분화를 막았던 것이다. 만성적인 불안, 그것이 분화를 가로막는다.

📝 원작 열기 2

수십 년이 흘러 어느덧 나는 중년 여성이 되었고 엄마는 여든여섯의 할머니가 되었다. 그러던 어느 날 엄마가 빙판에 미끄러져 다리가 부러지는 사고를 당하셨다. 깁스를 하기에 나이가 너무 많아서 반드시 수술을 받아야만 하는 형편이었다. 엄마는 처음에는 한사코 수술을 거부했다. 그러다가 문득 현저동 시절 옛일을 떠올리고는 갑자기 태도를 바꿔 수술을 받겠다고 했다. 그 옛일은 6·25때 죽은 오빠의 지극한 효성에 관한 일이었다.

해방이 되기 전, 아직 현저동 꼭대기 집에 살 때였다. 하루는 엄마가 장작더미를 나르다 얼음에 미끄러져 손목이 부러지는 부상을 당했다. 엄마는 가난으로 제대로 치료를 받지 않았는데 그걸 지켜본 오빠가 어느 노파의 말을 믿고 뼈가 붙는 데 효험이 있다는 '산골'을 어렵게 구해왔다. 산골은 옛날부터 뼈를 다쳤을 때 민간요법으로 사용하던 누런 쇠붙이 조각이다. 엄마는 오빠가 구해온

친애하는 내 마음에게

산골에 큰 감동을 받았고, 손목이 제대로 붙지 않았는데도 산골 덕에 뼈가 더 단단해졌다며 기뻐했다. 그 시절 엄마에게 오빠는 종교나 다름없었다.

그날의 기억을 떠올리며 병실에 누워 있던 엄마는 수술을 산골로 잘못 알아들었는지 수술을 받겠노라고 했다.

수술 준비를 서두르던 어느 날, 엄마가 헛소리를 하기 시작했다.

"그놈이 또 왔다. 뭘 하고 있냐? 오빠를 숨겨야지! …… 군관 동지, 여긴 아무도 없어."

엄마는 자신의 부러진 다리가 마치 6·25 때 북한군에게 사살된 오빠라도 되는 듯이 꼭 붙들더니 미친 듯이 애를 썼다. 오빠를 북한군에게서 숨기려던 그때 그 모습과 다르지 않았다.

6·25 전쟁이 터졌을 때 오빠는 피난을 가지 못했다. 해방 후 잠시 좌익에 참여했던 과거 때문이었다. 누군가에게 빨갱이로 몰리면 큰일이었다. 북한군이 서울을 점령하자 오빠는 살기 위해 북한군 의용군으로 나섰다. 아마도 북한 세상이 될 것으로 생각한 모양이었다. 하지만 3개월 후 국군이 서울을 되찾자 오빠는 또다시 북한 의용군에서 탈출했다. 그리고 집 안에서 숨어 지냈다. 하지만 그것도 잠시, 또다시 국군이 후퇴하고 북한군이 서울에 들어오자 오빠는 더 이상 피할 곳이 없었다.

그때 생각해낸 게 옛 현저동 집이었다. 우리 가족은 그곳에 숨어 살았다. 그러는 사이 오빠의 정신은 이상해졌고, 심지어 실어증까지 생겼다. 그러다 마침내 오빠는 북한군 군관에게 꼬리가 잡혀 총을 맞고 죽었다. 그런 오빠의 최후를 수술을 앞둔 엄마가 또다시 떠올린 것이다. 엄마가 겨우 제정신이 들었을 때였다. 엄마는 나를 조용히 불렀다.

"나도, 늬 오빠처럼 보내줘. 네게 몹쓸 짓이지만 꼬옥 그렇게 해줘라. 알겠지?"

북한군에게 죽었던 오빠는 묘지가 없었다. 임시로 묻어뒀던 무덤을 파헤쳐 한 줌의 가루로 만든 뒤, 고향 개풍군이 보이는 강화도에서 바람에 흩뿌렸다. 엄마는 자신이 죽게 되면 오빠처럼 해달라고 간청했다. 오랜 세월이 흘렀지만 엄마는 여전히 죽은 오빠를 붙들고 있었던 것이다.

▌엄마와 아들의 병리적인 공생 관계

엄마는 유독 오빠에게 집착이 강했다. 오빠 역시 엄마와의 애착이 '나'에 비해 훨씬 더 강렬했다. 두 사람은 서로가 서로에게 강하게 의존했는데, 이와 같은 관계를 보웬은 모자공생 관계라고 불렀다. 모자공생이란 본래 조현병을 앓는 자녀와 어머니가 서로를 둘이 아닌 하나의 자아로 여길 만큼 정서적으로 강렬하게 애착을 갖는 상태를 뜻한다. 본래 인간을 포함한 포유류는 태어난 직후 엄마와 완전한 융합 상태이자 공생 상태로 삶을 시작한다. 하지만 차차 성인이 되면서 어머니에게서 떨어져 나가는데, 모자공생 관계는 그렇지 않다. 정신적

친애하는 내 마음에게

으로 아픈 아들을 혼자 두기에 엄마는 불안하고, 조현병을 앓는 아들은 엄마 없이 지내는 게 끔찍하리만큼 무섭다. 결국 서로에 대한 만성적인 불안이 모자공생 관계를 만들어낸다.[2]

정신병을 앓을 만큼 심각한 수준이 아니더라도 우리 주변에서 흔히 모자공생 관계를 엿볼 수 있다. 자식을 위해 무작정 자신의 삶을 희생하는 부모, 어른이 되어서도 캥거루 새끼처럼 부모 품에 기대어 사는 이들은 모두 모자공생 관계의 확대판이다. 이들의 문제, 그것은 자녀의 정신적 성장이 그대로 멈춘다는 데에 있다.

소설 속에서 오빠는 6·25가 터진 뒤, 극도의 신경증과 실어증을 앓았다. 물론 그 까닭은 생존에 대한 절박한 위기 때문이었을 것이다. 상황에 따라 북한 편에 섰다가, 또다시 남한 편에 서기를 반복했으니 그가 느낄 공포와 불안이 가히 짐작이 간다. 여하튼 오빠는 그 후 모든 것을 엄마에게 의존했다. 만약 오빠가 가족에게서 더 분화되고 독립적이었더라면 어땠을까? 아마도 오빠는 성인으로서 자기 삶을 책임지고, 더 나아가 전쟁으로부터 가족의 안전을 지키려 노력했을 것이다. 그것이 아니라면 가족을 위기에 빠뜨리지 않으려고 홀로 빨치산이 됐을 수도 있다. 하지만 오빠는 겉만 멀쩡했지 위기가 닥치니 불안 때문에 정신을 가누지 못한 채 모든 것을 엄마에게 의존했다. 이는 오빠가 정신적으로 성숙하지 못한 채 엄마와 분리되지 않았다는 증거다.

엄마가 아버지의 죽음 때문에 아들을 분리해내지 못했다면, 오빠는 어째서 엄마와 분리하려고 시도하지 않았던 걸까? 엄마와 분리가 되었더라면 스스로 위기를 극복하려고 노력했을 것이고, 어쩌면 분리가 가능했을지도 모르는데 말이다. 오빠가 엄마와 분리되지 못하게 가로막았던 불안은 대체 어디서 연유하는 것일까?

▎삼각관계는 희생양을 원한다

오빠의 불안은 사실 엄마가 자신의 불안을 오빠에게 투사했기 때문에 생겼다고 볼 수 있다. 소설 속 오빠는 일종의 희생양에 가까웠다. 이 소설에서 엄마의 지울 수 없는 기억은 남편이 손도 쓰지 못한 채 죽었다는 데 있다. 죽은 남편에 대한 원망이 얼마나 사무쳤을까? 그럼 그 원망을 누구한테 해야 할까? 남편을 죽음으로 몰고 간 시댁 어른들? 혹은 부모의 말을 거역하지 못한 채 굿판에 이끌려 스스로 죽음을 자초한 남편? 엄마는 적어도 이 둘 중 누군가를 원망했어야 한다. 그러나 그럴 수 없었다. 전통 사회에서 시댁에 맞설 수 없는 일이었고, 죽은 남편을 탓할 수도 없는 노릇이었다. 엄마의 내면에 팽팽한 긴장과 불안만 감돌 뿐.

긴장과 불안을 벗어나려면 어떻게 해야 할까? 보웬은 사람들이 관계가 불안해질 경우, 흔히 제3자를 끌어들여 긴장을 완화하는 전략을 구사한다고 보았다. 이를 삼각관계라고 한다.[3] 예를 들어 부부가 갈등 중이라고 하자. 두 사람은 자신들의 문제를 스스로 해결하지 않은 채 자녀를 끌어들여 둘 사이의 긴장을 완화하는 방식을 택한다. 남편에 대한 욕구 불만을 아들에게서 해소하려는 아내나, 아내에게 하지 못

친애하는 내 마음에게

할 말을 자녀에게 쏟아놓는 남편, 혹은 자식을 자기 편으로 끌어들여 상대를 공격하는 부부, 이 모든 경우가 삼각관계를 이용한 왜곡된 갈등 해결 방식이다. 이 과정에서 부모로부터 선택된 자녀는 해당 부모의 관심을 집중적으로 받으며 강한 애착 관계를 형성하게 되고, 결과적으로 일종의 희생양이 된다.

소설 속에서 엄마는 자신의 들끓는 감정을 시댁과 남편에게 풀지 않고 그 대신 오빠를 택했다. 시댁에 맞설 수도 없고, 남편도 이미 죽어버렸으니 감정 분화가 덜 된 오빠를 선택한 것이다. 엄마는 오빠를 보며 늘 든든하고 자랑스러웠다. 그것은 자기 불안을 아들에게 투사해 마음의 긴장을 완화했다는 의미다. 자신의 불안과 긴장을 해결해 줄 거라는 무언의 압박을 엄마는 아들에게 행사했다.

희생양이 된 오빠. 오빠는 어떻게 해서든 엄마에게 최선을 다했다. 그래야 엄마가 불안에서 벗어날 수 있기 때문이다. 그러나 그 순간 오빠의 불안은 증폭됐다. 행여 엄마의 기대에 미치지 못하면 어쩌나. 행여 대학에 못 가면, 취직을 못 하면, 집을 사지 못하면, 사고라도 당하면…… 이제 엄마의 불안은 오빠의 것이 되고 말았다. 엄마의 원망이 오빠에게 강한 기대와 그에 따르는 불안으로 전이된 것이다. 이처럼 가족 구성원이 자신의 불안을 다른 가족 구성원에게 투사하는 경우를 삼각관계와 별도로 가족 투사라고 부르기도 한다. 대체로 자주성이 적고 분화가 덜 된 자식이 투사의 대상이 되는데, 소설 속에서 오빠가 바로 그런 자식이었다.

▌불안은 투사되고 전염된다

안타깝게도 불안이 투사된 희생양에게 지나친 기대와 관심은 애정이 아니라 속박이다. 모든 불안이 집중되기 때문에 자식은 홀로 서지 못하고 사회적·정서적 기능이 떨어지며 상황의존적으로 성장한다. 늘 부모 눈치를 보고 스스로 결정하는 일이 없다. 그 결과 부모가 자식을 통제하는 악순환이 반복된다.

소설 속에서 오빠는 자주성이 결여된 인물로 자아의 기능이 약했다. 오빠는 오로지 엄마를 기쁘게 해드리는 것이 삶의 목표일 정도로 엄마에게 밀착되어 있을 뿐이었다. 그러다 보니 자기 스스로 결정을 내리기보다 엄마, 그리고 주변 상황에 큰 영향을 받는 인물이 되어버리고 말았다. 전쟁이라는 외부의 강력한 위기가 닥쳤을 때, 오빠는 어느 편에도 서지 못하고 갈팡질팡했다. 아마도 그 밑바닥에는 어머니가 투사한 불안이 내면에 가득 차 있었기 때문일 것이다. 그렇다면 오빠가 불안에서 벗어날 방법은 없었을까?

우선 엄마의 입장에서는 자신의 불안이 오빠에게 투사되지 않도록 경계해야만 했다. 미분화된 자식에게 부모는 나무의 뿌리나 마찬가지다. 뿌리가 흔들리면 나무가 살 수 없듯 부모가 불안하면 자식의 생존은 위협받는다. 그러니 불안이 투사되지 않게 경계해야 했다.

이보다 더 중요한 것은 오빠가 자아분화를 온전히 이루는 일이었다. 분화가 덜 된 채 자아의 기능이 떨어졌으니 어떻게든 분화의 수준을 높여야만 했다. 그러기 위해서는 평소에 엄마의 의견과 감정을 객관적으로 살피고 자신의 감정과 의견을 논리적으로 표현하는 습관을 길러야 했다. 분리되는 순간은 아쉽고 두렵겠지만 그것만이 온전히 자아를 세우는 길인 것을 깨달았다면 오빠는 실어증을 앓지도, 허망하게 죽지도 않았을 것이다.

우리 가족은 얼마나 분화되어 있을까?

머레이 보웬

#자아분화 #미분화된 감정 #가족사 지식 구조화
#객관적 인식 #내 입장 표현하기

「엄마의 말뚝」은 한국 현대사에서 지울 수 없는 6·25 전쟁과 분단 이라는 비극을 다루고 있는 작품이다. 그러나 한편으로는 현대 사회의 가족 문제를 고민하는 측면도 분명히 나타나고 있다. 작품 속에서 엄마와 오빠는 미분화된 감정의 덩어리를 공유하고 있다. 불안을 명확히 인식하고 이에 대응하지 못한 측면이 있는 것이다. 그렇다면 가족 안에서 스스로 자신이 얼마나 분화되어 있는지를 파악하려면 어떤 척도들을 활용할 수 있을까? 보웬은 자아의 분화를 점검하기 위해 몇 가지 척도를 제시했는데 다음은 그중 일부다.[1]

첫째, 가족이 지닌 감정이 자신의 의사 결정에 미치는 정도다. 만약 스스로의 의지나 선호 없이 부모나 부모와 같은 권위를 지닌 가족 구

친애하는 내 마음에게

성원에게 자신의 의사 결정을 의지한다면 이는 자아분화가 제대로 되지 않았다고 볼 수 있다.

둘째, 자신의 느낌과 감정을 유지하면서 자신이 가족의 일원으로서 남아 있는 정도다. 만약 가족의 일원으로 남아 있기 위해서, 다시 말해 가족의 평화와 안정을 위해서 자신의 감정을 억누르거나 숨긴다면 그것은 분화가 이루어지지 못한 것이다.

셋째, 가족과의 불일치, 적대감, 소외에 직면하면서도 정직하게 남아 있는 정도다. 의견이 다르고, 가족 구성원에게 반감이나 다른 뜻을 지녔는데도 자기 의견을 숨기고 스스로를 속여 가며 가족 구성원의 눈치를 본다면 자아분화가 이루어지지 못한 것이다. 또한 가족의 정서적인 압박을 견디지 못한 채, 혹은 소외를 당할까 봐 자기 감정이나 의견을 속이는 경우도 분화가 이루어지지 않은 경우다.

넷째, 다른 사람들과의 관계에서 자신감을 잃지 않으면서 그들과 친밀감을 유지할 수 있는 정도다. 다른 사람과 친밀하게 지내려고 주위 눈치를 보거나 자기를 드러내는 데에 소극적이라면 자아분화가 덜 이루어진 경우다.

다섯째, 반사적으로 감정적인 행동을 하지 않고 이성적으로 반응할 수 있는 정도다. 위기 상황이나 돌발적인 일이 발생했을 때, 차분하고 논리적으로 대응하지 못하고 감정적인 행동을 자주 보인다면 자아분화가 일어나지 못했다고 할 수 있다.

자아분화가 잘 된 사람은 위기가 찾아와도 불안이 낮으며, 불안 속에서도 목표지향적인 행동을 보여준다. 또한 자신의 삶에 대해 분명한 신뢰와 확신을 갖고 있고, 감정과 사고의 분리가 잘 일어나 평소에 흥분하는 법이 별로 없다. 하지만 현실 속에서 자아분화를 온전히 이뤄낸 사람은 그다지 많지 않다.

그렇다면 미분화된 가족 문제로 고통을 겪는 이들에게는 어떤 도움이 필요할까? 다른 여러 정신적인 문제와 마찬가지로 가족 문제 해결은 당사자들끼리는 해결하기가 몹시 어렵다. 따라서 전문가의 조언을 받는 일이 필요하다.

보웬은 가족 문제를 해결하기 위해서 가계도를 그려서 가족사에 대한 기본적인 지식을 구조화하는 방법을 제시했다. 가족이 지닌 문제를 객관적으로 인식해야 문제의 해결을 시도할 수 있기 때문이다. 가계도는 최소 3세대에 걸친 가족을 표시하는데, 이때에는 반복되는 사건, 충격적인 사건, 간과된 사건이나 정보까지 표시한다. 소설의 예를 들자면, 엄마가 남편과 사별했다는 정보, 남편이 병원에 가지 못한 채 사망한 점, 그리고 그 과정에서 시부모에 대한 적대감까지 가계도 속에 분명히 나타나게 된다. 문제를 객관적으로 인식하는 데에 가계도는 그 효용 가치가 높다.

만약 전문가의 도움을 받기 어렵다면, 일단 앞에서 제시한 척도를 활용해 자아분화 수준을 확인해보고, 만약 그 정도가 낮다면 보웬이 제시한 '내 입장 표현하기'라는 방법을 사용해보는 것을 권한다. 내 입장을 표현하는 것은 당사자의 개인적인 책임을 강조하는 것으로

친애하는 내 마음에게

가족 구성원 스스로 능동적 주체임을 자각하게 하는 방법이다. 자아 분화 수준이 낮은 사람은 자기 표현에 곤란을 느끼고 자기 생각이나 감정을 남 앞에서 나타내는 걸 주저하는 경향이 높다. 만약 가족 중에서 자기 표현에 서투르고 감정을 억누르고 살아가는 구성원이 있다면 그를 대할 때 인내심과 배려는 필수다. 윽박지르거나 강요하거나 재촉한다면 그 구성원은 자기를 만들어갈 시간을 그만큼 상실하기 때문이다.

지나치게 착한 행동,
괜찮은 걸까?

「변신」 _ **프란츠 카프카**Franz Kafka

독서문화 축제가 코앞으로 다가왔다. 소영 씨의 마음은 전에 없이 분주했다. 소영 씨가 행사에서 맡은 일은 테마별 독서 부스를 만들고, 각 출판사의 위치를 배치하는 일이었다. 평소 부지런한 소영 씨는 부스 업체와 출판사의 상황을 미리 점검해서 자기 역할은 이미 완료한 뒤였다. 하지만 자기 업무만으로 일을 마치지 않았다. 소영 씨가 보기에 아직 마무리되지 않은 일들이 가득해 보였다. 가장 먼저 소영 씨는 자기 나름대로 별도의 행사장 지도와 팸플릿을 제작했다. 참가자들의 동선을 최소화하려는 것이었다.

"소영 씨는 참 대단해. 우리 부서에서 미처 생각하지 못한 것까지 챙겨주니 참 고마워."

친애하는 내 마음에게

"메인 책자 만드시느라 바쁘시잖아요. 어차피 전 시간이 남는걸요."

이뿐이 아니었다. 소영 씨는 특유의 친화력으로 북콘서트를 진행할 작가들을 섭외하는 데에도 적극 나서주었고 팝업북 만들기 섹션, 오디오북 행사에도 여러 아이디어를 제공해주었다. 행사를 담당하는 사람들이라면 소영 씨에게 조금이라도 도움을 받지 않은 사람이 없을 정도였다. 그만큼 소영 씨는 사람들에게 친절했고 많은 도움을 베풀었다. 마침내 행사 당일.

"저기 누구예요? 소영 씨네. 소영 씨 맞네. 어쩜 저렇게 착할까?"

첫날 일정이 거의 끝나갈 무렵이었다. 행사장에는 관람객들이 버리고 간 쓰레기들이 이곳저곳 나뒹굴고 있었고 출판사의 비품 박스까지 곳곳에 흩어져 있었다. 그런데 누군가 커다란 자루를 들고 쓰레기들을 정리하고 있었다. 소영 씨였다. 얼마 뒤면 뒷정리하는 팀이 어차피 청소를 할 텐데 조금은 지나쳐 보였다. 이러다가 사람들이 소영 씨에게 무작정 일을 떠맡기는 일까지 생길까 걱정이 들었다.

"힘들지 않아? 소영 씨. 나중에 진행요원들이 알아서 치울 텐데. 그냥 놔두고 쉬어."

"괜찮아요. 저는 이런 걸 그냥 두고 있으면 마음이 불안하고 불편해서요."

대체 무엇 때문에 소영 씨는 이렇게 착해빠진 것일까?

본래 착한 행동을 하는 것은 좋은 일이다. 그런데 소영 씨처럼 착한 일을 지나치게 하는 것이 과연 옳은 일일까? 일을 거들어주다 보면 상대의 게으름을 조장할 수도 있고, 지켜보는 사람의 마음을 불편하게 할 수도 있는데 말이다. 게다가 자기의 불편한 마음 때문에 선행을 하는 것이라면 그것이 진정한 선행일까? 오히려 불안 때문에 발생한 심리적 이상 증상은 아닐까?

심리학자들은 지나치게 선한 행동을 일상적으로 반복하는 경우를 흔히 '착한 아이 콤플렉스'에 빠졌다고 한다. 대체로 자아정체성과 자존감이 낮은 경우 착한 아이 콤플렉스에 빠지는데 이런 성향은 성인기까지 이어질 위험이 높다. 체코 프라하 출신의 작가 프란츠 카프카의 「변신」에는 오직 가족의 안위와 행복만 생각하다 어느 날 갑자기 끔찍한 벌레로 변해버린 존재가 등장한다. 그는 죽어가면서도 오직 머릿속에 자기보다 가족 걱정이 앞서 있다. 착한 아이 성향을 보이는 주인공, 이런 착한 주인공의 삶을 돕는 방법은 무엇이 있을까?

📝 원작 열기 1

어느 날 아침, 그레고르는 잠에서 깼는데, 자신이 한 마리 흉측한 벌레로 변해 있는 것을 발견했다. '이게 도대체 어찌된 일인가.' 꿈은 아니었다. 주위를 둘러보니 변한 것은 아무것도 없었다. 틀림없는 자기 방이었다.

그레고르는 일어나려고 애를 썼다. 출근이 늦었기 때문이다. 그는 외판원이었다. 벌써 5년째 기차로 지방을 순회하며 제품을 판매하는 일을 해나가고 있었다. 외판 일은 일 년 내내 낯선 사람을 상대해야 하기 때문에 지속적인 교제도, 친해지는 사람도 없이 일해야 하는 고달프고 외로운 직업이었다.

5년 전 아버지의 사업이 파산하자 그레고르는 미친 듯이 일에 전념했다. 천식을 앓는 어머니는 일을 하기 어려웠고, 철부지 어린 여동생이 생계를 도울 수도 없는 노릇이었다. 그레고르는 아버지의 파산이라는 비극을 가족들에게서 하루빨리 지우려고 남보다 훨씬 열심히 일했으며, 그 결과 일개 점원에서 정식 외판원으로 금세 승진할 수 있었다.

외판원이 된 후부터 그레고르는 충분히 돈을 벌기 시작했다. 가족들의 생활은 나아졌고 지금 살고 있는 좋은 집도 얻을 수 있었다. 그레고르는 가족들의 안락한 삶과 행복, 만족을 이뤄낸 것을 스스로 대견스러워했다. 그는 이번 크리스마스 때 누이동생 그레테가 그토록 가기 원하던 음악학교에 어떻게든 보내주겠다고 약속할 참이었다. 불가능해 보였던 그 일을 해준다고 약속하는 것만으로도 그레고르의 가슴은 뿌듯했다. 이처럼 가족들의 행복을 위해 최선을 다했지만 정작 그는 하루 용돈으로 고작 2~3굴덴[1]을 쓰는 게 전부였다. 집에 돌아와서는 외출도 하지 않은 채 좁은 방에 틀어박혀 작은 액자를 만드는 것을 취미로 삼을 뿐이었다.

그레고르는 외판원으로서도 늘 최선을 다했다. 새벽부터 기차를 타고 멀리까지 출장 가는 일이 잦았고, 5년 동안 단 한 차례도 결근한 적이 없었다. 일이 고되기는 했지만 사장의 눈치를 봐가며 꾸준히 실적을 유지해왔다. 얼마 전에도 꽤 괜찮은 계약을 따내 주문서를 제출해두었다.

그런 그가 하루아침에 벌레가 되다니. 그는 아무리 발버둥쳐도 제대로 일어날 수가 없었다. 출근 시간이 한참 지났는데 어떻게 해야 할지 그레고르는 답답했다. 무엇보다 부모님이 걱정할까 봐 마음이 불안했다. 시간이 흐르자 회사의 지배인이 집으로 찾아왔다. 그레고르의 부모는 그레고르가 아프다고 둘러댔지만 지배인은 개의치 않고 방 앞에서 그레고르를 압박했다.

"사소한 병은 영업이 더 중요하다고 생각하고 참아내야만 하네. 그레고르! 자네의 최근 실적은 별로 신통치가 못해. 알아듣겠나?"

이 말에 그레고르는 흥분했다. 어떻게든 출근을 해야 했다. 그래야 직장을 계속 다닐 수 있고 가족들에게 걱정을 끼치지 않을 것이기 때문이다. 그는 지배인에게 당장 준비해서 출근하겠다고 정신없이 소리쳤다. 하지만 그 소리는 문밖에 있는 사람들에게 단지 짐승의 소리로 들릴 뿐이었다.

▌나는 사라지고 타인만 남을 때

벌레가 된 그레고르. 그는 자신이 흉측한 벌레가 되었는데도 자신에 대한 걱정보다 가족과 회사의 일이 더 걱정이었다. 어째서 그는 자

친애하는 내 마음에게

기 생각은 하지 않고 남들만 걱정하는 것일까?

그레고르는 지난 5년 동안 오로지 가족만을 위해 일했다. 일 자체에 대한 보람이나 성취, 만족감은 거의 없었다. 새벽에 일어나서 멀리 출장을 다녀야 했고, 낯선 싸구려 호텔에서 피곤한 잠을 청해야 했다. 늘 새로운 사람을 만나는 까닭에 여자친구는 물론, 깊은 교제를 나눌 친구 하나 없었다. 힘든 일이지만 그레고르는 성실하게 일했고, 가족들이 안락한 집에서 편안하게 생활하도록 해주었다. 그는 착한 아이 콤플렉스가 덧씌워진 채 더없이 착한 아들, 착한 오빠로 살아온 것이다.

본래 착하다는 것은 자기중심적이 아니라 이타적으로 생각하고 행동하는 것을 일컫는다. 그런데 이 개념이 극단으로 치달을 경우, 모든 생각과 행동 속에서 자기는 사라지고 타인만 남게 된다. 이처럼 자기는 없고 오로지 다른 사람의 기준만 남아 있는 상태를 착한 아이 콤플렉스라고 한다.[2]

착한 아이 콤플렉스를 지닌 이들은 삶에서 자기 기준이 없거나 매우 약한 탓에 자기 주도적인 일을 거의 하지 못한다. 그레고르를 보라. 그는 외판을 좋아하지 않는다. 하지만 그에게 자신의 만족감은 삶에서 중요한 기준이 아니다. 중요한 기준은 오직 가족의 안락과 행복이다. 가족이 행복하다면 아무리 하기 싫어도, 또 자기 성향과 맞지 않아도 어떻게든 해내야 한다.

또한 이들은 타인에게 인정받기 위해 늘 전심전력을 다하는 특성을 지닌다. 특히 상사나 권위자에게 인정받으려는 욕구가 강하다. 자기 기준이 없기 때문에 타인의 요구와 기대를 충족하려고 최선을 다하는 것이다. 이 과정에서 불쾌하거나 고통스러운 감정이 생기더라도 이들은 무조건 참으려 한다. 따라서 착한 아이 콤플렉스를 지닐 경우 '자기 감정이 없는 사람'이 되기 쉽다. 자기 몸이 벌레로 변했는데도 불쾌한 감정을 견디고 출근을 서두르려는 그레고르가 이에 대응한다.

다른 사람의 요청을 거절하지 못하는 것도 이들의 특성이다. 오히려 이들은 타인의 필요와 요구를 채워주면서 자기 존재를 인정받으려고 애쓴다. 그런 점에서 카프카가 그레고르를 외판원으로 설정한 것은 참으로 탁월했다. 외판은 처음부터 타인의 요구를 맞춰야 하는 일이기 때문이다.

그레고르는 타인의 요구라면 상대가 누구든 성심성의껏 최선을 다해 들어주려고 노력했을 것이다. 거실이 딸린 큰 집으로 이사한 것, 학비가 비싼 음악학교에 여동생을 입학시키겠다고 약속한 것도 모두 자기를 위해서가 아니라 가족을 위한 일이었다.

그런데 이처럼 지나치게 착한 역할을 수행하다 보면 스스로 좌절하고 탈진할 때가 있다. 극단적일 경우, 자신과 세상을 향해 분노를 표출하기도 한다. 한 마리 벌레로 변신한 그레고르, 그것은 어쩌면 탈진한 채 세상을 향해 분노를 표출하는 그레고르의 본모습일지 모른다.

▍착한 아이 콤플렉스는 어떻게 생겨날까?

그렇다면 어째서 착한 아이 콤플렉스가 생겨나는 걸까? 심리학자

존 브래드쇼John Bradshaw는 카를 융의 그림자 개념을 활용해 '상처받은 내면아이'로 착한 아이 콤플렉스를 설명한다. 카를 융에 따르면 사람에게는 마치 그림자처럼 잘 드러나지 않는 감춰진 성격이 존재한다. 존 브래드쇼는 그중 하나를 상처받은 내면아이라고 보았다. 그에 따르면 상처받은 내면아이란 어릴 때 받았던 마음의 상처가 어른이 되어서도 아물지 않고 여전히 남아 있는 경우를 뜻한다.3

상처받은 아이가 내면에 자리를 잡을 경우, 사람들은 다른 사람이 자신을 싫어하거나 피할까 봐 몹시 두려워한다. 그리고 이런 이유로 남을 붙잡기 위해 착하게 행동하는 경향을 보인다. 대체로 평범한 사람들은 자신이 어려움을 겪을 때 누군가 곁에서 도움을 줄 거라고 여긴다. 하지만 상처받은 아이가 내면에 존재하는 사람은 자기 주변에 아무도 남지 않을까 봐 두려워한다. 그래서 다른 사람이 자기 주변에 머물기를 바라며 타인의 눈치와 기준에 따라 착한 행동을 과하게 추구한다.

그렇다면 상처받은 내면아이는 어째서 생겨나는 것일까? 심리학자들은 상처받은 내면아이는 어린 시절 환경의 압박 때문에 생겨난다고 한다. 여기서 어린 시절의 환경이란 대체로 가족 환경을 가리킨다. 어린 시절을 떠올려보자. 가족 구성원으로 살아가기 위해서는 가족, 특히 부모의 가치관을 받아들여야 한다. 그렇지 않으면 불이익이 뒤따르기 때문이다. 그런데 이때 가족의 가치관을 과도하게 받아들일 경우 상처받은 내면아이가 생길 수 있다. 심리학자들은 어머니의 지나친 사랑이나 보호, 또는 이와 반대로 부모와의 불완전한 애착이 상처받은 내면아이를 만든다고 말한다. 다시 말해 부모가 자기를 버릴지도 모른다는 불안감에 부모의 눈치만 보는 착한 아이가 되려 한다는 것이다. 부모 사이에 잦은 갈등이 있거나, 부모가 양육의 책임을 다하지 못할 때에도 아이는 불안감에 휩싸여 부모의 눈치만 살피는 착한 아이가 될 수 있다. 자기 기준은 형성되지 못한 채 부모의 기준을 행동의 기준으로 삼는다.

그레고르의 유년 시절은 소설 속에서 확인할 수 없다. 하지만 추측해볼 수는 있다. 무엇보다 부모의 양육 태도가 문제다. 소설을 주의 깊게 살피면 그레고르의 부모는 그레고르가 벌레로 변신하기 전, 여동생을 그저 쓸모없는 천덕꾸러기로만 여기고 있었다. 집안에 도움이 되지 않는다고 구박한 것이다. 자녀를 그 자체로 보기보다 쓸모로 판단하는 태도, 무엇인가 성과를 보여야 자녀를 인정하는 태도. 이런 양육 태도는 한순간에 이루어진 게 아니다. 아마도 그레고르가 성장할 때에도 비슷한 태도를 보였을 것이다. 그레고르가 벌레가 되어서도 부모의 눈치를 보는 것은 이런 이유 때문이다. 늘 잘해야 한다는 강박적인 생각과 불안정한 애착이 결과적으로 그레고르를 착한 아이로 만든 것이다.

친애하는 내 마음에게

그레고르는 지배인에게 사정을 말하려고 벌레가 된 채로 방을 나섰다. 이를 지켜본 지배인은 기겁하며 도망쳤고, 깜짝 놀란 아버지는 한동안 홀쩍이더니 이내 마음을 바꿔 그레고르를 방으로 몰아넣으려고 했다. 아버지는 막무가내였고 그레고르는 그대로 방에 갇혔다.

그날 방문을 여는 사람은 아무도 없었다. 그레고르는 소파 밑으로 들어갔다. 그는 생각했다. '당장은 소란을 피우지 않아야 한다. 이런 모습이 가족들에게 혐오감을 줄 수 있으니 최대한 조심스럽게 지내며 가족들의 불쾌감을 덜어주어야 한다.'

새벽녘에 누이동생이 문을 열고 방 안을 들여다보았다. 그러더니 벌레로 변한 그레고르를 보고 흠칫 놀라며 다시 문을 닫아버렸다. 잠시 후 동생은 먹을 것을 가져다주었다. 식사는 늘 이렇게 동생의 몫이 되었다.

그레고르가 변신한 지 한 달쯤 지나던 어느 날이었다. 그즈음 그레고르는 방 안에 있는 게 답답해서 천장과 벽을 기어 다니기 시작했다. 동생은 이를 알아차리고 방 안에 있는 가구를 치우려 했다. 하지만 혼자서 감당하기가 어려워 어머니께 도움을 요청했다. 어머니는 동생과 가구를 치우다 문득 생각난 듯, 가구를 모두 치우면 그레고르가 섭섭하게 여기지 않겠냐고 말한다. 그러자 소파 밑에 숨어 있던 그레고르는 자기 물건을 하나쯤은 지켜야겠다고 생각하고 어머니와 동생이 나간 틈을 타서 벽에 붙어 있던 액자를 지키고 있었다.

그때까지 어머니는 한 번도 그레고르를 본 적이 없었다. 결국 어머니는 벌레로 변한 그레고르를 보게 되었고 그 자리에서 기절하고 말았다. 집에 돌아온 아버지는 동생에게 전후 사정을 듣더니 그레고르에게 뭔가를 집어던지기 시작했다. 사과였다. 제대로 겨냥도 하지 않은 사과들이 날아왔다. 그리고 그중 하나가 등에 정통으로 박혔다. 그때 어머니가 달려 나왔다. 그녀는 외쳤다.

"제발! 그레고르를 살려줘요! 부탁이에요."

사과 사건이 터지고 적잖은 시간이 흘렀다. 가족들은 생계를 위해 하숙을 들였다. 그들은 질서와 청결을 우선시하는 신사들이었다. 어느 날 저녁시간. 사내들은 식사를 하고 있었고 동생이 바이올린 연습을 하고 있었다. 사내들은 바이올린 소리를 듣더니 연주를 직접 보고 싶다고 청했다. 이때 그레고르도 누이동생의 바이올린 연주 소리를 듣고 방 밖으로 기어 나왔다. 그런데 바이올린 연주를 청했던 사내들이 몹시 지겹다는 표정을 짓고 있는 게 아닌가. 그레고르는 동생이 더 이상 모욕당하지 않도록 자기 방에서 연주를 하자는 신호를 주고 싶었다. 그런데 그때 사내 중 한 사람이 아버지를 불러 거실을 기어 다니는 그레고르를 가리키더니 곧 하숙을 해지하겠다고 으름장을 놓았다. 동생은 이 일에 무척 화가 났다.

"이제 이렇게는 더 이상 살 수 없어요. 저것을 없애버려야 해요.

내쫓아버리는 거예요."

그레고르는 방 안으로 되돌아갔다. 그리고 다시 애정을 갖고 집
안 식구들의 일을 생각해봤다. 자신이 사라지지 않으면 안 된다는
생각이 들었다. 얼마 후 그의 머리가 저절로 수그러졌다. 그리고
그의 콧구멍에서 마지막 숨이 희미하게 새어 나왔다.

다음날 동생 그레테가 숨이 끊어진 채 납작하게 말라붙은 그레
고르를 보며 말했다.

"정말, 어쩌면 저렇게 여위었을까? 하기는 꽤 오랫동안 아무것
도 먹지를 않았으니……."

▌낮은 자존감이 자기희생을 부른다

그레고르는 변신한 후에도 변함없이 가족을 생각했다. 그는 생각
했다. 자신이 사라지지 않으면 안 된다는 것을. 그는 여동생이 자기를
내쫓아버리겠다는 말을 내뱉기 훨씬 전부터 이런 생각을 지니고 있
었다. 그가 죽었을 때, 이미 납작하게 말라 있던 걸 보면, 그레고르는
음식을 거부한 채 스스로 목숨을 끊었던 게 분명하다.

가족을 위해 집을 마련해주고 생계를 책임지며 자기를 희생했던 그
레고르. 그는 한순간에 벌레로 변했지만 가족의 도움을 요청할 자격
은 충분했다. 그게 아니라면 자기를 배신하고 내몰려 하는 가족에게
적대적인 모습을 취하거나, 극단적으로 집을 떠나 다른 길을 모색할
수도 있었다. 그런데 스스로 좁은 방에서 굶어죽는 길을 선택하다니.

그레고르가 스스로 굶어죽기를 선택한 진짜 이유는 뭘까? 무엇이 그를 사지로 몰아넣었을까? 그것은 다름 아니라 자기 목숨을 다른 가족의 편의보다 무가치하다고 여기는 생각 때문이었다. 가족을 위해 나를 희생해야 한다는 생각, 나 같은 건 죽어도 괜찮다는 생각, 이런 생각들이 그를 죽음으로 몰아넣었다. 모두 낮은 자존감에서 비롯된 생각들이다.

이처럼 착한 아이 콤플렉스의 밑바탕에는 낮은 자존감이 존재한다. 겉으로는 남을 돕는 착한 행동만 하기에 자존감이 높다고 여길 수 있지만 그의 내면은 온통 멍투성이다. 카를 융의 관점에서 보자면 착한 아이는 자존감 낮은 내면을 가리는 일종의 가면에 불과할 뿐이다.

그레고르는 5년 전 가족의 생계를 책임지기 시작했을 때, 일개 점원에 불과했다. 열심히 일해서 외판원이 되었지만 외판을 할 때마다 남들의 비위를 맞추며 자기를 한없이 낮춰야 했을 것이다. 일을 하면 할수록 그레고르의 자존감이 낮아졌을 것은 불을 보듯 뻔하다. 무엇보다도 그레고르의 힘겨운 일상을 그저 당연하게 여기는 가족들은 그의 자존감을 더 낮췄을 것이다. 가족들은 그를 따뜻하게 대하기는 커녕 딱히 고마워하지도 않았다. 그는 직장에서든, 가정에서든 낮은 자존감을 지닐 수밖에 없는 신세였다.

▌착하게 살기보다 개성 있게 살자

자, 이제 처음으로 되돌아가자. 어째서 그레고르는 벌레로 변신했

친애하는 내 마음에게

을까? 낮은 자존감, 부모와의 불완전한 애착, 그리고 그것들이 내면에 착한 아이를 만들어놓았기 때문이다. 그는 자기가 아닌 남을 위해 희생하며 살다가 자기를 잃고 벌레로 변해버렸다. 그렇다면 그가 벌레에서 다시 인간으로 돌아갈 방법은 없을까? 착한 아이 콤플렉스를 벗어날 방법은 없는 것일까?

우선 그레고르 자신보다 그의 부모가 해야 할 일이 있다. 무엇보다 그레고르를 그 자체로 인정하고 사랑하는 일이다. 만약 그레고르의 아버지가 좀 더 따뜻한 사람이었더라면 어땠을까? 그레고르를 궁지에 몰고 사과 따위를 집어던지는 아버지가 아니라, 그의 변신을 진심으로 가엾어하고 따뜻이 돌봐주는 아버지였다면 아마 그레고르는 죽음을 선택하지 않고 인간으로 되돌아왔을지 모른다. 이보다 앞서, 그러니까 변신하기 전에 그레고르의 부모가 진작에 그에게 애정과 관심을 기울였다면 애초에 변신 따위는 일어나지 않았을 것이다. 잊지말자. 불완전한 애착은 상처받은 내면아이를 만드는 주범이다.

다음으로 그레고르가 해야 할 일이 있다. 그것은 자신의 기준을 회복해 개성 있게 사는 일이다. 흔히 착한 아이들은 자기 기준을 억눌러놓는 경우가 많다. 자신을 타인에게 맞추다 보니 정작 자기 욕망이나 감정은 무의식 속에 깊숙이 묻어둔다. 하지만 자기 기준을 회복하려면 억압했던 것들을 의식 위로 꺼내어 이를 현실의 자아와 통합해야 한다. 그레고르가 억압한 것은 무엇이었을까? 그건 외판에 대한 거부감이었다. 그는 외판원으로서 살기 위해 교제도 포기하고 오로지 성과에 쫓기며 일에 파묻혀 지냈다. 자유롭고 넉넉하게 살아가는 것, 가족보다 한 번쯤 자기를 먼저 생각하는 것, 이런 것들을 그는 무의식에 가둬두었다.

따라서 그레고르가 자기 기준을 회복하려면 고된 외판원 일을 그만두고 자신이 진정으로 하고 싶은 일을 찾고, 사람들과의 교제도 즐기며 자유롭고 넉넉하게 살아야 한다. 자기만 가족을 위해 희생해야 한다는 생각, 오히려 이런 생각을 무의식에 가둬두어야 개성적인 삶을 살 수가 있다. 더 이상 남들의 눈치를 보지 말고 자신만의 개성을 만들어가야 그레고르는 착한 아이를 벗어나게 될 것이다.

우리나라는 전통적으로 예의범절을 중요하게 여기고 체면을 중시해왔다. 그러다 보니 착한 아이를 좋게 여기는 관습이 강하게 존재한다. 예의 바른 아이, 공손하고 겸손한 아이가 자기의 개성을 나타내는 아이보다 긍정적으로 평가받아 온 것이다. 아직도 적지 않은 부모들은 자기 자녀가 착하게 성장하길 바랄지도 모른다. 하지만 기억해야 한다. 항상 착한 아이로만 자라다가는 내면이 멍투성이인 착한 아이, 다시 말해서 그레고르처럼 끔찍한 한 마리의 벌레가 될지도 모른다는 사실을 말이다.

친애하는 내 마음에게

상처받은 내면아이, 어떻게 해야 할까?

존 브래드쇼

#상처받은 내면아이 #착한 아이 콤플렉스
#게슈탈트 심리학 #가족치료
#부정적인 자동적 사고

그레고르는 어른이 되어서도 착한 아이로 여전히 생활했다. 그 까닭은 그레고르의 내면에 상처받은 내면아이가 여전히 존재하고 있었기 때문이다. 그는 어른이 되어서도 버림받을까 봐 착한 행동을 이어간 것이다. 이처럼 상처받은 내면아이는 어른이 되어서도 쉽게 사라지지 않는다.

상처받은 내면아이는 착한 아이 콤플렉스로만 나타나는 것은 아니다. 어린 시절 사랑과 존중을 받지 못했거나 욕구가 좌절된 경험이 정신 깊은 곳에 미해결 과제로 남아 다양한 형태로 성인기에 영향을 준다. 예를 들어 어린 시절 다정다감했던 아버지를 교통사고로 잃은 여성이 있다고 하자. 이 여성은 배우자로 어떤 남성을 택하게 될까? 만약 아버지를 마음속에서 떠나보내지 못한 내면아이가 존재한다면, 그녀는 배우자로 아버지를 닮은 사람을 선택할 가능성이 크다. 내면에 미해결된 과제를 풀어내려고 자신도 모르게 아버지를 닮은 남성을 선택하는 것이다.

여기서 미해결 과제란 게슈탈트 심리학⁴에서 활용하는 개념으로 아직 완결되지 않았거나 해결되지 못한 삶의 과제를 의미한다. 이런 미해결 과제는 새로운 과제에 집중하는 것을 방해하거나 간섭하는데, 이를테면 끝내지 못한 과제가 있을 때 다른 과제에 집중할 수 없는 것과 비슷하다. 만약 어린 시절 해결되었어야 할 과제가 해결되지 못했다면, 그것은 사라지지 않고 정신의 주위를 맴돌며 현실을 간섭하고 방해하는데, 그중 하나가 상처받은 내면아이다.

상처받은 내면아이는 현실을 바로 인식하지 못하게 만든다. 앞서 예를 들었던 여성은 결혼 생활이 어땠을까? 아버지를 닮았다는 이유로 결혼했지만, 그 후의 생활에서는 예상하지 못한 상대의 단점들이 나타나게 되면서 그것들이 갈등의 씨앗이 되었을 수도 있다. 상처받은 내면아이가 상대방을 객관적으로 인식하고 판단하는 것을 간섭하고 방해해 배우자 선택을 그릇되게 만든 셈이다.

또 다른 사례도 있다. 유난히 둘째를 예뻐하고 첫째에게는 소홀한 아빠가 있다고 해보자. 어째서 첫째보다 둘째에게 더 많은 관심을 기울일까? 그 까닭은 당사자가 어린 시절 둘째로 자라면서 제대로 사랑

친애하는 내 마음에게

을 받지 못했고, 그런 까닭에 자기가 부모가 되면 둘째에게 사랑을 듬 뿍 줘야 한다고 자신도 모르게 생각했기 때문일 수 있다. 결국 내면아 이의 간섭으로 제대로 된 양육 태도를 갖추지 못한 것이 된다.

아이에게 유독 집착하는 엄마는 어린 시절 자신의 엄마로부터 제 대로 양육받는 경험을 하지 못했을 가능성이 크며, 가족에게 폭력을 휘두르거나 학대를 일삼는 사람이 있다면, 어린 시절 억눌린 분노를 지닌 내면아이가 만들어졌을 가능성이 높다. 그뿐일까? 극단적으로 는 내면아이의 고통이 불쑥불쑥 현실의 고통으로 찾아올 때도 있다. 이들은 고통의 순간을 잊기 위해 알코올 등 약물에 의존하는 모습을 보인다. 이처럼 어린 시절의 상처받은 내면아이는 쉽게 사라지지 않 은 채 현실의 삶에 부정적인 영향을 미친다.

그렇다면 이런 내면아이를 어떻게 치유해야 할까? 가장 먼저 자신 에게 불쑥불쑥 찾아오는 생각이나 행동의 패턴을 발견하는 일이 필 요하다. 가족치료 전문가 최광현 교수에 따르면 내면아이는 아론 벡 의 개념인 부정적인 자동적 사고와 같아서 당사자는 자신의 생각이 나 행동을 그때그때 인지하지 못할 때가 많다. 따라서 생각과 행동이 언제 어떻게 반복되는지 파악해두는 것이 필요하다. 일지를 작성해 서 반복되는 패턴을 파악한 뒤 자기의 내면아이와 대화를 시도하는 것은 좋은 방법이다. 그런 다음 자동적 사고가 떠오를 때마다 'Stop' 이라고 크게 외쳐야 한다. 당장 효과가 없더라도 적어도 자동적 사고 를 경계할 수는 있다.[5]

현재의 가족들이 지지와 공감을 해주는 것도 큰 도움이 된다. 내면 아이를 지닌 사람의 마음을 읽어주고 그것에 공감하며, 정서적으로 지지해주면 내면아이의 불안이 감소할 수 있다. 내면아이가 출현했을 때 차분히 이야기를 경청하고 따뜻하게 안아주면서 공감하면 당사자는 한바탕 울고 난 후 정서적으로 정화를 경험할 수도 있다. 당사자도 과거의 내면아이에 얽매이기보다 현재의 가족에 집중하려고 노력한다면 결과는 긍정적일 것이다.[6]

만약 가능하다면 상처를 준 가족과의 접촉을 시도하는 것도 좋은 방법이 될 수 있다. 경험적 가족치료의 선구자 버지니아 사티어Virginia Satir는 상처받은 내면을 치료할 때, 해당 가족에게 신체적인 접촉을 꾸준히 권했고 그 결과 오래된 미해결 과제가 서서히 사라지는 효과를 얻었다. 신체 접촉이 감각을 통해 정신적인 친밀감으로 이어지고 결과적으로 화해가 이루어진 것이다.[7] 물론 이런 방법들은 당사자끼리 해결하기에는 한계가 있다. 객관적으로 상황을 주목하고 코칭을 해줄 상담 전문가의 조언을 받는 것이 좋다. 하지만 그 무엇보다도 상처받은 내면아이가 형성되지 않도록 더 많은 사랑과 더 많은 주의를 가족에게 기울일 필요가 있다.

4부

이게 다 성격 때문이야

성격장애와 번아웃 증후군

대체로 심리적 이상 증상은 부정적인 사건이 영향을 미쳐서 발생한다. 그러나 성격장애는 특정 사건이 아닌 개인의 심리적인 특성을 이유로 생활에 부적응 양상이 나타난다. 성격장애는 사고의 유형과 행동 특성에 따라 크게 A군, B군, C군 성격장애로 나뉘는데, A군 성격장애는 사회적으로 고립된 채 기이한 성격 특성을 지니며, B군 성격장애는 행동이 극적이고 감정적이며 변덕스러운 특성을 지닌다. C군 성격장애는 불안과 두려움을 많이 느끼는 성격장애를 가리킨다. 해당 작품은 순서에 따라 앙드레 지드의 「좁은 문」, 괴테의 「파우스트」, 채만식의 「태평천하」를 선정했다. 마지막으로 번아웃 증후군은 최근 세계보건기구WHO에서 건강을 위협하는 요인으로 인정할 만큼 우리 사회가 주목해야 할 정신병리 현상이다. 해당 작품은 허먼 멜빌의 「필경사 바틀비」다.

어쩌다 은둔형 외톨이가
되었을까?

「좁은 문」_ 앙드레 지드Andre Gide

유석 씨는 차량용 내비게이션 소프트웨어 개발 팀장이다. 개발팀 프로그래머는 유석 씨를 포함해서 총 일곱 명으로 요즘 신모델 출시를 준비 중이어서 모두들 마음이 바쁘다. 그런데 문제가 생겼다. 사흘 전부터 동영상 파트를 담당하던 하진 씨가 연락이 닿지 않는다.

"하진 씨 아직도 연락 안 돼?"

"네. 휴대폰도 꺼져 있고, 메신저도 안 돼요. 또 잠수 탄 것 같아요."

"우리한테 알려준 주소도 가짜던데. 이 친구를 어떻게 찾는담."

하진 씨의 잠적은 어제오늘 일이 아니다. 실력은 뛰어나서 프로그램을 설계할 때나 시스템이 충돌할 때 하진 씨의 역량은 빛을 발했다. 고등학교를 갓 졸업한 친구를 사장이 직접 챙겨서 데려올 만큼 하진 씨의 실력은 출중했다. 그런데 안타깝게도 하진 씨는 사람들과 전혀 어울리려고 하지 않았다. 사실 개발팀 일은 출퇴근이 비교적 자유로 웠다. 어차피 프로그램 개발이라서 회사에서는 재택근무도 얼마든지 허용해주었다. 하지만 직원들은 사무실에 나와서 작업하길 좋아했다. 어울리는 재미도 있고, 혼자서 해결하기 어려울 때 도움받기도 쉽기 때문이었다.

그런데 하진 씨는 사무실에 나오는 일이 극히 드물었다. 사장 말로는 프로그래밍에 미쳐서 그런지 사람 대하는 것을 극도로 꺼리고 웬만하면 외출도 거의 하지 않는다고 했다. 화상 회의를 하는 날에도 무표정하고 무뚝뚝하게 말할 뿐, 인사 한번, 농담 한번 하질 않았다. 그뿐인가. 나중에는 아예 화면을 꺼두고 문자 채팅으로 메시지를 주고받을 뿐이었다.

한번은 닷새가 넘도록 전혀 연락이 안 된 적도 있었다. 더 놀라운 것은 연락이 안 된 이유였다. 그 사이 아버지가 교통사고로 돌아가셨다는 것이다. 하진 씨는 회사에 사정을 알리지 않았고, 연락이 안 된 까닭을 따져 묻자 그제야 아버지의 사망 소식을 무덤덤하게 말할 뿐이었다. 그에게서는 놀라움도, 슬픔도, 아쉬움도 찾아보기 어려웠다.

그런 하진 씨가 또다시 연락 두절이다. 프로그램 출시가 코앞인데, 하진 씨는 대체 어디에 꼭꼭 숨어 나타나질 않는 걸까?

심리학에서는 하진 씨와 비슷한 경우를 가리켜 조현성 성격장애라

친애하는 내 마음에게

고 한다. 히키코모리라는 말을 한 번쯤 들어봤을 것이다. 우리말로 번역하면 은둔형 외톨이. 아직 하진 씨가 은둔에까지 이른 것은 아닐 수 있지만, 이 상태가 지속되고 심화된다면 그는 은둔형 외톨이가 될 가능성이 매우 높다. 왜 하진 씨는 모든 인간적인 관계를 거부하는 것일까? 어째서 이런 성격이 만들어지는 것일까?

앙드레 지드의 소설 「좁은 문」에는 하진 씨와 마찬가지로 스스로 은둔형 외톨이로 살아가는 한 인물이 등장한다. 그녀의 이름은 '알리사'. 그녀는 자기가 사랑했던 사람마저 외면한 채 홀로 죽어가는 길을 택한다. 그녀는 어쩌다 사랑마저 포기하는 삶을 선택한 것일까?

📝 원작 열기 1

열두 살 무렵 아버지를 여읜 제롬은 방학이 되면 공기 좋은 노르망디의 작은 마을 르아브르로 떠난다. 그 근처 퐁그즈마르에는 뷔콜랭 외삼촌 댁이 있고, 그곳에서 여름 내내 한가롭게 머물 수 있기 때문이다.

뷔콜랭 외삼촌에게는 세 명의 자녀가 있었다. 맏이가 알리사, 둘째가 줄리에트, 셋째가 로베르다. 알리사는 제롬보다 두 살이 많고, 줄리에트는 한 살이 적었으며, 로베르가 가장 어렸다. 제롬은 우아하고 정숙한 알리사와 대화를 즐기며 시간을 보냈고, 줄리에트랑 로베르와는 어린아이들 특유의 장난질을 하곤 했다.

뷔콜랭 외숙모는 몹시 아름다웠다. 그녀는 본래 식민지 태생이 었는데, 고아로 떠돌던 아이를 보티에 목사 부부가 거두었고, 세월 이 흘러 열여섯 살이 되자 그녀에게 반한 뷔콜랭 외삼촌과 결혼하 게 되었다. 외숙모는 늘 가슴이 깊이 파인 옷을 입었고 새까만 목 걸이를 하고 있었는데, 나이보다 훨씬 앳돼 보였다. 그녀는 가족 일에 전혀 신경 쓰지 않았다. 점심식사가 끝나야 비로소 자기 방에 서 내려왔고, 그 이후에도 소파에 드러누워 있을 뿐이었다.

아버지가 돌아가시고 2년 뒤, 제롬이 부활절 방학을 보내기 위 해 르아브르로 떠났을 때였다. 그곳에서 제롬은 기이한 광경을 보 게 된다. 외삼촌은 나가시고 없던 그때, 한 젊은 장교가 외숙모의 침실에 있었다. 얼마 후 일이지만 외숙모는 그 젊은 장교와 놀아나 집을 떠나고 말았다.

제롬은 알리사를 찾았다. 그녀의 얼굴은 이미 눈물로 젖어 있었 다. 제롬은 어렴풋이 무슨 일이 일어났는지 짐작할 수 있었다. 하 지만 그것보다도 눈앞에서 파닥거리는 작은 영혼의 흐느낌이 너 무나 슬프게 느껴졌다. 제롬은 알리사의 머리를 가슴에 꼭 끌어안 고 이마에 입술을 맞췄다. 그러고는 사랑과 연민에 취해, 앞으로 자기 삶을 오직 이 소녀를 지키는 데 쏟겠다고 다짐했다.

제롬은 주일 예배 때 알리사와 함께 설교를 들었다.

"좁은 문으로 들어가기를 힘쓰라. 멸망으로 인도하는 문은 크고 그 길이 넓어 들어가는 자가 많고, 생명으로 인도하는 문은 좁고 협착하여 찾는 이가 적음이니라."

제롬은 괴로움과 슬픔을 이겨내고 하나님의 길에 이르도록 노력하면 언젠가 알리사와의 사랑도 결실을 맺을 거라 여겼다.

알리사도 제롬을 사랑했다. 하지만 그녀의 사랑은 독특했다. 제롬을 사랑한다고 말하면서도 제롬과 가까이 있을 때면 무척 어색해했고, 제롬의 약혼 제의도 회피하려 들었다. 그녀는 제롬이 서로 하나가 되자는 말을 건네면 이렇게 말했다.

"너희는 먼저 하나님 나라와 그 의를 구하라."

알리사는 기독교적인 신앙 안에서 제롬의 사랑을 받아들이려 했다. 하지만 알리사도 제롬이 곁에 없을 때면 그를 그리워하며 편지를 보냈다. 적어도 편지에서만큼은 제롬에게 한없이 다정했다. 그러면서도 한편으로 제롬이 자기에게 실망할까 봐 두려워한다.

█ 최초의 관계 실패가 낳은 비극

사촌끼리의 결혼은 유럽에서 불법이 아니다. 세계적으로 보면 사촌끼리의 결혼을 허용하는 나라가 그렇지 않은 나라보다 훨씬 많다. 그러니 제롬이 알리사와 혼인하려는 것 자체를 이상하게 여기지는 말자. 문제는 알리사다. 알리사는 편지에서 항상 제롬을 사랑한다고 표현한다. 어떤 편지글은 애처롭기까지 할 만큼 알리사의 제롬에 대한 간절한 사랑이 나타나 있다. 그런데 그녀는 어째서 제롬을 만나기만 하면 피하려 드는 걸까? 그녀는 제롬만 피했던 것이 아니다. 소설에서 묘사하는 알리사의 삶은 답답하기 그지없다. 집 밖을 통 나가질 않으니 말이다.

어째서 이런 일이 벌어지는 것일까? 우선 종교적인 이유가 있다. "좁은 문으로 들어가기를 힘쓰라." 그런데, 그 문은 알리사의 생각으로는 지상의 사랑과 행복으로는 들어갈 수가 없다. 오직 고통과 희생만이 그 문을 열 수 있다. 청교도의 금욕적인 윤리가 그녀를 옭아맨 것이다.

하지만 그게 전부일까? 알리사의 어린 시절을 떠올려보자. 그녀의 어머니는 바람기 많은 여자였다. 가족 일에는 전혀 신경을 쓰지 않았고, 끝내 젊은 장교와 달아나기까지 했다. 그런 그녀가 알리사를 제대로 돌봤을까? 아마도 알리사를 거부했거나 정서적인 학대, 혹은 방임했을 가능성이 높다.

심리학자 마이클 발린트Michael Balint는 이처럼 어린 시절 부모와 관계가 어긋날 경우 기본적으로 타인과 관계를 맺는 능력에 결함이 생기고 이것이 심화되면 조현성 성격장애로 이어질 수 있다고 보았다.[1]

조현성 성격장애란 타인과의 친밀한 관계 형성에 관심이 없고, 감정 표현이 부족해 사회적 적응에 어려움을 나타내는 성격장애를 일컫는다. 이 경우 친밀한 관계를 형성하지 못한 채 스스로 고립되어 단조롭고 메마른 삶을 살게 된다.

알리사를 보라. 그녀의 삶은 그야말로 단조롭다. 독서, 아니면 제롬에게 편지 쓰기, 그 외에는 늙은 아버지와 살림을 돌보는 것이 생활의 전부다. 중산층에 속했지만 사교계에 나가지도 않았고, 가족 외에 친

친애하는 내 마음에게

구도 없으며 여행은커녕 학교 교육조차 꺼렸다. 그녀는 어머니와 정반대로 집 밖으로 거의 나가지 않는 은둔형 외톨이로, 어떤 사회적 활동도 하지 않은 채 살아가고 있었다.

▌우리, 서로 사랑하기는 하는 걸까?

소설에서 가장 답답한 것은 알리사와 제롬이 서로 사랑한다면서 제대로 된 스킨십조차 하지 않는다는 사실이다. 서로 사랑한다면 사랑의 가장 기본적인 감정인 친밀감, 열정, 헌신이 나타나야 할 것이다. 그런데 제롬과 알리사 사이에는 친밀감보다는 어색함이, 열정보다는 신앙이나 논리가, 헌신보다는 서로에 대한 실망과 좌절이 놓여 있는 것처럼 보인다. 왜 이러는 것일까? 서로 사랑한다면 포옹이나 키스, 적어도 달콤한 사랑의 말들이 오고 가야 하지 않을까? 둘 사이에 친밀함도 없고, 이성으로서의 끌림도 없다면 그것이 어떻게 사랑이 될 수 있을까?

이런 상황이 벌어진 까닭은 역시 알리사의 성격장애에 있다. 조현성 성격장애자들은 친밀한 관계를 즐기기는커녕 처음부터 관계 자체를 원하지 않는다. 항상 혼자서 하는 활동을 선택하며, 다른 사람과의 성 경험을 갖는 일에도 전혀 흥미가 없다. 그들은 정서적인 냉담과 무관심, 둔한 감정 반응만을 보일 뿐이다.[2]

이러한 성격 특성에는 부정적인 자기개념이 내재하고 있다. 자기를 부정적으로 여기기 때문에 상대방이 내비치는 친밀감을 한사코 경계하는 것이다. '저 사람이 어째서 나 같은 사람에게 친절을 베풀지?', '그가 왜 날 사랑하지?', '부모로부터 거부당하고, 학대받은 나를 좋아할 리 없잖아.' 이런 생각들이 조현성 성격장애자들에게 존재하며 이는 대인관계 회피로 이어진다.

인지심리학자들에 따르면 이들은 주로 '나는 홀로 지내는 것이 낫다', '사람들만 없다면 사는 게 복잡할 게 없다', '아무도 간섭하지 않는 게 편하다', '사람들과 거리를 두며 사는 게 편하다', '나는 사람들과 어울리기에는 부적절한 사람이다'라는 생각을 지닌다. '상관하지 마라. 난 이대로가 좋다.' 이것이 그들의 삶의 방식이다.[3]

소설 속에서 알리사 역시 부정적인 자기 감정에 휩싸여 있다. 그녀는 자신이 제롬보다 나이가 많다는 것을 계속 부각시키며 제롬에게 세상 경험을 더 많이 쌓고 다른 여자들도 더 많이 만나보라고 말한다. 그러면서 자신이 제롬에게 어울리는 여자가 아닐 거라고 여긴다. 그녀는 약혼을 재촉하는 제롬에게 이렇게 말한다.

"이대로가 좋아, 우리 사이에 더 많은 행복은 필요 없어."

📝 원작 열기 2

알리사가 제롬과 약혼을 주저했던 까닭은 한 가지 더 있었다. 바로 동생 줄리에트가 제롬을 남몰래 사랑하고 있었기 때문이다. 알리사는 이를 눈치채고 동생을 위해 제롬을 양보하려 했다.

하지만 줄리에트도 만만치 않았다. 그녀 역시 언니 알리사와 제롬의 사랑을 방해하지 않으려 했는데, 때마침 그녀에게 순박한 테시에르가 청혼을 해왔고, 줄리에트는 서둘러 사랑 없는 결혼을 한다. 다행히 테시에르는 사려 깊은 사람이었고, 시간이 흐를수록 줄리에트도 마음을 정리하고 테시에르와 단란한 일상을 보냈다.

이제 알리사와 제롬의 사랑에는 거칠 것이 없었다. 가족들은 모두 제롬과 알리사가 언제라도 약혼하기를 바랐다. 제롬은 한결같이 알리사를 사랑했고 그녀를 기다렸다. 하지만 알리사는 달랐다. 제롬을 사랑하면서도 무슨 까닭인지 거리를 좁히지 않았다. 그 사이 제롬은 고등사범학교에 진학했고, 유럽 여행을 두루 다녔으며, 그때마다 알리사에게 편지를 썼다. 알리사도 답장을 했다. 그녀는 편지에서만큼은 마치 자신이 제롬과 함께 여행이라도 하듯 정겹게 글을 썼다.

세월이 흐르고 제롬은 군에 입대했다. 둘의 편지 교류는 여전했고 제롬은 서서히 그녀에게 지쳐갔지만 그녀와의 사랑을 포기하지 않았다. 부활절 즈음 제롬은 휴가를 나와서 다시 알리사를 찾았다.

"알리사, 이제 줄리에트가 행복하게 되었으니, 우리도 이대로가 아니라……."

"제롬! 네 곁에서 나는, 인간으로서 행복할 수 있는 것보다 훨씬 큰 행복을 느껴. 하지만 내 말을 믿어줘. 우리는 행복을 위해 태어난 게 아니야."

"인간이 행복보다 더 바라는 것이 무엇인데?"

알리사는 아주 낮은 목소리로 중얼거렸다.

"성스러움……."

제롬은 허무했다. 모든 행복이 하늘로 사라지는 것만 같았다.

그렇게 헤어지고 3년 후, 제롬은 다시 알리사를 만난다. 외삼촌이 돌아가시고 홀로 지내는 알리사가 마음속에 걸렸기 때문이다. 다시 만난 알리사는 가벼운 미소를 짓고 있었지만 곧 쓰러질 것처럼 야위고 파리해 있었다.

"아직 늦지 않았어! 알리사!"

"아니야, 제롬. 이제 늦었어. 우리가 사랑을 통해서 사랑보다 더 좋은 것을 서로에게 엿본 그날부터 이미 늦은 거야. 하나님께서는 우리를 위해 더 좋은 것을 예비하셨어. 잘 가! 내 사랑, 이제부터 시작되는 거야. 더 좋은 것이."

그로부터 한 달 후, 제롬은 줄리에트로부터 편지 한 장을 받는다.

"우리의 가엾은 알리사는 이제 이 세상에 있지 않아……."

▌혼자 하는 일은 나도 잘해!

홀로 요양원으로 들어가 삶을 마감하는 알리사. 그녀는 그토록 자기만 바라보던 제롬을 어째서 끝내 거절했을까? 도대체 알리사는 누구에게, 어떤 일에 애착을 느꼈던 것일까?

알리사가 가장 즐겨 했던 것은 글쓰기였다. 그녀는 실제 누군가와

친애하는 내 마음에게

만나 이야기를 나누기보다 글을 통해서 훨씬 더 정답고 자유로운 표현을 즐겼다. 글로 생각하고, 글로 여행하며, 글로 사랑하는 알리사. 제롬과의 편지 교환은 물론이고 소설의 후반부는 온통 알리사의 일기로 채워져 있다.

편지는 서로의 안부를 주고받는 의사소통 도구지만 쌍방향 대화는 아니다. 즉각적인 피드백 없이, 일방적으로 자신의 의사를 전달할 수 있는 글, 그것이 편지다. 일기 역시 마찬가지다. 오로지 자기 내면에만 충실하면 되는 글이다. 정리하자면 알리사는 혼자 하는 일은 누구 못지않게 애착을 가지고 잘 수행했다. 뜨개질, 집안일, 독서, 기도, 사랑까지. 그녀는 제롬을 사랑했지만, 제롬과 함께 사랑한 적은 없다.

이런 알리사의 모습은 조현성 성격장애를 지닌 이들과 상당히 일치한다. 이들은 혼자 하는 일은 별 어려움 없이 해낸다. 집 안에 틀어박혀 게임을 즐기는 은둔형 외톨이를 살펴보자. 이들은 누구 못지않게 게임의 고수다. 게임뿐만이 아니다. 때로 직관적이고 예술적인 분야에서 상당히 뛰어난 재능을 보이기도 한다. 겉으로는 정서가 메말라 보이고, 대인관계에 무관심해 보여도 속으로는 아주 예민하고 창조적인 면이 숨어 있다. 이처럼 조현성 성격장애는 홀로 하는 일만큼은 남들 못지않게 해낸다.

알리사가 제롬에게 남긴 마지막 말을 다시 되뇌어보자. "잘 가! 내 사랑, 이제부터 시작되는 거야. 더 좋은 것이." 그녀는 홀로 죽어가며 '더 좋은 것'이 시작된다고 말한다. 그녀가 무엇을 추구했건, 그녀는 자신이 추구한 것을 긍정했다. 하지만 그것은 어디까지나 혼자서다. 그녀의 '더 좋은 것'은 연인과 영원히 이별하며 시작되지 않는가?

▮ 신앙, 도그마 혹은 공상

알리사가 혼자 하던 일, 그중에서 가장 강력하게 그녀의 영혼을 지배했던 것은 신앙이었다. 그녀가 말한 '성스러움', '사랑보다 더 좋은 것'은 다름 아닌 기독교적인 구원을 의미한다. "좁은 문으로 들어가기를 힘쓰라. 멸망으로 인도하는 문은 크고 넓고, 생명으로 인도하는 문은 좁으니라." 이 말대로 알리사는 '좁은 문'으로 들어가기를 힘썼고, 그 문으로 들어가기 위해 제롬과의 사랑을 포기했다.

그녀가 이렇게까지 금욕적으로 살았던 건 그녀의 어머니가 젊은 장교와 달아나버린 일과 깊은 관련이 있다. 그녀는 어머니의 행실에 대해 속으로 분노했고, 자신만큼은 어머니처럼 살아서는 안 된다고 여겼다. 지상에서의 행복을 좇은 어머니, 알리사는 그런 어머니를 따를 수 없었고, 그런 행복이 다가오려 하면 죄책감과 수치심을 느꼈을 것이다. 그녀는 좁은 문으로 향하는 길 위에서 정신적 안식을 느끼며 "사람을 믿는 자는 불행하니라(예레미아 17장 5절)"라는 성경구절을 삶의 모토로 삼았다.

그러나 '좁은 문'이란 무엇인가? 그것은 일종의 도그마다. 다른 일체의 생각이나 비판을 허용하지 않고 맹목적으로 따르기를 강제하는 명제, 다른 생각이 들어가기에는 너무나 좁고 협소한 정신적 통제의

친애하는 내 마음에게

문, 그것이 '좁은 문'이다. 실제로 많은 연구자와 비평가들은 소설 「좁은 문」이 종교적 신비주의, 지나친 금욕주의, 광적인 자기희생을 보여주면서 '도그마화된 종교의 위험성'을 고발하고 있다고 평가한다.

조현성 성격장애가 위험한 것은 바로 이 지점이다. 조현성 성격장애를 지닌 이들은 흔히 내면적인 공상 세계에서 자신의 좌절된 욕구를 실현하려는 경향을 보인다. 이들은 현실과 단절된 공상 속에서 만족을 느끼고 그 안에 머무르기를 원한다. 알리사에게 공상은 다름 아닌 도그마화된 종교다. 그녀는 그 안에서 다른 일체의 것들을 거부한 채 홀로 있기를 원한다. 그녀는 '넓은 문', 곧 현실로 가기를 원치 않았고 세속적인 현실이 아니라 성스러운 공상을 선택했다. 안타깝게도 공상은 현실을 더욱 부정하고 외면하게 만든다. 시간이 흐를수록 공상은 더없이 확장되지만 현실의 삶은 황폐해진다. 그리고 마침내 쓸쓸한 죽음. 그녀를 지켜보는 사람들의 마음은 어땠을까? 그녀를 사랑했던 제롬과 줄리에트는?

▌서두르는 것은 금물, 필요한 것은 인내심

조현성 성격장애자들은 스스로 공상 속에 갇혀 살아간다. 일상 속에서 가장 흔한 예는 쉽게 짐작할 수 있듯이 게임에 빠져 사는 것이다. 단순히 온라인 게임만이 아니다. 몇 날 며칠을 블럭만 조립하거나, 동료들과의 일은 팽개치고 혼자서 자기 일에만 몰두하고 있다면, 그것도 일종의 게임이며 공상이자, 자기만의 세계다.

가장 큰 문제는 이들이 스스로 사회적 고립을 편하게 느끼고 있다는 사실이다. 그렇기 때문에 이 증상은 개선의 여지가 높지 않다고 알려져 있다. 알리사를 보라. 그녀는 죽음 앞에서도 혼자 지내길 택하지 않았던가. 그렇다면 이들을 그대로 둬야 할까?

우선 제롬의 방식은 피하는 게 좋다. 제롬은 사실 끊임없이 알리사에게 심리적인 부담을 주었다. 만나는 순간마다 약혼, 혹은 결혼을 이야기했으니 알리사가 심리적으로 압박감을 느낄 만하다. 게다가 제롬은 알리사의 소극적인 태도에 감정적으로 대응했다. 알리사의 입장에서 보면 제롬은 불편하기 짝이 없는 존재였을 것이다. 그러니 홀로 있는 이들에게 지나치게 관계를 강제해서는 안 된다.

제롬이 알리사와의 결혼을 포기했더라면 어땠을까? 그랬다면 두 사람 사이의 친밀감은 줄어들겠지만 오히려 편안함은 증가했을 것이다. 현실에서도 마찬가지다. 조현성 성격장애를 지닌 이들에게 지나치게 친밀한 관계나 사회적 역할을 요구하기보다는 편안한 관계를 유지하도록 유도하는 게 바람직하다. 편안함 속에서 이들이 지닌 타인에 대한 거부감은 한결 줄어들 것이다.

이들이 생활 속에서 즐거운 경험을 느끼도록 해주는 것도 효과적인 방법이다. 다른 사람과의 최소한의 상호작용만 하면서 마음 편하게 일할 수 있는 직업을 선택하게 해주는 것도 좋은 방법이다.⁴ 알리사의 경우 그녀 스스로 자기희생과 금욕을 실천하기를 원했으므로, 그런 일들을 사회적으로 제공해주는 것도 방법이다. 보육원이나 요

친애하는 내 마음에게

양 시설에서 봉사를 하며 아주 천천히 관계를 쌓게 한다면 공상과 자기만의 세계 속에서 천천히 걸어 나올 수 있을지 모른다. 다만, 이런 경험을 제공할 때는 개인의 특성을 잘 살펴서 조심스럽게 접근하는 게 좋다.

무엇보다도 조현성 성격장애를 지닌 이들은 인간관계에 소극적이라는 것을 기억해야 한다. 그들이 보이는 침묵과 소극적인 태도를 거부하거나 부정하지 말고 능동적으로 수용해주면서 서서히 관계가 형성되도록 노력해야 한다. 서두르는 것은 금물이고, 필요한 것은 인내심이다.

기이하고 독특한 A군 성격장애

그녀의 비극은 무엇 때문일까?

#A군 성격장애 #히키코모리

#은둔형 외톨이 #조현성 성격장애

#조현형 성격장애 #편집성 성격장애

알리사의 삶은 누가 보더라도 비극이었다. 주목할 것은 그녀를 괴롭히거나 억압하는 존재가 소설 속에 전혀 등장하지 않는다는 사실이다. 물론 어머니가 바람을 피우고 달아난 게 정신적으로 큰 충격을 주었을 것이다. 그러나 그것이 직접적으로 알리사의 삶을 파국으로 이끌었다고 보기는 어렵다. 그녀가 비극적으로 살았던 까닭은 다른 데 원인이 있는 게 아니라 그녀 스스로 그렇게 살도록 만든 자신의 성격 때문이었다. 이처럼 외부의 부정적 사건이 아니라 개인의 심리적인 특성을 이유로 생활에 부적응 양상이 나타날 때 이를 성격장애라고 한다.

성격장애는 대체로 청소년기나 성인기 초기에 나타나며 시간이 흘러도 변하지 않고 지속되는 경향이 강하다. 또한 일상생활에 상당한

장애를 초래하는 행동 특성과 사고방식을 지니는데 그 유형에 따라 크게 A군, B군, C군 성격장애로 나뉜다.

A군 성격장애는 사회적으로 고립된 채 기이한 성격 특성을 지니는 성격장애이며, B군 성격장애는 행동이 극적이고 감정적이며 변덕스러운 성격 특성을 나타내는 유형이다. 마지막으로 C군 성격장애는 불안과 두려움을 많이 느끼는 성격장애를 가리킨다.[5]

소설 속 알리사가 겪고 있는 성격장애는 A군 성격장애로 조현성 성격장애에 해당한다. 관계 형성에 무관심하고 감정 표현을 하지 않으며 대인관계에서 스스로 고립을 자초하는 성격이 바로 조현성 성격장애다. A군 성격장애에는 알리사가 겪은 조현성 성격장애 외에도 조현형 성격장애와 편집성 성격장애가 있다.

먼저, 조현형 성격장애는 사회적으로 고립되어 있고, 기이한 생각과 행동을 한다는 점에서 조현성 성격장애와 매우 유사하다. 다른 점은 그 정도가 더 심해서 아주 사소한 일을 가지고도 기괴한 말과 행동을 한다는 점이다. 조현형 성격장애는 본격적인 조현병 단계는 아니지만 심한 스트레스를 받으면 일시적으로 정신증적인 이상 증상을 보이기도 한다.

다음으로 편집성 성격장애란 타인에 대한 강한 불신과 의심을 가지고 상대를 적대적으로 대하며 사회적으로 부적응을 겪는 성격 특성을 가리킨다. 이들은 주변 사람들과 지속적인 갈등과 불화를 일으킨다.

한 가지 예를 들어 보자. 의약품 연구소에 근무하는 책임연구원 K 씨가 있다. 그는 평소에 세상에 부당한 일이 너무 많다고 생각하고 있으며, 직장 상사와 동료들까지 모두 이기적이라고 여기며 지냈다. 그래서인지 그는 자신의 연구 자료를 항상 이동식 디스크에 가지고 다닐 정도였다. 어느 날 K씨가 발표를 하는데 선임 연구원 중 한 명이 자신의 발표를 비판하자 K씨는 속으로 앙심을 품었다. 그러다 해당 연구원이 발표할 때가 되자 그는 갑자기 자리를 박차고 일어나 그가 자신의 아이디어를 도용했다고 비난하며 공개적으로 망신을 주었다.

K씨는 집안에서도 아내의 씀씀이와 외출을 엄격히 통제했으며 아내가 혹시 다른 사람과 만나는 것은 아닌지 의심을 거두지 않았다. 그뿐만 아니라, 평소에 그는 자신이 다른 사람의 허위와 가식을 아주 잘 가려내는 사람이라며 주변 사람들에게 적잖이 스트레스를 주고 있었다.

이처럼 타인을 의심하고 적대적으로 대하며 그 태도가 사회적으로 부적응을 일으킬 수준이 되면 편집성 성격장애를 지녔다고 할 수 있다. 대체로 편집성 성격장애는 어린 시절 부모로부터 가학적인 양육을 받은 이들에게서 주로 나타난다. 이 과정에서 자신은 물론이고 타인에 대한 가학적인 태도를 내면화했고, 이 때문에 남이 자신을 비판하면 자신을 보호하기 위해 타인을 공격하게 된다는 것이다. 이들은 '사람들은 기만적이다', '사람들은 틈만 나면 나를 공격할 것이다', '늘 긴장하고 경계해야 나에게 피해가 없다'는 신념을 내면화하고 있어서 그 성격적 특성을 바꾸기 어렵다.

편집성 성격장애를 지닌 이들은 스스로 자신의 문제를 인식하지 못하는 경향이 강해서 치료가 매우 어렵다고 알려져 있다. 이들을 치료하기 위해서는 무엇보다 이들에게 솔직하고 개방적인 자세로 신뢰감을 주는 일이 중요하다. 신뢰 관계가 견고해야 자신이 겪고 있는 정신적인 문제들을 솔직하게 털어놓을 분위기가 형성되고, 문제를 객관적으로 바라볼 수 있기 때문이다. 대부분 성격장애가 그렇듯이 자신의 성격에 문제가 있다는 자각이 없이는 변화를 기대하기 어렵다. 다음은 편집성 성격장애를 지닌 이들의 진단 기준이다.[6] 네 가지 이상의 항목에 해당한다면 증상을 의심해야 하는 수준이다. 혹시라도 해당되는 게 있는지 자신을 점검해보자.

① 충분한 근거 없이 타인이 자신을 착취하고 해를 주거나 속인다고 의심한다.
② 친구나 동료의 성실성이나 신용에 부당한 의심을 한다.
③ 자신이 말하는 정보가 악의적으로 이용될까 봐 두려워 이야기하기가 꺼려진다.
④ 타인의 말이나 일련의 사건 속에서 자신을 비하하거나 위협하는 숨은 의미를 찾으려 한다.
⑤ 원한을 오랫동안 풀지 않는다. 모욕이나 경멸 등을 용서하지 않

는다.

⑥ 다른 사람은 그렇게 생각하지 않는데, 자신의 인격, 명성이 공격
당했다고 생각하고 즉시 화를 내거나 반박한다.

⑦ 근거 없이 배우자나 연인의 정절을 반복적으로 의심한다.

친애하는 내 마음에게

잘난 척,
멈출 수 없는 걸까?

「파우스트」_ 요한 볼프강 폰 괴테 Johann Wolfgang von Goethe

　승환 씨는 국내 굴지의 유통기업 전무다. 그런데 그의 나이는 고작 서른. 아버지가 기업 대표이고, 승환 씨도 기업의 상당한 지분을 갖고 있다. 승환 씨는 어릴 때부터 특별한 교육을 받았고, 중고등학교는 물론이고 대학과 대학원 과정까지 모두 미국에서 마쳤다. 그는 전무로 취임한 후, 공격적인 마케팅 전략과 한발 앞선 시장 공략으로 단기간에 매출을 15퍼센트나 끌어올리는 등 후계자로서 입지를 다지고 있었다. 그런데 승환 씨의 성격에는 꽤 큰 문제가 있었다.

　"김 이사, 내가 하나하나 다 챙겨줘야 합니까?"

　승환 씨는 자기보다 스무 살이나 많은 김 이사를 세워둔 채 주먹으로 책상을 두드리며 위압적으로 말했다. 3월 개학 특수와 봄맞이 세일 행사를 앞두고 부서에서 기획한 재고 처리와 판매 촉진 방안이 마음에 들지 않았던 것이다.

"김 이사, 연봉이 얼마죠? 그 연봉 받으면서 일처리를 이렇게 하다니. 한심하네요."

"죄송합니다. 다시 지시를 내리도록 하겠습니다."

"됐고. 머리를 쓰세요, 머리를. 늘 누군가한테 시키기만 하니까 똥인지 된장인지 구분 못 하는 거 아닙니까? 김 이사는 빠져요. 내가 직접 챙길 테니."

승환 씨에게 당한 사람은 김 이사만이 아니다. 그는 시도 때도 없이 회사 직원들에게 모욕을 퍼부었고 자기가 필요한 일이 있으면 휴일도, 밤낮도 없이 직원들을 불러냈다. 그는 밤 시간에 직원들을 불러내 술자리를 하면서 자신이 전무 따위에 앉아 있다는 게 짜증난다고 말하곤 했다. 특히 자기보다 세 살 많은 형이 부사장인 것을 못마땅하게 여기며 자기 재주면 그룹을 세계 일류로 만들 텐데 주변에서 자신의 진가를 알아보지 못해 답답하다고 했다. 그렇게 엉망으로 취하고 나면 그는 직원들을 자기 종처럼 부렸다. 승환 씨는 누가 보더라도 자기 잘난 맛에 사는 사람이었다. 하지만 승환 씨의 내면은 공허하고 쓸쓸했다. 아무도 자신을 진심으로 대해준다는 느낌이 없기 때문이었다. 그는 어느 날부터 독한 술이 늘었다.

자신의 가치를 지나치게 높게 평가하는 승환 씨. 다른 사람은 안중

친애하는 내 마음에게

에 없고 공감 능력도 떨어지며 특별 대우를 바라는 애물단지다. 한술 더 떠 사람들을 자기 내키는 대로 이용하기까지 한다. 이런 모습이 더욱 심화될 경우, 승환 씨는 자기애성 성격장애로 진단받기 쉽다.

자기애성 성격장애를 지닌 이들은 주변 사람을 마치 자기를 위해 존재하는 것처럼 여긴다. 그런 까닭에 주변에 사람이 점점 사라지고, 나중에는 본인 스스로 현실 속의 자신에 만족하지 못한 채 우울이나 분노를 느끼기도 한다. 독일의 대문호 괴테의 걸작 「파우스트」에 등장하는 파우스트 박사도 일종의 자기애성 성격장애 특성을 보이고 있다. 그는 이미 지상에서 자신이 할 수 있는 것을 다했다며 극도의 우울감에 휩싸여 자살을 준비 중이다. 파우스트의 운명은 어찌될까? 자기애성 성격장애를 극복할 수 있을까?

 원작 열기 1

높은 아치형 천장의 비좁은 고딕식 방. 한 사내가 책상 앞 의자에 앉아 있다. 세상의 모든 지식을 섭렵했다고 자부하는 파우스트. 그는 철학, 법학, 의학, 심지어 신학까지 철저히 공부하며 자신이 다른 학자나 목사와 달리 신을 닮아가고 있다고 믿었다. 그는 자기보다 나은 존재는 세상에 없으니 이제는 신이 될 날만을 꿈꾸며 살아가고 있다.

그러나 그가 탐구했던 인간의 지식은 한계가 있었다. 아무리 인간의 지식을 완벽하게 탐구해도 궁극적 진리를 깨닫는다는 느낌이 없었다. 오히려 지식을 탐구하면 할수록 기존에 느꼈던 즐거움과 자부심은 사라지고 우울감만 생길 뿐이었다. 이에 파우스트는 마법을 써서 세계를 통괄하는 힘을 알아내고자 대지의 정령을 불러낸다. 그는 대지의 정령에게 당당히 말한다.

"나다, 파우스트. 너와 대등한 존재다. 자, 신을 닮아가는 나를 봐라."

하지만 대지의 정령은 파우스트를 비웃으며 말했다. 파우스트가 신을 닮기는커녕 한 마리 웅크린 벌레처럼 초라한 존재일 뿐이라고. 파우스트는 정령의 말을 받아들일 수 없었다. 그 말을 인정하느니 차라리 스스로 목숨을 끊는 게 나았다.

그런 그에게 악마 메피스토펠레스가 등장한다. 메피스토펠레스는 파우스트를 만나기 전, 이미 하늘에서 신과 내기를 했다. 회의에 빠진 파우스트를 유혹하는 데 성공하면 그의 영혼을 어둠의 세계로 데려가도 좋다는 내기를. 메피스토펠레스는 파우스트에게 거래를 제안한다.

"파우스트, 당신에게 고독에서 벗어나 쾌락을 즐길 기회를 드리겠습니다. 당신이 나와 어울려 세상에 발을 들여놓을 생각이라면, 나는 기꺼이 순종하며 하인이든, 종이든, 무엇이든 다 되어 드리리다! 단, 저세상에서 다시 만나게 되면 당신이 내게 같은 일을 해줘야지요."

"좋다. 내가 자네의 감언이설에 속아 관능의 쾌락에 농락당한다면, 그게 내 최후의 날이 될 것이다. 자, 내기를 하자. 내가 어느 순

친애하는 내 마음에게

간을 향해 **'멈추어라! 너 정말 아름답구나!'** 라고 말한다면, 그때 자네가 날 잡아가라. 내가 뭔가에 집착하는 즉시 자네의 종이 되는 것이다."

파우스트는 자신만만한 태도로 메피스토펠레스와의 내기를 수락한다. 메피스토펠레스는 이제 그를 세상 속으로 데리고 다니며 쾌락에 빠뜨리려 한다.

메피스토펠레스는 파우스트를 마녀에게로 데려갔다. 파우스트는 그곳에서 마녀가 만든 영약을 마시고 20대 청년으로 변신한다. 이후 메피스토펠레스는 욕망으로 들끓는 젊은 파우스트를 순수하고 아름다운 여인 그레트헨과 우연히 마주치게 한다. 파우스트는 그녀를 보자 참을 수 없는 욕정을 느끼고는 악마에게 당장 그녀를 대령하라고 요구한다. 메피스토펠레스의 계략에 넘어가는 파우스트. 그런데 여기서 반전이 일어난다. 그레트헨이 파우스트를 진실하게 사랑하게 된 것이다. 그리고 그녀의 순수한 사랑은 방탕한 파우스트를 정화시켜준다.

계획이 틀어지자 메피스토펠레스는 계략을 꾸며 그레트헨은 자기 어머니를, 파우스트는 그레트헨의 오빠를 살해하도록 만든다. 제정신을 잃은 그레트헨. 그녀는 자신이 낳은 갓난아이까지 우물에 빠뜨려 죽게 만든다. 그녀는 곧 감옥에 갇히고 파우스트가 그녀를 구하러 왔지만 그녀는 도움을 거절한 채 죗값을 받는다. 한순간 악마의 계략으로 범죄를 저질렀지만, 그녀는 끝까지 양심을 지켰고 자기 집안을 파멸시킨 파우스트마저 사랑으로 용서한다.

▌ 최상의 행복도 곧 익숙해질 뿐

자신이 신을 닮아가고 있다고 여겼던 파우스트. 그는 자신을 "박사니, 석사니, 작가니, 목사니 하는 온갖 명칭이들보다 현명하다"고 밝히는가 하면, 자신이 감당하지도 못할 '대지의 정령' 앞에서 "나는 파우스트, 너와 동등한 존재다"라고 무모하게 맞서기도 한다. 이처럼 자기에 대한 사랑이 지나쳐 자신을 비현실적으로 과대평가하고 타인을 무시하며 자기중심적으로 행동하는 것을 심리학에서는 자기애성 성격장애라고 한다. 여기서 '자기애'라는 말은 그리스 신화 속의 인물 나르키소스Narcissos에서 비롯된 말이다. 연못에 비친 자신의 아름다운 얼굴을 너무 사랑해 연못 속에 몸을 던져 죽어버린 나르키소스. 본래 자신을 사랑하는 것은 자연스럽고 건강한 일이지만 나르키소스처럼 자기애가 지나치면 자기애성 성격장애가 초래될 수 있다.

이들의 특성 중 하나는 터무니없이 높은 비현실적인 기대를 갖는다는 점이다. 이들은 실현성이 희박한 욕심을 부리고, 그것이 성취되기를 갈망한다. 무한한 성공과 탁월함, 이상적인 아름다움과 사랑에 대한 공상이 그들의 욕망 대상이다. 하지만 욕망이 채워진다 한들, 그들은 결코 만족하지 않는다. 오히려 더 큰 욕망을 성취하지 못했다고 실망할 뿐이다. 「파우스트」를 인용하자면, "아무도 소망하던 것을 품안에 간직할 수는 없다. 최상의 행복이라도 곧 익숙해지면, 어리석게

친애하는 내 마음에게

도 더 탐나는 걸 그리워하기 마련이니까." 그러므로 자기애성 성격장애를 지닌 이들은 채워지지 않는 욕망, 혹은 좌절된 욕망으로 인해 현실에서 자주 상처를 입고 우울감에 빠진다.

파우스트를 보라. 그는 세계에 대한 인식을 통해 스스로 신의 경지에 도달할 수 있다고 믿는 사람이었다. 스스로 신이 된다? 얼마나 터무니없이 높은 기대인가? 결국 그는 마침내 자신의 한계를 깨닫는다. 그와 동시에 밀려오는 우울, 그리고 분노. 그가 스스로 목숨을 끊으려던 건 나르키소스가 연못에 빠져 스스로 목숨을 끊듯 자기애성 성격장애의 극단적인 결과였다.

▎그 잘난 성격은 어디에서 오는 걸까?

파우스트는 메피스토펠레스와의 내기를 자신만만하게 수용했다. 인간의 이성을 대표하는 파우스트 대 악의 화신 메피스토펠레스. 하지만 생각해보라. 이 얼마나 무모한가? 지상의 모든 것을 동원할 능력을 갖춘 악마의 유혹을 인간이 뿌리칠 수 있을까? 대체 파우스트의 근거 없는 자기애는 어떻게 생겨나는 것일까?

자기애에 대해 처음 언급한 프로이트에 따르면, 자기애는 심리적인 에너지가 타인이 아닌 자신을 향한 까닭에 스스로 자기의 신체를 성적 대상으로 여기기 때문에 생겨난다고 한다. 그는 이런 성향이 어릴 때는 정상적일 수 있지만 어른이 되어서도 그 상태에 머무른다면 병적인 자기애가 나타난다고 보았다.[1]

어린 시절 아이는 부모의 전폭적인 애정과 보살핌을 받는다. 그 과정에서 아이는 자신을 대단히 의미 있고 중요한 존재라고 여기게 된다. 하지만 성장 과정에서 이런 자기중심성은 대체로 사라진다. 시간이 지날수록 현실에서 좌절과 실패를 경험하며 '세상은 나를 중심으로 돌아가지 않는다'는 것을 깨닫고 현실적인 자기애를 갖는 것이다.

그런데 만약 부모의 과잉보호 등으로 좌절을 경험하지 못하면, 유아기의 자기애가 그대로 이어져 자기애성 성격장애로 발전하기 쉽다. 또는 부모의 방임이나 학대 등 아동이 지나친 좌절을 경험해도 자기애성 성격장애가 발생한다. 자신의 비참한 현실과 낮은 자존감을 외면하려고 유아기의 과장된 자기 모습에 집착하게 되고, 그 결과 자기애성 성격장애가 형성된다는 것이다. 일종의 퇴행 현상이다.

자기애성 성격장애는 특별한 재능이 있거나 가족 안에서 중요한 위치를 차지하는 경우에 더 많이 발생한다. 딸이 많은 집에 하나밖에 없는 사내아이라든가, 아니면 반대로 아들이 많은 집의 막내딸 등이 이에 해당한다. 또, 집안에서 어렵게 얻은 자식이나 어릴 때부터 재능이 있어서 특별 대우를 받았던 아이들, 이런저런 이유로 주위에서 치켜세움을 받은 아이들이 성인이 되어서 자기애성 성격장애를 나타낼 확률이 높다.

특별 대우를 받았던 아이들은 대체로 칭찬에 예민한데, 이들은 칭찬받지 못하는 상황을 불안하게 여기고 이를 피하기 위해서 자신의 긍정적인 면을 과도하게 부풀리거나, 이상적인 자기 모습을 자주 상

친애하는 내 마음에게

상한다. 이러한 상황이 반복되면 자기를 지나치게 과장된 존재로 여기는 성격장애가 나타난다. 상처받은 자존감을 지나친 자기애로 숨기는 과정이 고착되는 것이다.

작품 속에 파우스트는 유아기에 대한 언급이 거의 없다. 다만 유년 시절부터 능력이 꽤 뛰어났을 것이고, 실패나 좌절의 경험이 거의 없었을 것으로 보인다. 파우스트는 젊은 시절부터 아버지를 따라 흑사병을 치료했던 일로 주위에 명성이 자자했는데, 이를 통해 그가 마을에서 오랫동안 특별한 존재로 여겨졌음을 추측할 수 있다. 이것이 그가 자기애성 성격을 지니게 된 까닭일 것이다.

 원작 열기 2

사랑하던 그레트헨을 잃고 절망과 고뇌에 빠졌던 파우스트. 그는 알프스의 대자연 속에서 마음을 치유한다. 마치 레테의 강에서 목욕이라도 한 듯 그는 지난 일을 까맣게 잊는다.

파우스트는 메피스토펠레스와 함께 독일 궁성에 나타난다. 두 사람이 등장할 무렵 독일은 불법이 합법이 될 만큼 악이 만연해 온 나라가 파탄지경에 이르고 있었다. 이런 와중에 황제는 그저 가면을 쓰고 무도회를 즐기려 하는 등 문제를 해결할 의지가 전혀 없었다. 이에 파우스트와 메피스토펠레스는 화폐를 대량으로 발행해서 파탄에 빠진 황제를 돕는다.

그런데 여기서 파우스트는 황제의 무모하고 황당한 또 다른 요구를 승낙한다. 그것은 남자와 여자의 이상적인 전형인 헬레나와 파리스를 눈앞에 대령하라는 요구였다. 헬레나와 파리스는 고대 트로이 전쟁의 원인을 제공한 인물로, 파리스는 트로이의 왕자였고 헬레나는 스파르타의 왕, 메넬라오스의 왕비였다. 둘은 고대 그리스 시대의 인물로 유령이나 마찬가지였다. 파우스트는 악마에게 그들을 당장 데려올 것을 요구한다.

"그렇게 경솔한 약속을 하시다니. 그들은 자기들만의 지옥에서 살고 있다고요."

메피스토펠레스는 전과 달리 파우스트의 요청에 주저한다. 그러자 파우스트가 다그친다.

"당장 시작해! 난 약속을 어길 수 없어. 주문 몇 마디 웅얼대면 되잖아!"

악마는 마지못해 파우스트의 요구를 들어준다. 파우스트는 악마의 도움으로 지하의 밑바닥까지 내려가 두 유령을 불러내는 데 성공한다. 아름다운 헬레나. 파우스트는 그녀를 보자마자 사랑에 빠지고 두 사람은 어느새 오이포리온이라는 아이까지 얻는다. 하지만 파우스트는 이런 순간에도 여전히 현실에 집착하지 않는다. 그러던 중 오이포리온은 하늘을 날다 추락해서 부모의 발치 아래서 숨을 거두고 헬레나도 아들과 함께 사라진다.

다시 혼자가 된 파우스트. 메피스토펠레스는 그에게 다시 쾌락을 제공하려 하지만 무슨 까닭인지 심경에 변화를 일으킨 파우스트는 그 제안을 거절한다. 메피스토펠레스는 묻는다.

"당신은 만족을 모르는 사람이니, 더 이상 욕심낼 만한 걸 찾지 못한 것 같군요."

"천만에. 이 지상에는 아직도 위대한 일을 할 여지가 많이 남아 있지."

이후 파우스트는 메피스토펠레스의 힘을 빌려 위기에 처한 독일 제국을 위해 여러 전투에서 승리했고 그 대가로 황제로부터 해안지대를 하사받는다. 그는 이 땅을 간척해 비옥한 땅으로 만들기를 원했다.

시간이 흘러 100세가 된 파우스트. 어느 날 그에게 '근심'이라는 여신이 다가와 그의 눈을 멀게 한다. 그런데 육체의 눈을 잃자 오히려 마음의 눈이 밝아졌다. 파우스트는 더 의욕적이 되었다. 그는 간척지에서 수로를 파고 있는 일꾼들을 격려하며 말한다.

"자유도 생명도 날마다 싸워서 얻는 자만이 그것을 누릴 자격이 있다. 나는 자유로운 땅에서 자유로운 백성과 함께 살고 싶다. 그러면 그 순간을 향해 이렇게 말해도 좋으리라. **멈추어라, 너 정말 아름답구나**'라고."

그 말을 하자마자 파우스트는 쓰러진다. 그러자 기다렸다는 듯 악마가 그의 영혼을 취하려 한다. 파우스트가 마침내 집착을 드러냈고, 자기와 했던 내기에서 졌다고 생각했기 때문이다. 그러나 악

마는 그의 영혼을 취하지 못한다. 하늘의 은총을 입은 그레트헨의
순수한 사랑이 파우스트의 영혼을 구원해주었기 때문이다.

▍남들 생각을 왜 해? 쓸데없이

파우스트는 헬레나와 파리스를 대령하라는 황제의 무모한 요구를
별생각 없이 받아들였다. 하지만 이 일은 자기 힘으로 불가능하고 반
드시 악마의 도움을 받아야만 했다. 그런데 파우스트는 이 과정에서
자신을 돕는 메피스토펠레스의 의견 따위는 안중에도 없었다. 아무
리 악마에 불과하고, 또 일종의 노예 계약을 했다고 해도 파우스트가
메피스토펠레스를 대하는 모습은 지나치게 고압적이다. 이뿐만이 아
니다. 그는 악마와 계약한 뒤로 줄곧 메피스토펠레스를 하인처럼 부
렸다. 악마와의 계약이라는 특수성을 제외하면 둘의 관계는 착취와
피착취의 관계에 가까웠다. 이렇듯 파우스트에게서 누군가를 배려하
고 그 입장을 헤아리려는 모습은 찾아보기 어렵다.

자기애성 성격장애를 지닌 이들은 파우스트처럼 모든 게 자기중심
적이다. 주변인과 달리 자신을 특별한 존재라고 생각하며 거만한 말
투를 쓰고 오만한 행동을 일삼는다. 그것도 모자라 자신에 대한 칭찬
과 찬사까지 무리하게 요구할 때가 많다. 자신의 특별함을 타인도 알
아야 한다는 심리다. 이들은 자신을 세계의 중심이라고 여기기 때문
에 타인의 입장을 전혀 고려하지 않고 그럴 필요도 느끼지 않는다. 감
정이입이라든가 공감 능력은 찾아보기 어렵다. 오히려 이들은 자신

처럼 특별한 사람을 위해 타인이 헌신하는 것이 당연하다고 생각한다. 그렇기에 타인의 몸과 마음을 착취하려는 경향이 짙다.

자기애성 성격장애는 우리 주변에서도 어렵지 않게 찾아볼 수 있다. 권력이나 자본을 지닌 이들이 소위 갑질을 할 때, 우리는 자기애성 성격장애의 단면을 본다. 갑질에 익숙한 이들은 자신은 특별한 존재이고, 그래서 자기 밑에 있는 사람들이 자신을 위해 희생하는 것은 당연하다고 여긴다. 이들에게 아랫사람의 감정 따위는 중요하지 않다. 엘리트라든가 자수성가한 사람들, 혹은 치열한 경쟁을 뚫고 성공한 이들에게서도 이런 성향은 종종 나타난다.

▎ 자기애로부터 깨어난 파우스트

헬레나가 떠나고 다시 혼자 남게 된 파우스트. 악마는 또다시 그에게 쾌락을 제공할 뜻을 내비친다. 하지만 파우스트는 쾌락을 거부하고 황제에게 하사받은 해안지대를 간척해서 백성들에게 더 나은 땅을 제공하겠다는 뜻을 밝힌다. 파우스트에게 변화가 나타난 것이다.

간척 사업은 파우스트가 더 이상 헛된 망상을 좇지 않고 현실로 회귀한 것을 나타낸다. 신처럼 살겠다는 망상적인 목표를 접고 현실의 생활을 선택한 것이다. "지상에는 아직도 위대한 일을 할 여지가 많이 남아 있네"라는 파우스트의 선언을 보라. 비현실적인 이상이 아니라 실제 현실을 선택하지 않는가. 이후 파우스트는 유령이나 신화 속의 인물이 아니라 '수로를 파기 위해 열심히 땀 흘리는 현실의 일꾼들'에게 관심을 쏟는다. 파우스트는 그들을 보며 외친다. "자유도 생명도 날마다 싸워서 얻는 자만이 그것을 누릴 자격이 있다"라고.

잠깐 여기서, '싸워서 얻는다'는 표현에 주목해보자. 이 말은 어떤 것을 성취하기 위해서는 타인과 똑같은 자격으로 직접 갈등하고 부딪쳐야 함을 의미한다. 파우스트의 세계관에 변화가 생긴 것이다. 지금까지 파우스트는 무언가를 얻기 위해서 타인과 경쟁한 적이 없다. 자신을 우월적인 존재로 여겼기에 모든 것을 아랫사람이 대신하거나 그렇지 않으면 그저 당연히 주어지는 것으로 생각해왔다. 하인처럼 부리는 메피스토펠레스에게 원하는 것을 그저 말하기만 하며 되었던 것이다. 그런 그가 '싸워서 얻는 자만 그것을 누릴 자격이 있다'라고 외친 것은 자신도 더 이상 특별한 존재가 아니라 누군가와 다투고 싸워야 하는 일상적이고 평범한 존재인 것을 인정한다는 의미다. 이는 파우스트가 자기애에서 벗어나 보통 사람이 되었음을 의미한다.

한 가지 더 있다. 파우스트가 진행하는 간척 사업은 그 이득을 혼자서 전유하겠다는 것이 아니다. 싸워서 얻은 이득, 그것을 타인과 더불어 나누겠다는 의미도 담겨 있다. 파우스트는 또다시 외쳤다. "나는 자유로운 땅에서 자유로운 백성과 살 것"이라고. 이는 파우스트가 자신만의 쾌락에서 벗어나 타인과 더불어 살아가겠다는 의지를 표명한 것이다. 그는 마침내 자기애에서 벗어나 참된 인간 공동체를 깨달아가고 있었다.

▌자기애 극복은 공감과 사랑으로부터 시작된다

대체 파우스트는 어떻게 태도를 바꾸게 되었을까? 단서는 결말에 있다. 바로 그레트헨의 사랑이다. 악마가 파우스트의 영혼을 앗아가려 할 때, 그를 막아냈던 것은 그레트헨의 숭고한 사랑이었다. 그러므로 파우스트의 행동과 생각의 변화도 그레트헨의 숭고한 사랑 덕분에 가능했을 것이다. 비록 직접 드러나지는 않지만 사랑이 파우스트를 변하게 한 것은 부정할 수 없다.

마찬가지다. 자기애성 성격장애를 지닌 이들이 나아지려면 무엇보다도 주위의 사랑과 지지가 필요하다. 당사자가 자기애의 장막을 걷어내고, 그동안 감추려 했던 수치스러운 자기, 자존감 낮은 자기, 상처받은 자기를 회복하도록 공감적 지지를 해주어야 한다. 자신을 애써 드러내지 않아도 충분히 사랑받을 가치가 있다는 것을 깨닫게 해준다면 자기애는 극복하지 못할 장애가 아니다. 신이 되지 못해 상처받고 열등감으로 자살까지 생각했던 파우스트. 그에게 그레트헨의 사랑과 지지는 영혼을 구원하는 최후의 버팀목이었다.

이외에도 파우스트의 변화에는 자기애성 성격장애를 벗어날 단서가 있다. 인지행동 치료자들은 자기애성 성격장애를 극복하기 위해서는 비현실적이고 경직된 생각을 찾아내 이를 유연하고 현실적인 자기 신념으로 교체할 수 있게 돕는 것이 필요하다고 제시한다. 이를테면 파우스트는 '자신이 신에 이르러야 한다'는 비현실적인 생각을 '인간은 끝없이 노력하는 존재'라는 현실적인 생각으로 수정한 후에,

자신을 더 이상 '특별한 자기'가 아니라 '평범한 자기'로 보기 시작했다. 현실 감각을 회복해 자기애를 극복한 것이다.

현실 감각을 회복하려면 무엇보다 자신에 대한 타인의 평가에 귀를 기울이고 자기를 객관적으로 받아들이는 연습을 해야 한다. 역할을 바꾸어보거나, 혹은 역할을 연기해보는 것도 자기를 돌아보는 좋은 계기가 된다.

자, 이제 다시 승환 씨를 떠올려보자. 그는 재벌 2세라는 특권을 누리며 살고 있으면서도 더 높은 이상과 권력을 취하려고 스스로 발버둥치며 마음에 고통을 겪고 있다. 승환 씨가 고통을 벗어나기 위해서는 먼저 자신의 생활에서 벗어나 한 번이라도 서민들의 어려운 생활을 진솔하게 경험해보는 것이 바람직할 것이다. 그러면 승환 씨도 파우스트가 깨달았던 것처럼 땀 흘리며 살아가는 사람들을 바라보면서 스스로 특권을 내려놓고 평범한 일상을 동료들과 공유할 수 있을지 모른다. 그럴 때 승환 씨는 자기애성 성격장애에서 자연스럽게 벗어날 것이다.

친애하는 내 마음에게

극단적으로 불안정한 B군 성격장애

사이코패스, 죄책감이 뭔데?

#B군 성격장애 #반사회성 성격장애 #경계선 성격장애
#연극성 성격장애 #자기애성 성격장애
#사이코패스 #나르시시즘

파우스트의 성격을 한마디로 표현하자면 몹시 충동적이다. 그는 자기 목표를 달성하지 못하자 자살을 결심했다가 얼마 뒤 악마와 거래하고, 갑자기 그레트헨과 사랑에 빠지는가 하면, 나중에는 헬레나와 결혼한다. 변덕이 죽 끓듯 불안정하고 극단적인 성격을 지니고 있다. 이처럼 불안정하고 극단적인 성격장애는 크게 보면 B군 성격장애에 속한다. B군 성격장애에는 파우스트의 성격적 결함과 유사한 자기애성 성격장애를 포함해 반사회성 성격장애, 경계선 성격장애, 연극성 성격장애가 존재한다.

반사회성 성격장애는 양심과 공감이 결여된 성격장애로 타인의 인격과 권리를 침해하고도 죄책감을 느끼지 못하는 경우며, 경계선 성격장애는 정서적으로 몹시 불안정해 분노 및 충동성을 지닌 성격장애다. 연극성 성격장애는 타인의 애정과 관심을 받으려고 과장된 감정을 표현하거나 유혹적인 행동에 익숙한 성격을 의미한다. 하지만 모든 성격장애가 그렇듯 이러한 성향이 일부 나타난다고 해서 결함이 있는 것은 아니며, 일상생활을 하기 어려운 수준에 이르러야 장애로 판단할 수 있다. 그러므로 약간의 성향이 있다고 스스로를, 혹은 타인을 병리적으로 접근하는 것은 옳지 않다.

세 가지 성격장애 중 사회에 큰 영향을 미치는 반사회성 성격장애를 살펴보자. 다음은 반사회성 성격장애의 한 사례다.

H는 어린 시절 장난기가 지나쳐 심각한 행동 문제를 보였다. 초등학교 때부터 아이들을 폭행해서 얼굴을 상하게 하고 이를 부러뜨려 놓는 일이 잦았다. 중학교 때는 부모에게 거짓말을 해서 돈을 타내거나, 교실에서 돈을 훔쳐 그 돈으로 흡연과 음주를 즐겼다. 고등학교에 진학하자 집 주변 가게에서 오토바이를 훔쳐 타고 다니다가 사고를 냈으며, 그 후로도 며칠씩 집을 나가 온갖 절도를 저지르고 다녔다.

H는 체격도 다부지고 신뢰감을 주는 인상에 남을 잘 웃기는 유머 감각도 있었다. 하지만 자기 뜻대로 일이 되지 않을 때는 물건을 집어던지고 폭력을 행사하는 등 몹시 난폭한 모습을 보였다. 성인이 된 후 그의 범죄는 더 과감해졌다. 상습적인 폭행과 절도를 일삼았고 약물에도 중독되고 말았다. 그는 부모를 찾아가 돈을 내놓으라고 협박하다 뜻을 이루지 못하자 자살을 시도했으며, 그 후로도 종종 자살을 시

친애하는 내 마음에게

도하다가 최근에는 정신병원에서 치료를 받고 있다.

위의 사례를 보면 반사회성 성격장애라는 말보다 뇌리에 먼저 떠오르는 또 다른 말이 있을 것이다. 사이코패스. 이 말은 극단적인 반사회성 성격장애를 가리키는 말이다. 이들은 공감 능력이 부족하기 때문에 평상시 냉소적이며, 인간관계가 지극히 피상적이다. 또한 자신의 쾌락이나 이익을 위해서 수단과 방법을 가리지 않고, 타인을 조종하려는 특성마저 지니고 있다.

반사회성 성격장애의 원인은 한 가지로 특정하기 어렵다. 유전적이고 생물학적인 원인, 심리적인 원인, 사회적이고 환경적인 요인 등 다양한 요인들이 복합적으로 작용한 결과물에 가깝다. 이들은 생물학적으로는 중추신경계와 자율신경계의 각성 수준이 일반인에 비해 매우 낮아서 웬만한 자극에는 만족을 느끼지 못하고 그런 까닭에 늘 새롭고 복잡한 자극과 스릴을 충동적으로 추구한다. 또한 선천적으로 불안 수준이 매우 낮아서 외부의 위협과 자극을 두려워하지 않으며, 보상 중추는 활성화된 반면에 처벌 중추는 둔감해 양심의 가책을 거의 느끼지 않는다.

반사회성 성격장애는 어린 시절 부모와의 관계가 잘못 형성되어 나타난다는 주장도 있다. 어린 시절 학대와 방임을 경험하거나, 부모가 변덕스럽고 충동적인 경우, 또는 적대적이고 거부적인 부모에게 양육될 경우 자녀는 공감 능력을 발달시킬 수 없고, 도덕이나 윤리와 같은 초자아의 형성도 그만큼 형성하기가 어렵다.

반사회성 성격장애는 일단 형성되면 현실적으로 치료가 거의 불가능하다. 이들은 권위적인 인물에 저항하는 경향이 강하기 때문에 치료를 받아들이려 하지 않는다. 따라서 반사회성 성격장애는 그 징후가 보이기 시작하는 즉시 더 진전되지 않도록 집중적으로 개입하고 관리하는 것이 바람직하다. 대체로 아동기나 청소년기부터 폭력, 거짓말, 절도, 결석, 가출 등 문제 행동을 나타내는 경향이 있거나 이런 행동을 반복적으로 하는 경우 집중적인 관리를 하는 것이 좋다. 반사회성 성격장애는 사회에 미치는 부정적 영향력이 워낙에 큰 만큼 그예방 조치를 단순히 부모에게 맡길 것이 아니라 사회구조적인 측면에서 지원 체계를 마련하는 것이 바람직하다. 청소년기의 비행을 사적인 차원이 아니라 공적인 차원에서 관리할 필요가 있다는 의미다. 참고로 아래는 반사회성 성격장애를 진단하는 기준이다. 만약 세 개이상을 충족한다면 증상을 의심해봐야 한다.

① 법에서 정한 사회적 규범을 따르지 않으며 구속당할 행동을 반복한다.
② 개인의 이익과 쾌락을 위해 거짓말을 반복하고, 가명을 사용하며, 타인을 속이는 행동을 취한다.
③ 충동적이며 미리 계획을 세우지 못한다.
④ 빈번한 육체적인 싸움이나 폭력에서 드러나는 것처럼 호전성과 공격성을 지닌다.

친애하는 내 마음에게

⑤ 자신이나 타인의 안전을 무시하는 무모한 성격을 지닌다.

⑥ 일정한 직업을 갖지 못하거나 빌린 돈을 갚지 않는 등 지속적인 무책임성을 보인다.

⑦ 타인에게 상처를 입히거나 학대하거나 절도 행위를 한 뒤에도 무관심하거나 합리화하는 행동을 보이는 등 양심이 결여되어 있다.[2]

너밖에 모르는 너를
어쩌면 좋을까?

「태평천하」 _ 채만식

"완벽합니다, 완벽해. 자료도 그렇고, 발표까지."

이상심리학 강의에서 '외상후 스트레스 장애의 유형과 치료'에 대해 3조가 발표하는 시간이었다. 발표는 정말 치밀했다. 그런데 이상한 일이다. 좋은 평가를 받았는데도 연주 씨를 제외하고는 같은 조에 속한 학생들의 얼굴이 그다지 밝지 않았다.

강의가 끝나고 김 교수는 지나가는 말로 평소 친하게 지내던 민기 씨에게 물어봤다.

"3조 발표 준비는 대체 얼마나 한 거야? 사회적 참사와 피해자들의 유형을 그 정도로 디테일하게 분석하려면 꽤 시간이 걸렸을 거 같

친애하는 내 마음에게

은데."

그런데 민기 씨는 대답하기 싫은지 별말 없이 쓴웃음만 지을 뿐이었다. 알고 보니 같은 조 학생들이 모두 연주 씨 때문에 지쳐 있었다.

연주 씨는 참 성실한 학생이다. 학습 태도도 좋고 성적도 나무랄 데가 없다. 심리학과를 졸업한 후 미국에 건너가 의학대학원 과정을 밟을 예정인데, 자기 관리가 보통이 아니다.

그런데 나중에 이야기를 들어보니 연주 씨는 인생을 참 피곤하게 사는 친구였다. 동기들 말로는 이 친구는 무슨 일이든 시작하면 끝장을 보려는 기질이 있다. 조별 발표 준비를 할 때도 조원들과 함께 자료를 적절히 만들면 되는데, 내용은 물론이고 글자 포인트, 색깔, 위치, 폰트, 바탕색까지 하나하나 신경을 썼다. 게다가 자신과 다른 의견이 있으면 견디지를 못했다. 모든 활동을 자기가 전부 통제하려고 한다는 것이다.

연주 씨가 친구들에게 지지받지 못하는 또 다른 이유는 돈 한 푼 안 쓰는 구두쇠라는 점이다. 집안 형편이 나쁘지 않은 것 같은데 친구들한테 돈을 거의 쓰지 않는다. 친구들한테만 그런 게 아니고, 자기한테도 돈을 잘 안 쓴다. 물건은 또 얼마나 아껴 쓰는지 친구들이 연주 씨랑 있을 때면 자신들이 낭비하는 것 같아 괜히 죄를 짓는 기분마저 든다고 한다. 안타깝게도 연주 씨의 성격 때문인지 학생들이 점점 연주 씨와 멀어지고 있다. 피곤한 사람이라며 은근히 따돌린다.

융통성도 없고 인색하고 자기 방식만 지나치게 고집하는 연주 씨. 만약 연주 씨의 성격이 이대로 고착된다면 어떨까? 아마도 강박성 성격장애에 빠질 가능성이 매우 높아 보인다. 사회적인 관계에 관심이 전혀 없고 오로지 일과 돈에만 몰입해서 살아가면서 고집으로 똘똘 뭉친 사람, 융통성이 모자라고 폐쇄적인 사람, 때로는 필요 없는 물건까지 나중에 쓸지 모른다고 차곡차곡 쌓아둔 채 가족과 주변 사람을 힘들게 하는 사람. 이런 사람을 두고 심리학자들은 강박성 성격장애를 지녔다고 한다.[1]

문학작품 속에서 이런 유형을 찾는 것은 어렵지 않다. 우리나라 고전에 「옹고집전」이나 「흥부전」의 놀부는 딱 그런 캐릭터다. 채만식의 작품 「태평천하」의 윤 직원도 이런 유형에 가깝다. 대체 강박성 성격은 어떻게 생겨나는 것일까? 또 이들을 돕는 방법은 무엇일까?

📝 원작 열기 1

시절은 조선이 망해갈 즈음이었다. 말대가리 윤용구는 나이 삼십이 넘도록 아내와 자식을 돌보기는커녕 노름방을 전전하며 지냈다. 그런데 어느 날 출처가 모호한 돈이 생겼다. 사람들은 그 돈이 도깨비가 가져다준 돈이라고도 했고, 아내가 친정에서 받은 돈이라고도 했으며, 노름으로 딴 돈이라고도 했다. 어찌 됐든 그 후 윤용구는 노름방을 끊고 논을 사고, 사채업을 해서 큰돈을 번다.

친애하는 내 마음에게

하지만 큰돈을 지닌 부자를 지방 수령들이 가만둘 리가 없었다. 시도 때도 없이 뇌물을 요구하고, 뜻대로 되지 않으면 누명을 씌워 가두기를 반복했다. 들끓는 화적패도 윤용구를 먹잇감으로 삼았다. 그들은 수시로 윤용구를 찾아가 재물을 약탈했고, 결국 윤용구는 죽음을 면치 못했다.

아버지 윤용구가 죽자 아들 윤두섭은 재산을 정리해서 서울로 올라간다. 그리고 그곳에서 대지주로, 고리대금업자로 남부럽지 않게 살아간다. 만석꾼 윤두섭. 그는 어느새 향교의 '직원'이라는 직함을 돈으로 사다시피 해서, 윤 직원 영감으로 불린다.

시간은 흘러 어느덧 일흔두 살이 된 윤 직원. 그는 서울에서 이름난 갑부였지만 남에게 돈을 쓰는 데에는 누구보다도 인색했다.

가난한 인력거꾼에게 돈을 떼먹으려고 수작을 벌이는가 하면, 버젓이 버스를 무임승차하고, 제대로 된 기생한테 돈 쓰기가 싫어서 돈이 덜 드는 나이 어린 기생을 데리고 다닌다. 명창대회에 가서는 이등석 표를 끊어 일등석에 앉고, 가게에 가서는 우격다짐으로 값을 깎기 일쑤다. 모든 일을 자기 유리한 대로 받아들이고 자기 의지대로 한다. 그게 안 되면 가족들에게까지 쌍욕을 마다하지 않는다.

돈을 안 쓰기는 집안 식구들한테도 마찬가지다. 그는 모든 재산을 스스로 관리하고 자신의 심복인 대복이에게만 돈 심부름을 시킨다. 돈을 아끼려는 생각만 앞세워 만석꾼이면서도 보리를 섞어

밥을 짓게 하는데, 손자며느리들은 영양이 모자라 얼굴이 말이 아니다. 겉으로 세간살이는 으리으리하지만 당장 며느리들은 입을 옷마저 넉넉하지 않다.

그런 그가 제일 싫어하는 족속은 사회주의를 하는 이들이다. 가끔 기부를 부탁하러 찾아오는 사람조차 따돌리는 윤 직원으로서는 경제적 평등을 내세운 사회주의를 고약한 사상이라고 여길 수밖에.

"그놈의 나라에서는 부자 사람의 것을 뺏어다가 멋이냐, 농군놈덜 허구, 노동꾼놈덜 허구 나눠주었다지? …… 누가 즈더러 부자루 못살래서 그리여? 누가 즈 것을 뺏었길래 그리여? 어찌서 그놈덜이 그 지랄이여? …… 그래, 남은 잘 살구 즈덜은 못 산다구, 생판 남의 것을 뺏어다가 즈덜 창자를 채우려 들어? 응? 그런 놈덜은 말끔 잡어다가 목을 숭덩숭덩 쓸어 죽여야지!"

▌모든 일은 내 뜻대로 되어야 한다

윤 직원은 남의 말을 잘 안 듣고 자기 고집만 피우며 인색하다. 돈 되는 일이 아니면 사람도 잘 만나지 않고 매사에 독선적이며, 자기 기준에 맞지 않으면 그 누구라도 비난하기 일쑤다. 폐쇄적인 성격에 융통성이라고는 찾아볼 수 없는 지독하게 피곤한 인물이 바로 윤 직원이다. 심리학에서는 윤 직원이 지닌 성격적 특징을 가리켜 강박성 성격장애라고 한다.

친애하는 내 마음에게

강박성 성격장애를 지닌 이들은 윤 직원처럼 모든 일을 통제하려고 한다. 이들은 함부로 돈을 쓰지 않는다. 돈은 계획적으로 쓸 때도 있지만 상황과 여건에 따라 갑자기 쓰일 때도 많다. 그러나 강박성 성격장애를 지닌 이들은 예상하지 못했던 소비를 싫어한다. 자신의 통제를 벗어난 행위이기 때문이다. 그런 까닭에 윤 직원에게는 사회적인 기부를 요청해도, 가족이 쓸 데가 있다고 부탁해도 아무 소용이 없다. 오로지 자신이 계획한 만큼만 쓴다. 그것이 인색함으로 이어지는 것이다.

강박성 성격장애를 지닌 이들이 인색한 까닭은 미래에 대한 불안 때문이기도 하다. 예측하지 못한 일이 일어났다고 가정해보자. 예를 들어 화재나 자연재가 일어나거나 혹은 전염병이 돌고, 전쟁이 일어날 수도 있다. 이럴 때 충분한 돈이 있다면 상황은 어느 정도 통제가 가능하다. 그런데 막상 그때 돈이 충분하지 않다면 어떻게 될까? 아마도 통제는 어려워지고, 그것은 강박성 성격장애를 지닌 이들에게 무척 견디기 힘든 고통이 된다. 따라서 이들에게 돈은 단순한 재산이 아니라 불안하고 예상하지 못하는 미래를 통제하는 하나의 수단이다.

대인관계에서도 통제적인 성향을 보인다. 이들은 생활 속에서 수평적인 인간관계를 거의 맺지 못한 채 언제나 수직적인 지배와 복종의 관계를 맺으려 한다. 윤 직원을 보라. 이 집안은 윤 직원을 정점으로 모두 그에게 수직적인 명령을 받아야만 하는 이들로 가득하다. 아들, 손자, 며느리, 손자며느리, 비서 대복, 이외에도 수많은 소작인들과 거간꾼들까지 모두 윤 직원의 명이라면 울며 겨자 먹듯, 간이든 쓸 개든 모든 걸 다 내놓아야 한다. 심지어 윤 직원은 소작인의 딸까지 첩으로 요구할 수 있다. 이처럼 강박성 성격장애를 지닌 이들은 모든 일들을 자기가 통제하기 위해 수평적인 인간관계보다 수직적인 인간관계를 선호한다.

매사에 무엇이든지 정리정돈하길 좋아하는 것도 강박성 성격장애를 지닌 이들의 특징이다. 이들에게는 무슨 일이든 정확하고 세밀한 질서가 있어야 한다. 그러니 사회주의처럼 기존의 가치 체계와 다른 생각은 이들에게 몹시 위협적이고 공포스러운 대상이다. 모든 것을 자기 통제하에 두려 하기 때문에 자기와 다른 생각은 극도로 경계한다.

▎어쩌다 강박성 성격장애가 되었을까?

그렇다면 어째서 강박성 성격장애가 생겨나는 걸까? 강박에 대해 최초로 언급한 프로이트는 강박적 성격은 생후 2~4세 아동이 부모와 겪는 갈등에서 비롯되었다고 주장한다. 이 시기에 아이는 부모로부터 대소변 가리기 훈련을 받게 되는데, 이때 부모가 아이에게 지나치게 완벽할 것을 요구하거나 자주 꾸짖게 되면, 아이는 부모에게 인정받지 못한다는 두려움과 불안감을 갖게 되어 강박성 성격장애의 징후를 보인다는 것이다. 복종과 규칙을 강요하고, 권위적이며 엄격한 가치관을 지닌 부모 밑에서 자란 아이는 '언제나 잘해야 한다', '실

　　　　　　　　친애하는 내 마음에게

수를 하면 절대 안 된다'는 생각에 스스로를 가둘 수가 있다.

만약 이런 생각들이 성장한 뒤에도 사라지지 않고, '나는 실수를 하지 않아야 가치 있다'라거나, 혹은 '나는 나뿐만 아니라 주변 환경도 완벽하게 통제해야 한다'라는 잘못된 신념 체계로 발전하게 되면 강박성 성격장애가 발생한다. '완벽한 것이 아니면 실패한 것이다'라거나, '사소한 실수가 재앙을 가져올 것이다'라는 생각도 강박적 성격을 강화한다.

다시 윤 직원을 떠올려보자. 윤 직원의 아동기는 작품 속에 나와 있지 않다. 부친 윤용구가 권위적이었거나 복종을 강요한 내용도 찾아보기가 어렵다. 그렇다면 어쩌다 윤 직원은 강박성 성격장애를 지닌 인물이 되었을까? 스스로 완벽을 추구하고 주변을 완전히 통제해야 한다는 생각은 어디에서 연유한 걸까? 단서는 부친 윤용구의 죽음에 있다. 그는 부친의 죽음을 보고 울부짖었다. "오냐, 우리만 빼놓고 어서 망해라!"라고. 이 말은 세상은 망할 만큼 잘못되더라도 우리는 어떻게든 잘 살겠다는 선언으로 해석할 수 있다. 이후 세상은 윤 직원의 말처럼 정말 망하고 말았다. 조선이 망하고 일제 식민지가 된 것이다. 그 후 많은 이들이 고초를 당했지만 윤 직원은 승승장구한다.

윤 직원의 성공 비결은 다른 게 아니다. 그의 머릿속에는 '실수를 하면 안 돼', '언제나 잘 해야 해', '나뿐만 아니라 가족도, 주변도 완벽하게 통제해야 해'라는 생각이 자리 잡고 있었을 것이다. 아버지의 죽음을 보면서 주위를 제대로 통제하지 않으면 자신도 얼마든지 아버지처럼 될 수 있다는 생각이 자리를 잡았을 테니 말이다.

부친 윤용구의 비참한 죽음, 그것은 윤 직원에게 강박적인 성격을 갖게 했다. 세상에 대한 불신과 독선적인 자아를 갖게 했고, 그것이 스스로를 완벽주의자로, 강박성 성격장애로 이어지게 만들었다. 결국 부모가 직접이든 간접이든 강박성 성격장애에 영향을 미치는 것이다.

 원작 열기 2

일흔두 살 윤 직원은 아쉬울 게 없는 만석꾼이었지만 돈 불리는 일에는 여전히 철저했다. 높은 이자로 어음을 발행해서 이익을 남기거나, 돈을 갚지 못한 사람의 재산을 경매로 값싸게 취득해서 비싸게 되파는 일로 차익을 남겼다. 실제 일은 윤 직원의 심복 대복이가 나섰지만 윤 직원도 모든 일을 꼼꼼히 챙겼다. 그는 돈을 내주기 전에 상대방이 돈 갚을 능력이 있는지, 압류할 물건은 있는지 미리부터 치밀하게 살폈다. 이번에 거간꾼 석 서방이 가져온 일도 윤 직원은 의심과 경계를 풀지 않았다.

"실수 읎는 일이겄다? 돈 떼먹고 도망가믕 알아서 혀!"

"아따, 잠시 융통하려고 쓰는 돈이니께루 걱정 읎다니께요."

윤 직원은 벽장 속에서 두꺼운 장부책을 꺼내서 펼친다. 서울에서 장사깨나 한다는 이들의 신용 정도를 파악해둔 책이다. 이 책을 한번 펼쳐보면 누가 어디서 무슨 장사를 하고 있는지, 돈은 얼마까지 빌려줘야 할지 훤히 알 수 있었다.

"아는 길두 물어서 가랬다네. 눈 뜨구서 남의 눈 빼먹넌 세상인 줄 자네도 알면서?"

"영감님은 말년까지 실수라구는 없으시겠습니다!"

이처럼 꾸준히 돈에 대한 욕심을 버리지 않는 윤 직원은 자기 몸을 관리하는 데에도 남달랐다. 녹용에 사슴 피와 돼지 피, 몸에 좋다는 것은 가리지 않고 먹었고, 심지어 갓난아이 소변을 가져다가 마셨다. 거기에 매일 아침 보건 체조까지 꾸준히 실천했다.

윤 직원에게는 사실 커다란 꿈이 하나 있었다. 거리거리마다 순사가 지켜주는 일제 식민지. 이제 재산을 약탈해갈 화적패도 없으니 가문을 빛낼 사업을 해보자고 생각한 것이다.

가장 먼저 그는 거금을 들여 족보를 그럴싸하게 꾸몄다. 그 뒤 딸을 가난한 양반집에 시집보내고, 손자며느리들도 모두 양반댁에서 얻어서 양반 사돈을 셋씩이나 두었다. 마지막 남은 것은 한 가지. 집안에서 권세 있고 실속 있는 양반을 직접 내놓는 일이었다. 그 구체적인 계획은 손자 둘을 각각 경찰서장과 군수로 만드는 일이었다.

하지만 모든 게 윤 직원의 뜻대로 될 리 없었다. 그가 아무리 통제하려고 해도 이 집안의 가족들은 다들 제멋대로였다. 큰아들 창식은 노름에 빠져 돈을 야금야금 까먹었고, 큰손자 종수도 노름과 여자에 빠져 돈을 탕진하고 있었다. 증손자 경손이는 윤 직원이 데

리고 다니는 어린 기생과 데이트를 즐겼다. 다만 둘째 손자 종학이
일본으로 유학하여 윤 직원의 마음을 흐뭇하게 하고 있었다. 그러
던 중 일본 동경에서 한 통의 전보가 날아온다.

"종학, 사상 관계로 경시청에 피검."

종학이 사회주의에 참여했다는 소식이었다. 윤 직원은 망치로
뒤통수를 얻어맞은 것처럼 멍했다.

"사회주의라니? 으응? 그놈이 사회주의를 허다니! 그런 쳐죽일
놈이, 깎어 죽여두 아깝잖을 놈! 그놈이 경찰서장 허라닝개루 사
회주의 허다가 뎁다 경찰서으 잽혀? …… 만석꾼의 집 자식이, 세
상 망쳐 놀 사회주의 부랑당패에 참섭을 히여? 으응, 죽일 놈! 죽
일 놈!"

▐ 이런 어리석은 완벽주의자 같으니라고!

자, 이제 윤 직원의 허망한 모습을 살펴보자. 그는 완벽을 추구했
지만 오히려 제대로 되는 일이 하나도 없었다. 그나마 기대를 걸었던
둘째 손자 종학도 자신이 가장 혐오하는 사회주의자가 되었으니 말
이다.

윤 직원의 문제는 무엇이었을까? 가장 근본적으로 과도한 성취지
향성을 지녔다는 점이다. 그는 어떻게든 그럴듯한 가문을 만들어보
고자 했다. 족보를 꾸미고, 향교의 직원이 되는 것까지는 별문제가 없
었다. 하지만 양반과 사돈을 맺으려 할 때부터 사단이 났다. 딸이 시집

친애하는 내 마음에게

간 지 일 년도 안 돼 남편이 죽어버린 것이다. 그뿐인가. 군수를 만들려던 종수는 돈만 흥청망청 쓰는 한량으로 전락했고, 종학은 경시청에 붙잡히고 만다. 무엇보다도 이 집안의 모든 구성원들은 서로가 서로를 존중하지 않고 신뢰하지 않는다. 곁에서 보기에 가족이라고 하기 무색할 정도다.

강박성 성격장애를 지닌 이들이 대체로 이런 경우를 겪는다. 이들은 과도한 성취지향성을 지니고 있어서 일과 생산성에만 몰두한다. 그러다 보니 딱히 여가 활동을 즐기지 않고 인간관계마저 희생시키는 일이 적지 않다. 가족 간의 친밀감도, 친구 사이의 우정도, 함께 일하는 동료와의 애정도 이들에게서 찾아보기 어렵다.

또한 이들은 지나치게 엄격하고 높은 기준을 세워서 활동하는 일이 많다. 윤 직원이 손자 종수에게 기대하는 것을 보면 정확히 이에 대응한다. 깜냥도 되지 않는 종수에게 군수라는 높은 기준을 세워놓았으니 그 목표가 실현될 리 만무하다. 만약 윤 직원이 종수를 군수가 아니라 그의 깜냥대로 살게 내버려뒀다면 그는 타락하지 않았을지도 모른다. 자기의 수준과 능력대로 공부 대신 장사를 배웠더라면 그는 오히려 크게 성공했을지도 모를 일이다. 윤 직원의 과도한 욕심이 손자를 망친 셈이다.

강박성 성격장애의 또 다른 특징으로는 완벽주의를 추구한다는 점이다. 그런 까닭에 이들은 사소하고 세부적인 사항이나 규칙, 질서까지 하나하나 신경을 쓴다. 윤 직원이 돈을 빌려주는 과정에 이 모습이 잘 드러난다. 그는 거간꾼의 보증에도 불구하고 자신이 확인하지 않으면 절대 돈을 빌려주지 않았다. 거기에 자신의 심복 대복이가 반드시 직접 알아봐야만 그때서야 돈을 빌려준다. 물론 소설 속에서는 일이 잘 성사되었는지 알 수 없다. 하지만 현실에서 강박장애를 지닌 이들은 완벽주의를 추구하다가 종종 일의 흐름을 끊고 효율을 떨어뜨리곤 한다.

▎ 어떻게 성격을 개선할 수 있을까?

그렇다면 실제 강박성 성격장애를 겪는 이들은 어떻게 자기 성격을 개선할 수 있을까? 우선 지나치게 엄격한 자기 기준을 수정할 필요가 있다. 윤 직원은 지나치게 높은 성취지향성을 지니고 있다. 그것 때문에 친아들 창식을 금치산자로 만들었고, 종수를 괄시했으며, 종학에게 저주를 퍼부었다. 가문을 빛내야 한다는 헛된 망상이 가족들을 억압하는 수단으로 쓰인 것이다. 그러니 행복을 원한다면 자신의 높은 성취 기준을 낮춰야 한다.

재산을 반드시 지켜야 한다는 것도 윤 직원의 엄격한 기준이다. 이 기준은 인색한 정서로 이어져 가족들 사이의 불신과 불화를 만들고, 소작농, 인력거꾼 등 가난한 사람들의 고혈을 짜내고 법률과 도덕을 위반하게 만든다. 파산해 오갈 데 없는 사람들의 마지막 재산까지 탈탈 털어가며 한 푼도 기부하지 않는 윤 직원의 모습은 '재산을 지켜야 한다' 혹은 '재산을 불려야 한다'는 엄격한 기준을 스스로 지키려 하

친애하는 내 마음에게

기 때문이다. 따라서 윤 직원은 그가 지닌 엄격한 기준을 수정하지 않는 한 강박성 성격장애에서 벗어날 수 없다. 그러므로 강박적 성격을 개선하려면 자신의 기준이 완전한 것이 아니고, 불완전할 수도 있다는 것을 느끼도록 주위의 도움이 필요하다.

아울러 강박성 성격장애를 지닌 이들의 경직되고 융통성 없는 신념 체계가 수정되어야 한다. 대체로 강박성 성격장애를 지닌 이들은 '나는 실수를 하지 않아야 가치 있다'라거나 '실수는 곧 실패다'와 같은 극단적이고 흑백논리적인 사고를 지니는데 이런 성격을 고치려면 반드시 경직된 사고에서 벗어나야 한다. 따라서 어떤 일을 완벽하게 수행하지 않더라도, 그 일이 결코 큰일이 아니라는 것, 완벽하지 않더라도 별일이 없을 거라는 것을 자주 경험하게 해줘야 한다. 실수하거나 자기 통제에서 벗어나더라도 별일 아니라는 것을 지속적으로 경험해야 강박에서 벗어날 수 있다.

▌다른 관점에서 나를 바라볼 때

우리 고전 중에 「옹고집전」이 있다. 주인공 옹고집은 윤 직원처럼 구두쇠에다가 심술은 윤 직원보다 더 심하다. 그런 그가 강박에서 벗어나 가족과 이웃에게 사랑을 실천하는 사람으로 거듭난다는 게 소설의 핵심이다. 그렇다면 옹고집은 과연 어떤 방법으로 강박에서 벗어났을까?

「옹고집전」에는 도승 한 명이 등장한다. 그는 옹고집에게 시주를 얻으러 갔다가 봉변을 당하고 돌아온다. 도승은 옹고집을 깨우치기로 마음먹고 지푸라기로 가짜 옹고집을 만들어 마을로 내려보냈다. 진짜와 가짜는 서로 다투다 도승의 계획대로 가짜 옹고집이 진짜를 대신하게 된다. 이때부터 가짜 옹고집은 이웃들에게 자기 재산을 베푸는 등 좋은 관계를 형성해나간다. 거지꼴이 된 진짜 옹고집은 자신의 집 앞에 쪼그리고 앉아 가짜 옹고집의 모습을 그저 지켜볼 뿐이었다.

그런데 이상하다. 가짜 옹고집은 재산을 지키지 않아도 행복하고, 남들에게 자기 것을 퍼줄 때도 행복하다. 무엇보다 재산이 줄어도, 엄격한 기준을 지키지 않아도 집안에 아무 일이 일어나지 않는다. 옹고집은 속으로 생각한다. '아, 내가 잘못 살았구나.' 자신이 지켜왔던 재산과 원칙보다 넉넉한 인심과 관용을 베푸는 것이 더 만족스러운 삶이라는 것을 드디어 깨닫는다. 이에 도승은 도술을 풀고 진짜 옹고집이 다시 집으로 돌아가게 만든다. 그 후 옹고집은 자기 고집과 강박에서 벗어나 사람들과 좋은 관계를 맺고 살아가게 된다.

이 이야기는 강박성 성격장애를 지닌 이들에게 하나의 단서를 제공한다. 자기 자신을 다른 관점에서 객관적으로 바라볼 때 강박으로부터 벗어날 수 있다는 것이다. 「태평천하」의 윤 직원 영감도 만약 자신의 생활을 벗어나 스스로를 객관적으로 비춰볼 기회가 있었다면 자신의 강박적인 신념을 한 번쯤은 되돌아봤을지도 모를 일이다.

불안과 두려움에 휩싸인 C군 성격장애

낮은 자존감이 불안의 원인이라고?

#C군 성격장애 #강박성 성격장애
#회피성 성격장애 #의존성 성격장애
#낮은 자존감

　윤 직원의 강박성 성격장애의 한가운데에는 불안이 존재하고 있다. 아버지가 화적패에 의해 맞아 죽은 부정적인 사건이 그에게 참을 수 없는 불안을 만들었고, 그것이 실수 하나도 용납하지 않고, 온갖 일들을 철저히 통제해야 한다는 강박적 성격으로 나아가게 했을 것이다. 이처럼 해결되지 않는 불안과 두려움이 원인이 되어 성격적인 장애가 발생할 경우, 이를 C군 성격장애라고 한다. C군 성격장애에는 강박성 성격장애를 포함해서 회피성 성격장애, 의존성 성격장애가 있다.

　회피성 성격장애는 타인과의 만남에 대한 불안과 두려움 때문에 사회적으로 적응하지 못한 채 사회적 상황 자체를 회피하는 성격 특성을 가리키며, 의존성 성격장애는 홀로 살아가는 것에 대한 두려움과 공포로 인해 언제나 타인에게 과도하게 의존하거나 보호를 받으려는 태도를 보이는 성격 특성을 말한다.

예를 들어 낯선 사람과 이야기를 극도로 꺼리거나 불안해하는 대학생 J씨가 있다고 하자. 그는 발표수업을 하는 날이면 심장이 두근거리고 온몸에 열이 나서 제대로 발표한 적이 거의 없다. 그뿐만이 아니다. 그는 대학 입학 후 신입생 모임부터 시작해서 단 한 차례도 학생들 모임에 참여한 적이 없다. 친한 친구는 어린 시절부터 함께 다녔던 두세 명이 전부다. J씨가 사람을 사귀려는 마음이 없는 건 아니다. 다만 '인간관계를 맺다가 실수하지 않을까?', '주변인들이 나를 비웃지는 않을까?' 하는 과도한 염려 때문에 제대로 사람을 사귀지 못하는 것이다.

위의 사례에서 J씨는 회피성 성격장애를 겪고 있다. J씨처럼 회피성 성격장애를 지닌 이들은 자신에 대한 타인의 부정적인 평가를 가장 두려워한다. 그 까닭에 타인을 위협적인 존재로 여기는 경향이 있다. 이들은 '나는 매력이 없어', '그들은 나를 싫어해', '다른 사람이 나를 비판할지 몰라'와 같은 부정적인 자아상을 지니고 있다. 이런 이유로 낯선 상황과 새로운 일을 두려워하며 가능한 한 익숙한 환경에 머무르려고 한다.

이들은 기질적으로 수줍음이 많고 위험에 대해 과도한 민감성을 지니고 있으며, 심리적으로는 부모로부터 지속적인 거부를 당했을 가능성도 있다. 부모로부터 거부를 당하게 되면 아동은 자기비하와 소외감에 시달리고 스스로를 수치스럽게 여기게 되는데, 이런 성향이 또래와 사회집단에서 활동할 때까지 지속될 경우 회피성 성격장

친애하는 내 마음에게

애가 형성된다.

회피성 성격장애를 치료하기 위해서는 불안과 긴장을 스스로 조절할 수 있도록 하는 것이 바람직하다. 복식호흡으로 긴장을 이완시키거나 사회적 상황에 점진적으로 노출을 시도하며 불안을 떨치는 것도 방법이다. 구체적으로는 주변에 친한 친구, 혹은 가족을 대상으로 발표 연습을 하는 것도 좋은 방법이다. 한편 이들의 인지적인 왜곡을 자각시켜 스스로 긍정적인 사고를 지닐 수 있도록 유도하는 일도 필요하다.

의존성 성격장애를 지닌 이들은 자신이 의존하는 대상으로부터 버림을 받을까 두려움을 느끼는 경우가 많다. 이들은 의존 대상으로부터 거절과 버림을 받게 되면 좌절감과 동시에 극심한 불안을 느끼며 현실에 대한 적응 기능이 무너져내리는 경향이 있다. 따라서 이를 방지하기 위해 의존 대상에게 순종적이고 헌신적인 태도를 보인다. 만약 의존 대상이 착취적이라면 이들은 상대에게 일방적으로 이용당하는 비극적인 삶을 살 수도 있다.

의존성 성격장애의 원인으로는 부모의 과잉 보호를 들 수 있다. 부모가 자녀를 과잉 보호할 경우, 자녀는 자유롭고 독립하려는 욕구가 좌절되어 스스로를 '나는 무력하고 부적절한 사람이다', '나는 혼자서 세상에 맞설 수 없고 의지할 사람이 필요하다'라고 여기게 된다. 그 결과 이들은 독립적인 삶을 위해 필요한 자기표현 기술, 문제해결 능력, 의사 결정 능력에 심각한 곤란이 생기고 타인에 대한 의존성이 강화된다.

강박성, 회피성, 의존성 등 C군 성격장애는 모두 낮은 자존감이 불안과 두려움으로 이어져 발생하는 일종의 방어적인 성격이라고 할 수 있다. 따라서 자존감을 잘 유지한다면 성격장애가 발생할 여지는 줄어들 것이다. 만약 성격적인 어려움을 겪는다면 그 중심에 낮은 자존감이 놓여 있다는 것을 떠올려 스스로 자존감을 높이는 활동을 하는 게 바람직하다. 다음과 같이 자존감을 끌어올리는 말을 습관적으로 되뇌는 것도 도움이 될 수 있다. '나는 괜찮은 사람이다', '나는 매력이 있다', '나는 능력이 있다'라고. 자기 신뢰와 자기 효능감을 높인다면 성격장애를 벗어나는 것이 불가능한 것은 아닐 것이다. 이 밖에도 감사일기 등을 작성해서 사소한 일들에 자주 만족감을 느껴보는 것도 자존감 향상에 도움이 된다.

참고로 다음은 회피성 성격장애의 진단 기준이다. 증상이 의심된다면 한 번쯤 점검해보는 것도 나쁘지 않다. 네 가지 이상 해당되면 전문가의 도움을 받는 게 좋다.

① 비난, 꾸중, 거절이 두려워 대인관계가 요구되는 활동을 피한다.
② 자신을 좋아하고 있다는 확신이 없으면 상대와의 만남을 피한다.
③ 창피와 조롱을 당할까 봐 대인관계를 친밀한 사람들로 제한한다.
④ 사회적 상황에서 비난당하거나 거부당할 거라는 생각에 사로잡혀 있다.

친애하는 내 마음에게

⑤ 부적절하다는 생각 때문에 새로운 대인관계 상황에서 위축된다.

⑥ 스스로를 사회적으로 무능하고 개인적으로 매력이 없으며 타인에 비해 열등하다고 생각한다.

⑦ 당황하는 모습을 보일까 두려워 개인적 위험이 따르거나 새로운 활동에는 관여하지 않으려 한다.[2]

그렇게 안 하고
싶습니다

「필경사 바틀비」 _ 허먼 멜빌Herman Melville

"대체 무슨 일이에요? 얼마 전까지 열심히 했었잖아. 일을 그만두 겠다니? 지금 수정 씨가 맡은 책이 몇 권인데. 이걸 누가 감당하라는 말이에요? 다시 한번 생각해봐요. 그만두더라도 맡은 일은 마무리를 해줘야 할 거 아니에요?"

수정 씨는 유명 출판사 편집자다. 뛰어난 기획력에 신인 작가 발굴 은 물론, 시장 흐름을 정확히 파악하는 능력까지 두루 겸비했다. 무엇 보다도 편집자로서 원고가 완성되기까지 고집 센 작가들을 어르고 달래서 출판의 퀄리티를 높이는 데에 뛰어난 재주를 지녔다. 사장은 언제나 그런 그녀의 능력을 추켜세우며 더 많은 기획들을 그녀에게 맡겨왔다.

친애하는 내 마음에게

이상 조짐이 생긴 것은 한 달 전부터. 유럽 여행 시리즈가 출간된 직후였다. 수정 씨는 1차분으로 영국, 프랑스, 독일, 이탈리아, 러시아 등 주요 유럽 국가의 책을 동시에 작업했고, 2차분으로 남유럽 집필을 맡아줄 작가들과도 꾸준히 소통하고 있었다. 잦은 야근은 물론이고 며칠씩 사무실에서 숙식을 해결할 만큼 스스로를 몰아대던 수정 씨. 드디어 1차분 출간. 문제는 유럽 시리즈 1차분이 출간되던 시점에 전 세계가 코로나로 팬데믹 상황에 빠졌다는 것이다. 완성도는 높았지만 시리즈는 시장의 외면을 받았고, 수정 씨는 허탈한 기색이 역력했다.

그러던 어느 날, 수정 씨가 결근을 하기 시작했다. 연락도 안 된 채 사흘이 흘렀다. 마침내 사무실에 나타난 수정 씨는 어딘지 모르게 멍해 보였고 전혀 다른 사람이 된 것처럼 아주 작은 목소리로 말했다. 회사를 그만두겠다고. 아니 그렇게 열정적으로 일하던 사람이 갑자기 회사를 그만두겠다니.

자, 장면을 바꿔서 말 목장에 가서 경주마를 고른다고 가정해보자. 어떤 말을 고르겠는가? 당연히 건강하고 가장 잘 뛰는 말을 고를 것이다. 그래야 트랙을 돌며 우승을 차지할 테니 말이다. 그런데 잠시 생각해보자. 경주에서 우승하면 그 이득은 누구에게 돌아갈까? 죽도록 내달렸던 말에게 돌아갈까? 천만에. 이득은 오로지 말에게 돈을 건 사람들에게 돌아갈 뿐, 우승한 말에게는 기껏해야 품질 좋은 건초가 주어진다. 말의 입장에서 보면 우승은 오히려 독이 된다. 승리한 말은 다음 시합에서도 죽어라 달려야 하기 때문이다. 아이러니하게도 목장에서 가장 형편없는 말이 들판을 내달릴 자유를 얻는다. 그러므로 말의 입장에서는 잘 뛰지 못하는 것처럼 보여야 죽도록 뛸 운명에서 피할 수 있다.

위의 사례에 나오는 수정 씨는 경주에서 일부러 늦장을 부리는 말의 지혜를 꿰뚫었을지도 모른다. 잘하면 더 잘해야 하고, 못하면 그것으로 자유를 얻는.

사람들은 누구나 자기 능력을 인정받기를 원한다. 그래서 열심히 일한다. 하지만 그것이 너무 지나치고, 자기 삶을 위한 것이 아니라면, 상황은 달라진다. 이른바 번아웃 증후군burnout syndrome을 겪는다. 독일계 미국인 프로이덴버거Herbert Freudenberger가 처음 사용한 이 말은 정신적이고 신체적인 에너지를 모두 소진한 상태를 가리키는 용어로 번아웃이 되면 사람은 일에 무관심해지고 더 나아가 자기 일에 반감을 갖게 된다. 이런 맥락에서 살펴볼 작품이 바로 허먼 멜빌의「필경사 바틀비」다. 아무것도 하지 않을 자유를 선택한 바틀비. 그에게 대체 무슨 일이 일어난 걸까.

📝 원작 열기1

나는 미국 뉴욕의 월가에서 활동하는 변호사다. 변호사라고 해

친애하는 내 마음에게

서 법정의 판사와 배심원단 앞에서 열변을 토하며 정의를 부르짖는 사람이라고 생각하지는 말라. 난 그저 부자들의 채권, 저당증서, 부동산 권리증서를 쌓아놓고 문서를 처리해주면서 소정의 수수료를 챙기는 일을 할 뿐, 세상에 대한 야심이라고는 전혀 없는 사람이다. 그래서 사람들은 나를 그저 안전한 사람이라고 여길 뿐이다.

내 사무실에는 필경사 터키와 니퍼즈, 사환 진저넛이 근무한다. 터키는 환갑이 다 된 영국인으로 아침부터 정오까지 가장 빠르고 성실하게 맡은 일을 해내지만 정오가 지나면 조심성이 떨어져 곧잘 실수를 한다. 나이는 어쩔 수 없으니 참 아쉬운 노릇이다. 니퍼즈는 스물다섯 살의 청년으로 언제부터인가 소화불량을 앓고 있지만 터키 못지않게 유능한 필경사다. 소화불량만 아니었더라면 더 효율적으로 필사를 할 수 있을 텐데 참 안타까운 친구다. 마지막으로 진저넛은 열두 살쯤 되는 소년으로 터키와 니퍼즈에게 점심으로 때울 빵과 사과를 사다 주고 자질구레한 잔심부름과 사무실 청소를 하고 있다.

나는 얼마 전 법원의 등기 업무까지 맡으며 일이 크게 늘었다. 직원들을 다그쳐 일을 시켰지만 그것으로 모자라 결국 새로운 일손을 구해야만 했다. 어느 날 아침, 구인광고를 보고 왔는지 웬 젊은이가 사무실 앞에서 꼼짝 않고 서 있었다. 그가 바로 바틀비였다.

몇 가지 질문을 한 뒤 나는 곧장 바틀비를 필경사로 채용했다.

처음에 바틀비는 엄청난 양의 필사를 했다. 마치 필사에 굶주린 사람처럼 문서를 닥치는 대로 정리했다. 말없이, 창백하게, 기계적으로 필사를 하는 게 내가 보아도 지나치다 싶을 정도였다.

바틀비가 오고 난 후 삼 일째 되던 날. 나는 바틀비를 불러서 문서의 원본과 필사본을 대조하는 일을 서둘러 처리하려고 했다. 그일은 지루하고 피곤한 일이었지만 그 시절 필경사라면 누구나 하는 일이었다. 나는 바틀비를 불러 문서를 대조하자고 말했다. 그러자 바틀비가 대답했다.

"그렇게 안 하고 싶습니다."

"그렇게 안 하고 싶다니? 왜 거절하는 거지? 자넨 내 요청을 따르지 않겠다는 거야?"

나는 여러 번 그를 다그쳤다. 하지만 그는 한결같이 침착한 어조로 "그렇게 안 하고 싶습니다"만 반복할 뿐이었다.

수동적 저항만큼 사람을 화나게 하는 일도 없다. 내가 고용한 사람을 마음대로 부리지 못하다니. 화가 났지만 바틀비의 필사 실력이 워낙 뛰어나 일단 참아보기로 했다. 또 녀석을 이대로 쫓아낸다면 녀석이 제대로 직장을 못 잡을 테고, 그러면 어쩐지 마음이 찜찜할 것만 같았다. 좋다. 어떻게든 바틀비를 달래가며 녀석의 고집을 너그럽게 봐주자. 그리고 내 영혼에는 관용을 베풀었다는 양심의 감미로운 양식을 쌓아두자.

친애하는 내 마음에게

▍오아시스라고 믿었던 것이 신기루에 불과하다면?

사람은 누구나 무엇을 하고 싶고, 혹은 무엇이 되고 싶은 욕망을 지니고 있다. 그래서 열심히 노력하며 살아간다. 그런데 만약 자신이 하고 있는 일이 자신의 의지와 무관한 일이라면 어떨까? 좀 더 심각한 가정을 해보자. 지금 여기는 사막이다. 햇볕은 쨍쨍하고 목은 마르고 가도 가도 끝없이 펼쳐진 모래언덕뿐이다. 그런데 멀찌감치 떨어진 곳에 푸른 시냇물이 일렁이고 야자수가 있는 것처럼 보인다. 우리는 젖 먹던 힘까지 쥐어짜내 가까스로 그곳에 이르렀다. 그런데 정작 도착해보니 거기에는 여전히 모래 먼지만 흩날릴 뿐이다.

사막에서 오아시스를 찾는 것처럼 인간은 행복한 삶을 위해 죽자고 일한다. 그런데 일을 마치니 정작 행복과 여유로운 삶이 아니라 또 다른 힘든 일이 기다리고 있다면 어떨까? 우리가 오아시스라고 믿었던 것이 한낱 신기루에 불과하다면?

관점을 바꿔서 질문해보자. 우리는 어째서 젖 먹던 힘을 다해 오아시스에 가려는 걸까? 그것은 정말 우리 스스로의 의지였을까? 가만히 생각해보니, 만약 거기에 오아시스라는 신기루가 없었다면 우리는 악착같이 그곳을 향해 가지는 않았을 것이다. 만약 헛된 희망이 우리를 노력하게 한 것이라면, 그 노력은 우리의 자발적인 의지가 아니다. 결국 '텅 비어 있는 것'에 속아 열심히 노력한 셈이 된다.

자본주의 사회에서 사람들은 돈을 번다. 보다 안정적이고 안락하며 만족한 삶을 위해 돈을 번다. 그러나 돈이 안정적이고 안락하며 만족한 삶을 가져다줄 것이라는 것은 어쩌면 자본주의가 만들어낸 신기루에 불과할지도 모른다. 돈을 벌면 벌수록, 목표에 다가가면 다가갈수록 행복은 조금씩 뒷걸음질 칠 뿐이기 때문이다.

다시 한번 가정해보자. 만약 우리가 '텅 빈 것'을 추구한 사실을 깨닫는다면 우리는 그 후에 무엇을 할 수 있을까? 또, 우리의 노력이 우리 자신의 의지가 아니었다는 것을 깨닫는다면 어떻게 될까? 아마도 하던 일을 멈추고 지난 생활에 후회를 느낄 것이다. 이제 바틀비의 삶을 들여다보자. 바틀비는 필경사다. 필경사의 일은 온종일 문서를 옮겨 적는 일이다. 그는 엄청난 양의 문서를 베꼈다. 문서를 베끼는 일은 자기 문서를 만드는 일이 아니다. 자기 의지를 실천하는 일이 아니라 단지 돈을 벌기 위해 남의 문서를 대신 작성하는 일이다.

그렇다면 그는 왜 돈을 벌려고 할까? 당연히 안정된 생계를 위해서다. 하지만 생계를 위해서라면 굳이 엄청난 양의 필사를 하지 않아도 된다. 그가 엄청나게 많은 일을 하는 것은 사실 엄청나게 많은 일이 주어지기 때문이다. 그러고 보니 그가 일하는 곳은 뉴욕의 월가다. 온갖 주식과 부동산 거래가 이루어지는 자본주의의 심장과도 같은 곳. 그는 그곳에서 달리는 경주마처럼 부동산 거래증서나 그 밖의 권리증서를 필사했다. 하지만 바틀비는 어느 순간 자신에게 필요한 건 하루에 생강빵 하나만 살 돈이면 충분하다고 판단하기에 이른다. 자신의 노동이 자기를 고용한 변호사의 재산만 늘려줄 뿐, 자본주의 체제에서 타율적으로 살아가는 삶이 사실은 풀 한 포기 없는 황폐한 사막처

친애하는 내 마음에게

럼 텅 비어 있다는 것을 그는 느꼈을 것이다.

▌멀티태스킹이 스트레스를 부른다

여기서 잠깐, 바틀비가 언제부터 "그렇게 안 하고 싶습니다"라고 말했는지 살펴볼 필요가 있다. 그는 필경사로 고용되었다. 그가 하는 일은 문서를 베끼는 일이다. 그런데 그를 고용한 변호사는 관례를 핑계로 그에게 원본 확인 작업을 거들어달라고 요구한다. 바틀비에게는 예정에 없던 일이 추가된 것이다. 갑자기 추가된 일. 이는 바틀비에게 한 번에 여러 일을 해야 하는 멀티태스킹을 요구한다. 만약 바틀비가 이 일을 성공적으로 수행했다면 어떨까. 아마도 변호사는 그에게 약간의 보상을 해주며 또 다른 일을 맡겼을 것이다. 바틀비뿐일까. 같은 사무실에 근무하는 터키는 고된 노동으로 오후면 잦은 실수를 일으키고, 니퍼즈도 소화불량에 시달릴 만큼 고된 노동을 해왔다. 빵과 사과로 보잘것없는 끼니를 때우며 말이다.

현대 사회에서 멀티태스킹은 소설적 상황보다 훨씬 더 복잡하고 다양하게 일어난다. 멀티태스킹은 고용주나 관리자들에게는 아주 매력적이다. 가용 인원을 최대한 활용하는 시스템이기 때문이다. 그러나 피고용인의 입장에서는 어떨까? 일단 언제 어떻게 일이 떨어질지 알 수 없으니 몸과 정신의 항상성을 유지하기가 어렵다. 늘 긴장해야 하며 상황에 대처할 준비가 되어 있어야 한다. 마치 언제 어디서 맹수들이 공격할지 몰라 잔뜩 긴장했던 원시시대 인류처럼 과도한 스트레스 상황에 놓이게 되는 것이다.

무슨 일이 일어날 것 같은 분위기, 혼란스러운 상황, 실체가 불확실한 업무. 이런 상황이 반복되면 몸의 항상성은 깨지고 스트레스가 상승하며 교감신경계가 활성화되고 아드레날린은 폭발한다. 통제 불가능한 스트레스 상태. 이럴 경우 과제를 끝낸다 해도 스트레스 상황은 이어져 만성화되기 일쑤다. 만약 멀티태스킹이 지속적으로 요구된다면 집중력은 떨어지고 인지능력은 손상될 것이며, 정신질환이 발생할 위험도 높아질 것이다.[1]

그리고 마침내 일이 터진다. "그렇게 안 하고 싶습니다." 바틀비는 화 한 번 내지 않고 자기 일을 거부한다. 일단 정해진 필경사 업무만 수행하며 변호사 업무를 방해하는 수동적 공격성을 표출한다. 이런 일은 현실에서도 마찬가지다. 고용주들이 피고용인들을 마치 기계의 부품처럼 여기고 업무량을 늘리는 등 부당한 노동 환경을 조성하면 굳이 파업을 선택하지 않아도 피고용인들의 수동적 공격성이 늘어나고 은밀한 태업이 이어진다. 여기에 일에 대한 냉소는 마침내 조직의 생산성마저 떨어뜨릴 것이다.

📝 원작 열기 2

바틀비는 그 후로도 별다른 변화가 없었다. 뭔가 다른 일을 부탁하면 늘 그렇듯이 "그렇게 안 하고 싶습니다"를 반복할 뿐이었다.

친애하는 내 마음에게

일요일 오전, 나는 교회를 가려다가 시간이 남아서 사무실에 들렀다. 그런데 그곳에 바틀비가 있었다. 바틀비는 항상 거기에 있었던 것이다. 곰곰이 생각해보니 바틀비는 사무실 밖을 나간 적이 한 번도 없었다. 그는 차나 커피를 마시지도 않았고, 산책을 간 적도 없으며, 대답할 때 말고는 절대 말도 하지 않았다. 한순간 나는 바틀비에게 연민과 우수를 느꼈다. 그가 홀로 사무실에서만 지냈다는 것이 가슴 아팠다. 그래서 나는 그에게 보다 친절해지려고 노력했다. 그가 서류를 검토하지 않는 것도 이해가 됐다. 나는 바틀비에게 말했다. 시간을 갖고 쉬면서 조만간 사무실 관례에 따라 합리적으로 행동해달라고. 하지만 바틀비는 여전했다.

"현재로선 합리적으로 안 되고 싶습니다."

그러더니 다음 날, 더 괴상한 일이 일어났다. 바틀비가 벽만 바라보며 그저 창가에 서 있을 뿐, 전혀 필사를 하지 않는 것이었다.

"더 이상 필사를 안 한다고? 이유가 뭐야?"

"알려주지 않으면 그 이유가 뭔지 모르시겠어요?"

나는 뚫어지게 그를 바라봤다. 그리고 그의 눈이 흐리멍덩해 있는 것을 알아차렸다. 일을 시작하고, 몇 주 동안 부지런히 필사를 하느라 눈이 일시적으로 나빠졌다는 생각이 들었다.

"자네 눈이 완치되면 그때도 필사를 하지 않을 건가?"

"네. 필사를 포기했어요."

놀라운 일이었다. 필경사가 필사를 하지 않겠다니? 그럼 사무실에서 아무 일도 하지 않을 텐데 이곳에 남아 있을 이유가 있나? 나는 참다못해 바틀비에게 앞으로 6일 안에 무조건 사무실을 떠나야 한다고 말했다. 하지만 바틀비는 사무실을 떠나지 않았다. 그에게 지불해야 할 급료에 돈을 조금 더 얹어주었는데도 그는 도무지 떠나질 않았다. 우여곡절 끝에 나는 사무실을 다른 곳으로 옮겼는데, 바틀비는 여전히 예전 사무실에 남아 사람들을 곤란하게 만들었다. 결국 나는 바틀비를 다시 만나 설득해보기로 했다.

"이제 둘 중 하나를 선택할 수밖에 없어. 자네가 무슨 조치를 취하든지, 아니면 자네한테 무슨 조치가 취해지든지. 앞으로 무슨 일을 하고 싶나? 다시 필사를 할 건가?"

"아니요. 뭔가 다른 일을 하고 싶습니다. 하지만 내가 까다로운 것은 아닙니다."

나는 그에게 여러 번 반복해서 물었지만 그는 비슷한 대답만 할 뿐이었다. 얼마 후 그는 부랑자 신세가 되어 툼즈 구치소에 갇혔고 아무것도 먹지 않은 채 쓸쓸히 죽음을 맞이했다.

▌ 번아웃은 어째서 오는 걸까?

바틀비는 결국 아무것도 하지 않은 채 마치 모조리 불타버린 연료처럼 죽음을 맞이했다. 미국의 정신분석 의사 프로이덴버거는 바틀비처럼 열심히 일하다가 갑자기 일에 대한 보람을 잃고 무기력에 빠지는 현상을 가리켜 번아웃 증후군이라는 이름을 붙였다. 그는 번아

　　　　　　　　　　　　　　친애하는 내 마음에게

웃을 사람이 스트레스와 피로에 장시간 노출돼 신체적·정신적 에너지가 급격히 소모되어 결국에는 무기력에 시달리고, 자신의 일에 대한 의미를 상실한 채 건강까지 위협받는 상태라고 설명했다. 2019년 세계보건기구WHO도 번아웃 증후군을 건강을 위협하는 요인으로 인정했다.

프로이덴버거의 뒤를 이은 심리학자 크리스티나 매슬랙Christina Maslach은 번아웃을 일으키는 요인으로 정서적인 탈진과 비인격화, 그리고 자아 성취감의 저하를 들었다. 가장 먼저 정서적인 탈진은 쏟아지는 업무와 일정의 압박, 열악한 작업 환경 등 주로 외부 세계와의 관계에서 발생한다. 작품 속에서 바틀비는 비좁은 사무실에서 근무한다. 그곳에는 변호사와 세 사람의 필경사, 그리고 진저넛이 함께 일했고, 업무는 늘 쏟아졌으며 식사도 제대로 챙겨 먹지 못할 형편이었다. 정서적 탈진의 위험이 상존했던 곳이었다.

둘째, 비인격화는 상사의 혐오와 냉소, 그리고 무시, 혹은 동료와의 경쟁을 조장하는 분위기에서 발생하는 인간관계적인 요인이다. 바틀비의 고용주인 변호사는 자기 직원에 대해 존중하는 법을 모르는 사람이었다. 그는 필경사 터키가 나이 들어서 오후에 제대로 일을 못한다고 불만을 드러냈으며, 니퍼즈가 소화불량으로 시달리고 있는데도 그 이유를 찾으려 하지 않았다. 급료를 주는 것만으로 자기 몫을 다했다고 생각하는 고용주. 팀워크는커녕 서로가 서로를 공격하지 않는 것을 다행으로 여겨야 하는 분위기에서 사람들은 비인격화를 경험하게 된다.

마지막으로 자아 성취감의 저하. 이는 업무에서 자율성을 침해받거나 제대로 된 보상을 받지 못할 때 일어나는 현상이다. 본래 필경사라는 업무가 주어진 문서를 필사하는 일이기에 자율성을 지니기는 어렵다 치더라도, 변호사는 필경사 업무 이외의 일을 아무 대가나 보상 없이 그저 관례대로 맡기려 했다. 일은 많고 반면에 자율성이나 보상이 주어지지 않는다면 누가 그 일을 긍정할 수 있을까.

▌번아웃은 성격 탓일 수도 있다

그런데 번아웃을 일으키는 요인 중에 한 가지 빠뜨린 게 있다. 바로 개인적인 성향이다. 프로이덴버거에 따르면 번아웃은 본래 열심히 일하지 않는 사람들이 경험하는 게 아니다. 오히려 자기 일에 헌신하고 전념하는 사람들, 지나치게 높은 목표를 세우고, 때로는 남들을 도와야 한다는 도덕적 압박을 받는 사람들에게서 더 많이 나타난다. 이들은 특히 타인을 도와야 한다는 강박적 사고에 시달리는데, 다시 말해 선행의 욕구에 사로잡혀 이른바 '헬퍼 증후군'을 겪는다.

이들은 자신의 업무 이외의 사회생활을 포기한 경우가 많으며, 다른 외부적인 관계나 활동은 잊은 채 오로지 자기 일에만 몰두하는 경향이 짙다. 가족도, 친구도, 여가도, 취미생활도 이들에게는 찾아보기가 어렵다. 이들은 퇴근 후에도 오로지 일만 생각하며 자신이 맡은 일을 만족할 때까지 끝내려는 경향을 지닌다. 바틀비를 떠올려보자. 그

친애하는 내 마음에게

는 퇴근도 하지 않고 밤늦게까지 필사에 파묻혀 지냈다. 자신의 전력을 다하다 번아웃에 빠져버린 것이다. 우리가 앞에서 봤던 편집자 수정 씨 역시 전력을 다하다 번아웃에 빠졌다. 어디 직장에서 뿐일까? 완벽주의적인 성향을 지닌 학생이나 가정주부도 얼마든지 번아웃 증후군에 시달릴 수 있다. 요즘 고등학생들은 생활기록부 활동을 채우고 수능을 준비하느라 하루가 모자라다. 자기 일뿐만 아니라 조별 활동에 학생회 활동, 봉사 활동까지 타인과 공동체에 대한 헌신마저 요구하니 학생들이 번아웃을 호소하는 경우가 크게 늘었다.

번아웃에 빠진 이들의 특징 중 하나는 자기만큼 일을 잘하는 사람이 없다고 생각하는 것이다. 그렇기 때문에 이들은 모든 일을 자기 통제에 두려는 경향이 있다. 이 때문에 주변 사람들이나 동료와 잦은 갈등을 겪기도 하고, 홀로 고립된 채 일을 하는 경향도 나타난다.

▍의지를 갖고 행하는 일만이 고귀하다

번아웃 증후군에서 벗어나기 위해서는 무엇보다 환경의 변화가 필요하다. 이것은 주로 해당 공동체를 이끄는 리더들이 해야 할 몫이다. 가장 먼저 회복이 불가능할 만큼 업무를 요구하지 않아야 하고, 각자의 자율성을 인정해줘야 하며, 일에 대한 타당한 대가를 반드시 지불해야 한다. 또한 공동체 안에서 동료의식을 느끼도록 협동하는 분위기를 만들고, 현재 진행하는 업무에 도덕적인 가치를 명확히 인식하도록 도와야 한다. 적어도 기계처럼 일하고 있다는 느낌이 없도록 일

의 가치를 명확히 인식시켜주어야 한다.[2]

다음으로 개인이 해야 할 일은 무엇보다 쉬는 일이다. 번아웃이 의심될 때는 일과 공부를 줄이고, 목표를 낮추고, 삶의 의미를 되새기며, 쉬어가는 지혜가 필요하다. 운동과 취미활동으로 일의 속도를 조절하고 충분한 수면을 취하는 것도 중요하다. 요구가 많은 일은 경계하고 그날그날 업무량을 정해둔 채 절대 집에서 일을 해서는 안 된다. 또한 남과의 비교를 멈추고 자신의 내면에 귀를 기울여 자신이 진짜 원하는 게 뭔지 찾아야 한다. 무엇보다 지금 하는 일에 자신의 의지가 투영되어 있는지 생각해야 한다. 철학자 니체의 말처럼 자기 의지를 갖고 행하는 일만이 고귀하기 때문이다.

자, 그렇다면 바틀비는 번아웃 증후군에서 벗어나지 못했던 걸까? 바틀비의 말을 다시 들어보자. "그렇게 안 하고 싶습니다." 그는 "그렇게 하고 싶지 않습니다"라고 말하지 않았다. '~싶지 않다'는 말은 더 이상 하고 싶은 의지가 없다는 뜻이지만 '안 하고 싶다'는 것은 주어진 일을 거부하겠다는 '자기 의지'의 표현이다. 다시 말해 '안 하고 싶다'는 '나는 이미 기존 사회가 짜놓은 판에서 일하기 싫다'는 것을 의미할 뿐, '하고 싶은 것이 없다'는 의미가 아니다. 그는 다시 말했다. "아니요. 뭔가 다른 일을 하고 싶습니다"라고. 바틀비는 경쟁이 난무하는 자본주의적인 삶의 방식이 아니라 뭔가 다른 일을 꿈꾸고 있었던 것이다. 그는 사무실 벽을 바라보며 고요히 자신의 내면에 귀를 기울이고 있던 것일지도 모른다. 오히려 그걸 참아주지 못한 사회에 여

친애하는 내 마음에게

유가 없는 것일 뿐.

자, 이제 처음으로 돌아가 편집자로서의 일을 그만두겠노라고 선언한 수정 씨를 생각해보자. 어쩌면 이 사람, 지금 자기 내면에 귀를 기울이고 있는지 모른다. 그동안 주변의 기대와 요구에 자기를 맞추느라 온 힘을 다해 살아왔을 텐데, 이제는 자기를 돌아보는 귀한 시간을 보내려고 결단했을지 모를 일이다. 그러니 다그치기보다 공감이 필요한 순간이다. 멍때리는 것도 꼭 나쁜 건 아니지 않는가. 잠시 스위치를 꺼두는 능력, 그것이 번아웃을 극복하는 하나의 방법일 수 있다.

번아웃의 씨앗, 일중독

#일중독 #과잉적응 증후군
#금단 증상

　앞에서도 언급한 것처럼 바틀비는 퇴근도 하지 않고 스스로 일에 파묻혀 지냈다. 흔히 말하듯 바틀비는 한동안 일중독에 빠져 있었고 그것이 번아웃을 일으킨 원인 중 하나인 셈이다.

　그렇다면 일중독은 어째서 발생하는 것일까? 그보다 먼저 일도 중독이 될 수 있는 것일까? 흔히 중독이라고 하면 사람들은 대체로 알코올, 마약, 니코틴 등 물질 중독을 떠올린다. 이런 물질들은 뇌의 보상 회로에 흥분을 야기해 중독 증상을 일으키기 때문이다. 하지만 이런 물질적 자극이 아니더라도 아드레날린이나 엔도르핀, 도파민 등 흥분을 야기하는 물질이 자체 생성되어 중독 증상을 일으키는 경우도 존재한다. 도박, 쇼핑, 게임 등 인간의 행동도 보상회로에 영향을 주기 때문이다. 이런 행위 중독 중 하나가 바로 일중독이다.

　대체로 중독이 되려면 행위에 대한 집착이 강해야 하고, 그것으로 인해 기분이 조절될 수 있어야 한다. 행위를 하는 과정에서 기분이 좋아져야 한다는 의미다. 만약 행위가 감소되면 스트레스 반응, 즉 금단 증상이 나타나고, 그것으로 인해 주변 사람과 갈등하거나 내면의 갈등이 있어야 중독이라고 할 수 있다. 따라서 일을 하지 않으면 불안해하거나 죄의식을 느끼다가도 일에 몰두하면 다시 안정되고 쾌감을 느끼는 사람은 한 번쯤 일중독을 의심해봐야 한다. 일 이외에 자신을 지탱해줄 힘이 없다면 심각한 일중독이라고 할 수 있다.

사실 일중독이라는 말은 저널리즘적인 용어로서 보다 정확한 심리학적 명칭은 과잉적응 증후군이다.[3] 이 증상은 단순히 일이 좋아서 일에 몰입하는 것을 의미하는 것이 아니라 삶에서 균형을 잃고 심각한 조절 불능 상태에 빠진 병적인 상태를 말한다. 이들은 항상 일에 대한 생각에 골몰하며, 완벽을 지향하고, 일에 대해서 완벽하게 통제하려는 경향이 강하다. 그런 까닭에 일상에서 전혀 쉴 틈이 없다.

그러나 이들의 내면은 우울과 고립감으로 휩싸여 있을 때가 많고, 실패에 대한 두려움이 높다. 늘 각성되어 있으며 미래지향적이면서도 유연성은 떨어진다. 또한 경쟁적이고 공격적인 추진력을 지니고 있어서 그만큼 대인관계에 곤란을 겪고 친밀성도 부족하다. 일에 대한 과도한 몰입으로 상습적으로 피로감에 빠지고 정서적인 탈진은 물론, 육체적인 곤란도 자주 겪는다. 구체적인 사례는 이미 바틀비의 삶으로 충분할 것 같다. 만약 사례가 모자라다고 생각하면 주위를 둘러보고 일중독이 의심되는 이들을 잘 관찰해보면 거의 대부분 위의 특성을 지니고 있을 것이다.

그렇다면 과잉적응 증후군, 즉 일중독에 빠지는 까닭은 뭘까? 다양한 원인이 존재하지만 그중에서도 주목해야 할 심리적인 원인으로는 높은 불안과 낮은 자존감을 들 수 있다. 이들은 자신의 낮은 자존감을 일을 통해서 보상받으려는 욕구가 강하며, 불안이 높은 까닭에 강박적인 성격이 형성되어 일에 매달리려는 성향을 지닌다. 불안과 낮은 자존감은 앞에서 수차례 살펴보았듯이 성장 과정이나 부모의 양육 태도에서 기인하는 경우가 대부분이다.

그 밖의 원인들도 다양하게 존재한다. 승자 독식의 문화나 경쟁적인 사회 분위기, 성취에 대한 과도한 경제적·사회적 보상 등은 일에 대한 중독을 부추기는 경향이 있다. 이외에도 과도한 책임감이 일중독으로 나타나기도 한다. 가족을 위해 헌신하려고 초과근무를 하는 경우가 이런 사례다. 반대로 가족과 갈등을 겪고 있을 때, 이를 회피하기 위한 도피 수단으로서 일중독에 빠질 수도 있다.

일중독이 위험한 까닭은 당사자는 물론 주변 사람들에게도 몹시 부정적인 영향을 주기 때문이다. 가장 먼저 본인 스스로 우울, 걱정, 분노 등 부정적인 정서를 자주 경험하게 된다. 동료들과의 친밀감이 떨어지고 그들을 신뢰하지 않기 때문에 고립과 소외를 경험하다 우울에 휩싸이게 되는 것이다. 또한 이들은 불면증과 같은 수면장애를 겪고 만성 피로에 시달리며, 면역 체계에 손상이 일어나 육체적인 질병에 노출될 위험이 높다. 무엇보다 스트레스를 해소하기 위해 폭식, 폭음, 흡연 등 2차적인 중독에 빠질 위험성이 높다.

친애하는 내 마음에게

주변 사람들도 괴롭기는 마찬가지다. 가장 먼저 가족은 직접적인 피해를 겪고, 직장 동료들도 부정적인 영향을 받는다. 완벽주의적인 성향을 지닌 이들은 대체로 타인에게 공격적이고 비판적인 반면, 타인의 장점과 가치는 제대로 인정하지 않는다. 이런 사람이 가족이나 직장에 있다면 상호 간의 신뢰는 서서히 무너지기 마련이다.

일중독에서 벗어나기 위해서는 스스로 자신의 상황을 인식하는 것이 가장 중요하다. 충분한 수면과 규칙적인 운동, 그리고 자신에게 맞는 취미생활 등으로 여가를 보내는 게 필요하다. 무엇보다 자신이 일을 하는 목적성과 그 의미를 되새기는 일이 필요하다.

과잉적응 증후군을 명확히 진단하는 기준은 설정되어 있지는 않다. 다만 일중독을 경험하는 이들이 평소 느끼는 몇 가지 경우를 적어 보면 아래와 같다. 만약 다수가 해당된다면 일중독을 한 번쯤 의심해 봐야 한다.

① 일을 하지 않는 동안 불안하거나 스트레스를 받는다.
② 어떤 방법을 써서라도 일할 시간을 더 확보하려고 생각한다.
③ 불안과 우울, 무기력을 줄이기 위해서 일을 한다.
④ 일에서 벗어나 쉬고 있을 때 죄책감을 느낀다.
⑤ 일을 위해서 취미나 여가, 사회 활동 등을 미룬다.
⑥ 일을 해야 한다는 강박관념을 가지고 있다.
⑦ 일을 하면서 건강을 해친 적이 있다.

5부

나의 친애하는 나에게

몰입과 그릿, 긍정심리학

5부는 지금까지 앞에서 다룬 내용과는 차별성을 지닌다. 앞서 다룬 내용들은 대부분 정신의 부정적인 내용만을 다룬 데 비해 5부의 내용은 인간이 지닌 긍정적인 정신적 가치를 다루고 있기 때문이다. 첫째 장은 그릿과 몰입에 관한 장으로서 자아의 성취를 가능하게 하는 정신적인 요소를 다루고 있다. 미하이 칙센트미하이의 몰입과 앤절라 더크워스의 그릿 개념을 적절히 조합하여 헤밍웨이의「노인과 바다」를 분석한다. 둘째 장은 사랑과 친밀감에 대한 내용으로, 어떻게 하면 좋은 관계를 형성할 것인지에 주목한다. 스턴버그의 사랑의 삼각형 이론을 활용해 톨스토이의「부활」을 분석한다. 5부를 읽으며 더 나은 사람, 더 나은 관계를 한 번쯤 고민해보는 것도 의미 있을 것이다.

끈기와 열정이
몰입을 부른다

「노인과 바다」_ 어니스트 헤밍웨이Ernest Hemingway

　수연이는 입학 성적이 형편없었다. 진단고사를 봤을 때, 수연이의 성적은 과학 성적을 빼고는 모든 과목이 최하위권이었다. 그런데 목표 의식이 뚜렷하고 멘탈이 강했던 수연이는 전혀 주눅 들지 않았다. 그에 비해 정주는 최상위권 성적으로 입학해서 주위의 기대를 한 몸에 받았는데 관심이 지나친 탓인지 가끔씩 불안을 호소했다. 졸업 때 결과는 놀라웠다. 수연이는 2등으로 졸업해서 유명 대학 의대에 입학한 반면, 정주는 대학입학시험에 고배를 마시고 진학에 실패하고 말았다. 대체 무슨 일이 있었던 것일까?

　"정주는 참 아깝게 됐어요. 입학 성적은 우수했는데."

　"머리는 좋았지만 목표가 없었잖아요. 제가 2, 3학년 담임을 했었는데 진로를 정하는 데 갈팡질팡하더라고요. 부모는 의대를 보내려고 그렇게 공들였지만. 아이가 사춘기가 늦게 온 건지 수업도 빼먹고 빈 교실에서 게임하다 몇 번이나 걸렸는지 몰라요. 성적은 그럭저럭 나왔었는데, 일부러 시험을 망친 거 같기도 하고."

"그에 비하면 수연이는 정말 성공했죠. 거의 꼴찌나 다름없었는데."

"수연이가 얼마나 노력을 많이 했는데요. 진로 수업 때 발표를 들어봤더니 목표를 가지런하게 정리했더라고요. 사회에 나가서 무슨 일을 할지, 대학을 어떻게 갈지, 매월, 매주 계획까지 꼼꼼하게 세워두고 체크리스트까지 만들어서 생활했어요. 수연이가 그랬어요. 자기는 학교에 입학해서 더는 잃을 게 없다고 생각했다고. 걔 성적이 한 번에 오른 게 아니에요. 아주 조금씩 나아지다가 졸업할 때 대박쳤죠. 책상에 딱 붙인 엉덩이가 영리한 머리보다 힘이 센가 봐요."

"그러고 보니 재능이 다가 아니에요. 끈기 있게 하는 게 중요하지."

"그것도 그건데 몰입하는 것도 중요하다고 봐요. 정주가 노력을 못한 게 다른 이유가 있겠어요? 부모가 의대를 가라고 강요하니 공부에 몰입이 안 될 수밖에요."

사람은 누구나 자아실현을 하고자 한다. 자기 인생을 의도적으로 망치고 싶은 사람이 누가 있겠는가? 그런데 안타깝게도 성공적이고 만족스러운 삶이 누구에게나 주어지는 것은 아니다. 그렇다면 무엇이 성취를 가능하게 할까? 부모로부터 물려받은 재산? 타고난 재능?

　　　　　　　　친애하는 내 마음에게

아니면 불같은 열정이나 불굴의 의지?

앞의 사례에서 수연이에게 있고 정주에게 없는 것은 아마도 노력과 몰입일 것이다. 시카고 대학의 심리학 교수 미하이 칙센트미하이 Mihaly Csikszentmihalyi는 말한다. 어떤 일을 성취하기 위해서는 집중과 몰입이 중요하다고. 그에 따르면 정주는 몰입이 어려웠고, 수연이는 몰입했다. 또 다른 심리학자 앤절라 더크워스 Angela Duckworth는 성취 요인에 그릿 grit을 추가했다. 그릿은 우리말로 '열정적인 끈기의 힘'으로 번역할 수 있다. 두 심리학자의 말대로 몰입과 그릿을 갖춘다면 비록 당장에 어려움을 겪을지라도 삶에서 패배는 없을 것이다. 어니스트 헤밍웨이의 「노인과 바다」에 등장하는 산티아고 노인처럼.

📝 원작 열기 1

쿠바의 아바나 항구. 그는 멕시코 만류에서 홀로 고기잡이를 하는 늙은 어부였다. 노인은 벌써 84일이 지나도록 고기를 한 마리도 낚지 못했다. 본래 노인에게는 그를 돕는 소년이 있었다. 하지만 오랫동안 고기를 낚지 못하자 소년의 부모는 소년을 다른 배에 옮겨 타게 했다. 소년은 부모의 말을 따랐지만 어릴 때부터 고기 잡는 법을 가르쳐주던 노인을 저버리지는 않았다.

노인은 노쇠해 있었다. 깡마르고 여윈 데다 목덜미에는 주름이 깊게 잡혔고 두 손에는 굵은 밧줄로 생긴 상처가 깊게 패여 있었다. 하지만 두 눈만은 바다처럼 푸른 빛깔로 기운차고 지칠 줄 몰랐다. 체력도 아직 문제가 없었다. 그는 큰 고기가 많이 잡히는 가을에 제대로 힘을 쓰려고 5월부터 바다거북의 알을 먹어두었고, 아무도 먹지 않는 비릿한 상어의 간유도 날마다 챙겨 마셨다. 그건 감기에 효력이 있었고 눈에도 좋았다.

"조류가 이대로만 계속되면 내일도 틀림없이 날씨가 좋겠구나."

"어디로 나가실 생각인가요? 할아버지."

"멀리 나갔다가 바람이 바뀌면 돌아올 생각이다."

"제 주인아저씨한테도 멀리 나가자고 해볼 게요. 큰놈을 낚아 올릴 때 제가 옆에서 거들 수 있게 말이에요."

"그 사람은 멀리 나가는 걸 좋아하지 않을 거야."

"그건 그래요. 그런데 할아버지, 진짜 큰 고기가 잡힐 때 놈을 이길 만큼 기운은 남아 있으시죠?"

"아마 그럴 게야. 게다가 난 온갖 요령도 알고 있잖니."

"할아버지는 제가 아는 한 가장 훌륭한 어부세요. 아주 뛰어난 어부도 더러 있지만 할아버지에게 비길 만한 사람은 없죠."

이튿날 새벽. 노인은 조각배를 타고 바다에 나섰다. 그는 쉬지 않고 꾸준히 노를 저어나갔다. 날이 완전히 밝기 전이었지만 그는 미끼를 드리우고 조류가 흐르는 대로 배가 떠다니도록 내버려두었다. 뭍에서 한참을 떠나왔을 때, 노인은 어두운 물속에 낚싯줄을 곧게 드리우고 그곳을 유심히 내려다보았다. 그는 어떤 어부보다

친애하는 내 마음에게

도 낚싯줄을 똑바로 드리울 수 있었다. 다른 어부들은 조류가 흐르는 대로 미끼를 내맡겼지만 그는 정확히 그가 바라는 수심에 미끼를 놓고 그곳을 헤엄쳐가는 고기를 낚을 줄 알았다.

한 무리의 만새기 떼가 지나쳤고, 4킬로그램에 가까운 다랑어 한 마리가 잡혔다. 미끼로 쓰기에 훌륭했다. 하지만 아직 큰 물고기는 입질조차 없었다. 그는 지루한 탓이었는지 무심결에 자기가 즐겨듣는 야구 중계에 관심이 갔다. 하지만 이내 생각을 바꾸었다.

"지금은 야구 생각을 할 때가 아니지. 지금은 한 가지 일만 생각할 때야. 그 일을 위해 내가 태어나지 않았던가. 저 다랑어 떼 주변에 어쩌면 큰 놈이 하나 있을지 몰라."

그는 배가 먼 바다로 떠내려가게 내버려둔 채 잠시 잠을 청했다. 그때였다. 초록색 막대기가 갑자기 물속으로 푹 잠기는 것이 보였다. 180미터나 되는 바다 밑에서 커다란 청새치 한 마리가 미끼를 뜯어 먹고 있는 것이었다.

▮ 노인은 왜 먼 바다로 향했을까?

84일이 지나도록 고기를 낚지 못하는 늙은 어부. 거의 석 달 동안 고기를 못 잡았으니 경제적인 사정은 매우 나빠졌을 것이고 주위 사람들의 비웃음도 만만치 않았을 것이다. 그렇다면 어째서 노인은 고기를 못 잡는 것일까? 고기 잡는 기술이 모자라거나 아니면 늙어서 기운이 다한 탓일까? 하지만 소년과의 대화에서 노인은 여전히 자신의 기술에 대해 자부심을 지니고 있고, 힘도 다하지 않은 것 같다. 그렇다면 고기를 못 잡는 건 단지 그의 운이 다해서일까?

그가 고기를 낚지 못하는 건 다른 이유 때문이 아니다. 그가 먼 바다를 고집해서다. 노인은 웬만한 낚시에는 만족할 줄 모른다. 그는 소년에게 말한다. 먼 바다에 나갈 거라고. 먼 바다, 그곳은 다른 어부들은 잘 가지 않는 곳이다. 소년이 새로 타게 된 배의 주인도 꽤 큰 고기를 잡기는 했지만 먼 바다에 나선 일은 없었다.

대부분의 어부들은 그럭저럭 고기잡이에 만족하며 생업을 이어간다. 하지만 노인은 달랐다. 그는 가까운 바다가 아니라 먼 바다를 향했다. 만약 노인이 오로지 먹고살기 위해서 고기를 잡았다면, 다시 말해서 현실에 적당히 타협해 살기로 마음먹었다면, 그는 결코 먼 바다로 나가지 않았을 것이다. 숙련된 기술로 항구 근처에서 어지간한 물고기를 잡아 올릴 수 있을 테니 말이다. 하지만 그에게 이런 일상은 의미가 없었다. 권태롭고 무료한 일상은 그에게 만족을 주지 않는다.

사람은 언제 만족을 느낄까? 칙센트미하이에 따르면 사람은 자신이 능동적이고 강인하다는 느낌이 들 때 만족을 느낀다고 한다. 어쩔 수 없이 일할 때, 또는 아무 일도 하지 않을 때 사람은 바다 위를 떠다니는 해초처럼 흐느적거릴 뿐, 전혀 만족을 느끼지 못한다. 반면에 스스로 할 일을 선택하고, 그 일을 수행하면서 자신이 유능하다고 느낄 때 사람은 만족을 얻는다.[1] 하지만 모든 이들이 이런 경험을 하는 것은 아니다.

친애하는 내 마음에게

그렇다면 스스로 할 일을 선택하면서 자신을 성장시키기 위한 조건은 무엇일까? 그것은 자신이 도달하고자 하는 자아의 모습을 뚜렷하게 인식하는 것이다. 다시 말해서 얼마나 확실하게 목표를 세우느냐가 중요하다. 목표가 없으면 삶은 일종의 엔트로피entropy 상태처럼 무질서해진다. 반면 목표가 있으면 삶에는 뚜렷한 질서가 생긴다. 무엇을 하고 무엇을 하지 말아야 할지, 언제 쉬고 언제 집중할지 결정할 수가 있다. 또한 에너지가 집중되면 일에 대한 수행 능력이 향상되고 자기 효능감이 높아지며 최종적으로 만족과 행복을 느낄 수 있다. 그러므로 가장 중요한 일은 자신이 도달하고자 하는 미래의 자아를 결정하는 일, 즉 목표를 세우는 일이다.

노인은 먼 바다를 자신의 목적지이자 목표로 삼고 살아왔다. 아무리 나이를 먹고 기운이 달리고 운이 다했다 해도, 주위에서 늙은이라고 무시하고 조롱한다 해도, 그는 자신의 목표를 수정한 적이 없다. 먼 바다에 나가 큰 고기를 낚는 진짜 어부로서의 삶, 그것이 노인의 목표였기에 그는 한줌의 후회 없이, 나름의 규칙과 질서를 세워 삶을 성실히 살아왔다.

▌목표는 그릿을 가능하게 만든다

노인의 목표는 진짜 어부가 되는 일이었다. 그런 까닭에 그는 84일 동안 아무 성과가 없었는데도 묵묵히 일상을 견뎠다. 고기를 낚지 못했던 84일. 이 시기는 6월에서 8월까지 석 달이었고 무엇보다 여름이었다. 여름은 성취감을 느낄 만큼 큰 고기를 낚기는 어려운 시기다. 그러므로 고기가 잡히지 않는 동안 노인은 초조하거나 불안할 이유가 없었다. 꿈을 꿀 때가 아니기 때문이었다. 다만 그는 이 시기 동안 꾸준히 꿈을 이룰 준비를 했다. 남들은 다 꺼려하는 비릿한 상어의 간유를 마시고 바다거북의 알을 챙겨 먹었다. 큰 고기를 낚는 진짜 어부로서의 목표를 이루기 위해 인내와 끈기의 시간을 보냈고, 자기 의지대로 노력을 기울여왔다. 이처럼 목표는 삶의 질서를 잡아줄 뿐 아니라 인내와 끈기, 노력을 가능하게 만든다.

펜실베이니아 대학의 심리학자 앤절라 더크워스는 성취를 이루기 위한 노력과 끈기를 가리켜 '그릿'이라고 불렀다. 더 정확히 말하자면 그릿이란 재능과 환경을 뛰어넘는 '열정적인 끈기와 노력'을 가리킨다. 그에 따르면 자아 성취를 이룬 사람들 대부분은 재능보다 그릿의 척도가 높았다. 물론 성취를 위해서는 재능이 필요하다. 이를 부정하는 게 아니다. 하지만 재능만으로 성취되는 일은 많지 않다. 재능 하나만 믿고 자만했다가 실패하는 사례가 우리 주변에 종종 있지 않나.

더크워스는 성공한 사업가, 운동선수를 인터뷰해 그릿의 중요성을 경험적으로 증명한 후, '성취 = 재능 × 노력²'이라는 공식을 제시했다.[2] 재능도 성취에 영향을 주지만 그릿은 그 제곱만큼 성취를 가능하게 한다는 것이다. 그렇다면 그릿의 수준을 어떻게 올릴 수 있을까? 어떻게 지속적인 노력과 동기부여를 가능하게 할까? 답은 예상대로 목표 의식이다. 더크워스 역시 그릿의 수준을 올리기 위해 가장 먼저

　　　　　　　　친애하는 내 마음에게

목표 의식을 제시한다.

하지만 이때 목표 의식은 막연히 낙관적인 희망을 가리키는 말이 아니다. 막연한 꿈은 그저 긍정적인 환상일 뿐이며, 이런 목표 의식은 자칫 실망감만 안겨줄 수 있다. 의사나 변호사가 되겠다는 당찬 포부, 그러나 막연한 낙관성은 초라한 자신의 현실을 되돌아볼 때 낭패감과 좌절감을 안겨줄 수 있다. 구체성도 없고 난관도 예상하지 않은 낙관이란 그저 헛된 망상에 다름없다. 그렇다면 참된 목표는 어떤 모습일까? 더크워스는 목표는 위계화되어야 한다고 말한다. 가장 구체적인 하위 목표부터 가장 추상적인 상위 목표까지 가지런하고 체계적으로 설정되어 있을 때, 목표는 지속가능한 동기를 부여하고 그릿을 가능하게 한다. 최하위의 작은 목표를 하나씩 성취할 때마다 자기 효능감이 높아지고, 그것이 지속적인 동기를 만드는 것이다.

노인의 최상위 목표는 진짜 어부로서의 삶이다. 이를 위한 하위 목표는 먼 바다에 나가는 것이고, 그보다 더 하위 목표는 몸을 건강하게 유지하는 것이며, 가장 최하위 목표는 매일 아침 상어의 간유를 먹고, 바다거북의 알을 먹는 일이다. 최하위 목표를 달성하면서 노인은 중얼거렸을 것이다. '오늘도 간유를 먹었어. 비릿하지만 이게 진짜 어부가 되는 길이지'라고. 작은 목표 하나를 성취할 때의 만족감. 그것은 그에게 자신이 능동적이고 강인하며 유능한 사람이라는 것을 일깨우는 시그널이었을 것이다. 하루하루의 작은 성취가 언젠가 최상위 목표를 이루게 한다는 것을 노인은 알고 있었다.

'이렇게 먼 바다까지 나온 걸 보면 아주 큰 놈인 게 틀림없어.'

노인은 여분의 낚싯줄을 연결했다. 얼마 후 청새치가 미끼를 완전히 삼킨 것을 느끼자 노인은 낚싯줄을 잡아당겼다. 두 팔의 힘과 온몸의 무게를 실어서 당기고 또 당겼지만 아무 반응이 없었다. 그의 낚싯줄은 본래 큰 고기를 잡기 위해 만든 것이라 아주 튼튼했지만 청새치는 먼 바다를 향해 헤엄칠 뿐 물 위로 올라올 기미가 없었다. 문득 뒤를 돌아보니 더 이상 뭍이 보이지 않았다.

'뭍이 보이지 않으면 어때. 난 언제든 아바나에서 비치는 불빛을 보고 항구로 돌아갈 수 있는걸. 해가 져도 달이 뜰 테고, 달이 지면 내일 아침 해가 뜰 테지. 지금 내 몸에는 기운이 흘러넘치고 있어.'

그는 나머지 낚싯대를 거두고 낚싯줄을 잘라 예비 낚싯줄을 마련해두었다. 오로지 큰 고기만 낚을 생각뿐이었다.

날이 저물었다. 배는 고기가 심하게 움직일 때마다 흔들렸고, 노인은 그만 어둠 속에 고꾸라져 얼굴이 찢겼다. 이튿날 노인은 줄을 잡아당기려 했지만 줄은 금방이라도 끊어질 듯 팽팽했다. 또다시 고기가 요동쳐서 그는 다시 한번 고꾸라졌다. 잠시 후에는 갑자기 낚싯줄이 당겨지면서 손에 상처가 났고 피가 흘렀다. 왼손은 쥐까지 났다. 노인은 떠올렸다. 줄을 넉넉하게 가져올 것을. 그리고 노인은 소년을 데려오지 않은 것을 아쉬워했다.

마침내 놈이 보이기 시작했다. 짙은 자줏빛의 머리와 등, 옆구리의 연보랏빛 줄무늬. 노인이 타고 있는 배보다도 더 큰 물고기였다. 물고기는 전혀 지쳐 보이지 않았다. 반면에 노인에게는 고통이 엄습했다. 그는 신앙심이 없었지만 기계적으로 기도를 드리기 시작했다.

"거룩하신 성모 마리아여, 이 고기의 죽음을 위해 기도해주소서. 참 훌륭한 놈이지만 저는 놈을 죽일 겁니다."

녀석은 물 위로 한 번 솟구치더니 다시 바닷속으로 들어갔다. 또다시 해가 떨어지고 있었다. 노인은 그 사이 만새기 한 마리를 잡아 요기를 하고 녀석과 싸울 기운을 얻었다. 하지만 그는 고통스러웠고 기운이 없었다. 낚싯줄을 멘 등은 무감각했고 손은 상처투성이였으며, 제대로 잠을 이루지도 못했다. 하지만 그는 스스로에게 되뇌었다.

"이보게, 늙은이. 두려워하지 말고 자신감을 갖도록 하시지. 이따위 고기하고 맞서다 죽을 순 없지. 하느님, 제발 버틸 수 있는 힘을 주소서."

마침내 고기가 물 위에 다시 모습을 드러냈다. 노인은 작살을 있는 힘껏 높이 쳐들어 마지막 힘을 다해, 아니, 그 이상으로 고기의 옆구리를 찔렀다. 작살의 날이 살 속을 뚫고 들어가는 것이 느껴졌다. 마침내 노인은 고기의 숨통을 끊었다. 한눈에 봐도 700킬로그램이 넘는 커다란 고기. 노인은 고기를 배에 실을 수 없자, 배에 단단히 붙들어 매었다.

최초의 상어들은 한 시간 뒤부터 습격해왔다. 놈들은 고기의 피 냄새를 맡고 그 살을 뜯어 먹기 시작했다. 좋은 일이란 오래가는 법이 없구나. 노인은 생각했다.

"하지만 인간은 패배하도록 창조된 게 아니야. 인간은 파멸당할지는 몰라도 패배할 수는 없어. 희망을 버리는 일은 죄악이야."

노인은 습격해오는 상어들을 작살과 몽둥이로 물리쳤다. 하지만 상어들은 줄기차게 찾아왔다. 노인은 작살이 떨어지고 칼이 끊어지자, 키 손잡이를 떼어내어 상어들과 대적했다.

"놈들과 싸우는 거지. 죽을 때까지 싸울 거야."

그 후로도 오랫동안 상어들은 노인과 고기를 괴롭혔다. 그때마다 노인은 있는 힘을 다해 상어를 물리쳤다. 마침내 항구가 보였을 때 배는 훨씬 더 가벼워져 있었다. 노인은 완전히 녹초가 되었다. 그는 모든 것을 초월한 채 배를 항구에 닿을 수 있도록 몰았다. 상어떼는 마치 음식 부스러기를 주워 먹기라도 하듯 고기의 잔해에 덤벼들었다. 그러나 노인은 오직 키 잡는 일에 열중했다. 그리고 생각했다.

'그래도 배에는 이상이 없구나. 키 손잡이 빼고는 전혀 피해가 없어. 거대한 바다, 그곳에는 우리의 친구도 있고 적도 있는 거지.'

이튿날, 항구에는 고기의 커다란 등뼈가 수면 위에 모습을 드러낸 채 조류에 휩쓸려 흔들리고 있었다.

친애하는 내 마음에게

▌몰입 = 힘든 과업 × 수준 높은 실력

노인은 낚시에 걸려든 청새치에 몰두했다. 배에 걸어둔 다른 낚싯대들을 모두 거둬들이고 낚싯줄을 잘라 예비로 갖춰뒀다. 오로지 녀석에게만 신경 쓰기 위해서였다. 그는 다른 생각은 전혀 하지 않았다. 야구 생각이 간절했지만 애써 그 생각을 떨쳐냈다. 그는 오로지 고기의 미세한 움직임을 밧줄로 느낄 뿐이었다. 뭍에서 멀어지고, 밤이 오고 날이 새도 오로지 녀석만 생각했고, 온몸이 만신창이가 되도록 고단해도 녀석을 낚을 마음으로 모든 고통을 잊었다. 그는 이른바 무아지경, 몰입을 경험하고 있었다.

몰입을 경험한다는 것은 느끼는 것, 바라는 것, 생각하는 것이 한데 어우러진 상태를 뜻한다. 너무나 완벽해서 계속 유지하고 싶은 상태, 물 흐르듯 아무것도 거칠 것 없이 자기 감각에 마음과 정신이 빠져드는 경험, 이것이 곧 몰입이다. 그러나 이런 몰입은 누구나 할 수 있는 것이 아니다.

칙센트미하이에 따르면 몰입은 높은 실력과 힘겨운 과제가 결합할 때 일어난다. 자신의 실력을 완전히 쏟아붓는 과정에서 몰입이 가능하다는 것이다. 주어진 과제가 너무 쉽거나 지나치게 어려워서도 안 된다. 과제 수준이 과도하게 높으면 불안과 걱정으로 일을 포기하고, 너무 쉬우면 과제에 흥미를 느끼지 못하거나 권태를 느끼게 된다.[3] 확률과 통계를 배우는 학생에게 온종일 사칙연산을 하게 하거나, 거꾸로 이제 막 연산을 습득한 아이에게 확률과 통계를 가르쳐보라. 전자는 흥미를 잃고 지겨워할 것이고, 후자는 처음부터 포기할 것이다.

노인은 한평생 어부로 살아온 베테랑이었다. 그에게 배보다 더 큼지막한 청새치는 수준 높은 과제에 해당한다. 그는 자신의 온갖 기술과 힘으로 그것을 낚으려 한다. 모든 에너지를 집중하면 놈이 잡힐 것만 같다. 게다가 청새치와 이미 하나가 된 것처럼 녀석의 움직임 하나하나가 밧줄을 타고 전달된다. 한순간도 허투루 할 수 없는 상황. 온전히 몰입해야 놈을 잡는다. 그는 정신이 몽롱해진다. 어느덧 자의식은 사라졌지만 오히려 놈을 잡겠다는 자신감은 갈수록 커진다. 잡념은 사라지고 오로지 청새치만 머릿속에 가득하다. 이 순간 그는 자신의 삶을 스스로 가치 있게 여긴다. 체력과 정신이 집중되면서 삶은 마침내 스스로 힘을 얻는다.

▍고통이 의지를 꺾을 수는 없다

노인은 자신의 모든 에너지를 소진하며 700킬로그램 넘는 고기와의 사투 끝에 놈을 붙잡는다. 노인의 온몸은 상처투성이가 되었고, 기력이 쇠했으며, 정신은 몽롱했다. 하지만 그게 끝이 아니었다. 연이은 상어 떼의 공격.

그러나 노인은 무기력하지 않았다. 그는 무모하리만큼 상어 떼에 홀로 저항했다. 바다에서 홀로 상어 떼와 맞선다는 것은 목숨을 거는 일이었다. 그러나 그는 되뇌었다. 인간은 파멸할지는 몰라도 패배하지는 않는다고. 대체 포기를 모르는 그의 그릿은 어디서 오는 걸까?

친애하는 내 마음에게

고통과 시련도 노인의 의지를 꺾지는 못했다. 어째서일까? 그 까닭은 고통 자체가 의지를 꺾지는 못하기 때문이다. 학습된 무기력 이론을 제시한 마틴 셀리그먼Martin Seligman은 사람은 고통 그 자체보다 '고통을 스스로 통제할 수 없다'고 여길 때 무력감을 느낀다고 보았다. 반면에 '고통을 통제 가능한 것'으로 여기면 적극적인 대처가 이루어진다. 다시 말해 고통과 시련의 원인을 찾아서 분석하고, 그에 대한 '해결 가능성'이 있다고 느끼면 인간은 결코 좌절하지 않는다. 고통 자체가 아니라 고통을 받아들이는 태도가 의지와 행동을 결정하는 것이다.4

몇 번의 좌절로 '이번 생은 망했어', '나는 틀린 것 같아'라고 생각한다면 그는 더 이상 의지를 지속하기 어렵다. 하지만 '이번은 실패했어. 그래도 뭔가 배웠잖아', '앞으로 이 점을 보완해야겠군'이라고 생각한다면 그는 자신의 의지를 지속적으로 실천할 수 있다.

노인을 보라. 그는 아쉬울 때 좌절하지 않았다. 오히려 긍정적인 면을 애써 찾거나 자신이 두고 온 것들을 생각했다. 소년과 같이 올 걸 그랬군. 칼을 더 챙겨왔어야 해. 칼을 갈 숫돌이 있으면 좋으련만. 줄을 더 튼튼한 걸로 가져올걸. 소금과 라임을 가져왔더라면. 그는 매 순간마다 '제기랄, 이건 왜 없는 거야'라고 하는 대신, 다음에 챙겨야 할 일들을 떠올렸다. 그는 실패의 원인을 찾아 해결 가능성을 모색한다. 그런 까닭에 그는 결코 포기하지 않는다. 그에게 실패는 성공할 능력이 없는 증거가 아니라, 앞으로 더 노력해야 한다는 시그널이었던 것이다. 그러니 살아가는 동안 행여 실패를 맛보더라도 덤덤할 필요가 있다. 노인에게 아직 배가 남아 있듯이, 누구에게나 삶의 가능성은 충분히 남아 있기 때문이다.

친애하는 내 마음에게

끈기는 어떻게 만들어질까?

#부정적 심리 #긍정적 심리 #긍정심리학
#그릿 #학습된 근면성 이론 #외재적 동기
#내재적 동기 #자기 효능감

「노인과 바다」에서 헤밍웨이는 인간의 실존적인 의미가, '파멸할지 언정 결코 패배하지 않는 데에 있다'고 제시한다. 파멸과 패배의 차이는 파멸은 결과를, 패배는 과정을 나타낸다는 점이다. 결과를 놓고 보면 노인이 잡은 청새치는 앙상한 뼈만 남았으니 파멸에 가깝다. 하지만 청새치를 잡아서 부두로 되돌아오는 과정에서 노인은 온갖 시련과 고통에도 결코 패배를 인정하지 않는다. 마찬가지로 현실에서 삶은 누구에게나 시련과 고난의 연속일 수 있다. 시련과 고통이 없는 인간은 없다. 그러나 실존적 인간은 그 어떤 고통의 순간에도 패배를 인정하지 않고 삶을 살아간다.

패배를 인정하지 않는 원천은 인간의 끈기다. 그렇다면 끈기는 어떻게 형성되는 것일까? 최근 심리학은 인간의 부정적인 심리 외에 긍정적인 인간 심리에도 많은 관심을 기울이고 있다. 꽤 오랫동안 심리학은 이상심리라든가 정신장애에 대해 연구하면서도 긍정적인 심리 현상에는 그다지 주목하지 않았다. 그러던 중 마틴 샐리그먼이 미국 심리학회장을 맡으면서 인간의 강점과 미덕에 대한 적극적인 연구를 제안했고, 이를 계기로 긍정적 성품에 대한 연구가 활발해지기 시작했다. 긍정심리학의 주제들은 행복감, 안락감, 만족감, 친밀감 등 정서적인 것은 물론 창의성, 끈기, 진실성, 겸손, 용기 등 성품까지를 포괄한다. 이 중 '끈기'는 앞서 살폈던 앤절라 더크워스의 '그릿'이 주목을 받으면서 많은 이들이 관심을 기울이고 있다.

끈기에 주목한 심리학적 연구로는 심리학자 로버트 아이젠버그 Robert Eisenberger의 '학습된 근면성 이론'을 들 수 있다. 그는 목표를 추구하는 과정에는 고통스러운 노력이 필요한데 그것을 이겨내도록 하는 것이 곧 끈기라고 여겼다.[5] 그러면서 그는 고통을 이겨내는 데에는 일정한 보상이 영향을 준다고 보았다. "인내는 쓰고 열매는 달다"라는 말처럼 고통을 참고 견디고 난 후 보상이 주어지면 고통에 대한 혐오는 줄어들고 결과적으로 끈기가 학습된다는 것이다. 쓴 약을 먹고 몸이 낫거나 좋아지는 것을 경험하면 약이 쓴 것은 참아낼 수 있다는 논리다. 작품 속에서 노인이 비릿한 상어의 간유를 매일매일 먹는 것도 눈이 좋아진다는 보상이 주어졌기 때문이었다.

하지만 끈기가 보상과 같은 외재적인 동기로만 강화되는 것은 아니다. 행위 자체에 대한 만족감이 끈기를 강화하기도 한다. 스스로 공부하는 것을 좋아하는 아이에게 보상을 주는 것은 오히려 독이 될 수

친애하는 내 마음에게

도 있다. 자신의 수행을 자발적 흥미가 아니라 외부의 보상이나 처벌 때문에 하고 있다는 인식을 심어줄 수 있기 때문이다. 특정 영역에서 자신의 능력을 확장하고 탐구하며 배우려는 내재적인 동기는 외부의 보상이 아니라 스스로 수행 결과에 대한 만족감이 높을 때 강화된다. 소설에서 노인이 먼 바다로 나간 것을 떠올려보자. 그는 타인에 의해 먼 바다로 향한 것이 아니라 자신의 내재적 동기에 의해 바다로 나아 갔고 스스로 끈기를 강화해나갔다. 따라서 지나친 보상, 부적절한 보 상은 오히려 끈기를 해칠 수 있음을 알아야 한다.

끈기의 미덕은 가장 기본적으로는 성취를 가능하게 한다는 점이 다. 그러나 이보다 더 주목할 것은 끈기가 자기 효능감을 높여준다는 데에 있다. 특히 어려운 과제를 해결하고 난 뒤에는 자기 효능감과 자 신감이 부쩍 높아진다. 이렇게 상승한 자기 효능감은 또 다른 과제를 해결할 때 끈기를 강화시켜주기 때문에 과제 해결이 반복될수록 자 기 효능감과 끈기는 꾸준히 상승한다. 특히 보상중추의 역할이 어느 때보다 중요한 청소년 시기에는 어려운 과제의 해결이 자기 효능감 과 끈기를 모두 증진시킨다는 것을 주목할 필요가 있다.

끈기를 높이기 위해서는 노력에 대한 보상 경험이 중요하다. 이때 주의할 점은 노력과 보상의 시간적인 격차가 길면 그 효과가 크지 않 다는 점이다. 따라서 상위 목표를 세우되 하위 목표도 반드시 설정해 서 그에 대한 작은 보상을 꾸준히 해주는 게 필요하다. 소소한 만족감 이 이어져야 과제 해결에 대한 동기가 지속적일 수 있다. 자기 자신에 대한 작은 선물을 준비하는 것은 좋은 방법이다.

적절하고 긍정적인 피드백도 이루어져야 한다. 지나치게 과도하거나 지나치게 낮은 보상은 오히려 동기를 약화시킬 수 있기 때문이다. 이외에도 사회적인 인정과 지지도 끈기를 촉진한다고 알려져 있다. 단순히 말해서 성과급을 받거나 성적에 대한 사회적 보상을 받으면 끈기가 증가할 수 있다.

사람들은 흔히 재능이 성취를 이룬다는 생각을 하거나, 타고난 사회적·경제적 지위가 삶을 결정한다고 여길 때가 있다. 그러나 성취와 성격 사이의 상관성을 조사한 연구에 따르면 그 무엇보다 성실성이 성공과 가장 높은 상관성을 보인다. 그러니 지나치게 주어진 조건에 낙담할 필요는 없다. 삶의 과제를 포기하지 않고 해결할 끈기, 이것을 지니고 있는 한 삶은 더 가치 있게 될 것이다. 다음은 끈기를 높일 수 있는 몇 가지 팁[6]이다.

① 해야 할 일의 목록을 만들고 그것들을 매일 하나씩 해나간다.

② 중요한 일들을 계획보다 일찍 완성해본다.

③ 과거에 몰입과 의미를 경험한 활동들을 선택해서 그것에 시간을 투자해본다.

④ 목표 완수를 고취시키는 인용문이나 시구를 읽는다.

⑤ 자신의 목적과 목표를 적어서 잘 보이는 곳에 붙여둔다.

⑥ 해야 할 일의 목록을 체크하면서 정기적으로 업데이트한다.

친애하는 내 마음에게

⑦ 5년 내 이루고 싶은 목표를 정해 로드맵을 만들어본다.

⑧ 매주 다섯 가지 작은 목표를 정한다. 이를 실천적인 단계로 나누
어 정해진 시간에 끝마친다.

사랑의 감정은
무엇으로 이뤄져 있을까?

「부활」_ 레프 톨스토이 Lev Tolstoy

조금 늦은 퇴근을 하려던 중이었다. 어디선가 흐느끼는 소리가 들려왔다. 엘리베이터 반대편 비상구 쪽에서 나는 소리였다. 괜히 남의 일에 휘말렸다가 곤욕을 치를까 봐 잠시 망설였지만 흐느끼는 소리를 들으니 그냥 지나칠 수가 없었다. 비상구를 열어보니 누군가 계단에 쪼그리고 앉아 울고 있었다. 제인 씨였다.

"제인 씨, 왜 그러고 있어?"

"……."

제인 씨는 속상한 듯 아무 말도 하지 않았다. 나중에 알아보니 성호 씨랑 결국 헤어진 모양이었다. 두 사람은 공개 사내 커플이었다. 대체로 사내 커플은 동료들이 불편해했는데, 두 사람에 대해서는 격려와

지지를 보냈다.

두 사람은 잘 어울렸다. 성호 씨는 덩치에 어울리지 않게 말이나 행동이 귀여웠고, 제인 씨는 나이에 비해 성숙해서 마치 누나처럼 성호 씨를 이끌어주고 있었다. 항상 부산스럽고 자기 일을 잘 챙기지 못하던 성호 씨는 제인 씨가 곁에서 챙겨주자 정서적으로 안정되어 보였고, 일 처리가 예전보다 훨씬 차분해졌다. 성호 씨 입장에서는 자기처럼 덜렁대는 사람을 좋아해주는 제인 씨가 마냥 좋을 수밖에 없었다.

가끔 안쓰러울 때도 있었다. 성호 씨가 덜렁거리는 탓에 서류를 제때 정리하지 못하면 제인 씨가 성호 씨 뒤치다꺼리를 해주거나 대신 욕을 얻어먹곤 했다. 그래도 둘이 사귄 지 열 달이 넘어갈 만큼 둘 사이는 돈독해 보였다.

나중에 안 일이지만 시간이 흐를수록 성호 씨가 먼저 싫증을 냈다고 한다. 제인 씨의 어른스러운 행동들을 성호 씨는 간섭이라고 느꼈던 모양이다. 제인 씨의 깐깐하고 꼼꼼한 성격이 자유분방한 성호 씨에게 구속처럼 느껴졌던 것이다. 성호 씨는 자주 짜증을 냈고, 급기야 남들 앞에서 제인 씨를 무시하기까지 했다. 그렇게 둘은 결별했다. 제인 씨는 무엇보다도 자기가 성호 씨를 위해 지금까지 희생해왔던 게 너무 화가 나고 자기가 바보 같은 느낌이 들어 견딜 수가 없다고 했다. 자기 일도 가끔 포기하고, 친구들 만나는 것도 외면하면서 성호 씨한테 최선을 다했는데 정작 성호 씨는 자기를 그냥 재미 삼아, 혹은 남들한테 과시하려고 사귄 건 아닌지 싶어서 너무 속상하다고 했다.

사랑은 서로에게 정서적인 일체감을 느끼고, 서로를 아껴주는 아름다운 감정이다. 하지만 안타깝게도 이런 사랑의 감정이 지속되는 것은 쉽지 않다. 영원히 사랑하겠다는 맹세는 어째서 지키기가 어려운 것일까? 어느덧 열정이 식고, 미움이 싹트고, 일체감이 아니라 커다란 차이를 느끼며 이별하는 까닭은 뭘까? 대체 사랑의 감정은 무엇으로 이루어져 있는 것일까? 러시아의 대문호 톨스토이의 「부활」에는 사랑에 빠졌던 한 남자가 사랑하던 여자를 버리고, 다시 사랑을 되찾는 과정이 그려져 있다. 톨스토이가 그려낸 사랑의 메커니즘은 뭘까? 무엇이 진정한 사랑일까?

📝 원작 열기 1

19세기 제정 러시아. 네흘류도프 공작은 넓은 영지를 가진 젊은 귀족이다. 그는 러시아 상류 사회에 두루 인맥이 있었고, 인기가 많아 숱한 여성들이 그와 친분 맺기를 원했으며, 유력자 가문의 딸과 혼담이 오가고 있었다. 그러던 어느 날 법원에서 배심원으로 재판에 출석하라는 요청을 받는다. 네흘류도프는 그저 의례적인 일이겠거니 생각하고 재판에 참석한다.

죄수복을 입은 피고인들이 하나둘 법원으로 들어오는데, 거기에 낯익은 얼굴이 보였다.

'아니, 저 여인은?'

친애하는 내 마음에게

네흘류도프는 자기 눈을 의심하지 않을 수 없었다. 카츄샤. 자신이 사랑했으나 순간의 쾌락만 좇다가 그만 잊었던 여인이 아니던가.

학창 시절 네흘류도프는 종종 시골에 있는 고모 댁을 찾아 방학을 보냈다. 그곳에는 평민 출신 사생아로 어여쁘고 프랑스어 교육까지 받은 카츄샤가 살고 있었다. 고모들은 오갈 데 없던 카츄샤를 때로는 의붓딸처럼, 때로는 집안일을 돌보는 하녀처럼 데리고 지냈다. 그녀는 무척 아름다웠기에 소년 네흘류도프를 사로잡았다. 카츄샤 역시 네흘류도프를 연모했다. 그 시절 네흘류도프는 선하고 순수했다. 맑은 심성을 가진 그는 자기가 누리던 귀족으로서의 특권마저 내려놓은 채 농민들에게 토지를 나눠줄 정도였다.

모든 게 달라진 것은 네흘류도프가 군에 입대하고 나서부터다. 그는 그곳에서 자신의 선한 본성을 차츰 잃기 시작했다. 주위 동료들은 하릴없이 유흥을 즐겼다. 포커를 치고, 젊은 여자들과 어울리고, 사치를 일삼았는데 그 틈에서 네흘류도프는 자신의 마음을 지키기 어려웠다. 마침내 그는 순수한 마음을 잃고 향락적인 삶에 빠져든다. 도덕적인 구속에서 벗어나 광란적인 에고이즘의 상태에 젖어 든 것이다.

장교가 된 네흘류도프는 3년 만에 다시 고모 댁에 들렀다. 부대가 이동하는 길목에 고모 댁이 있었기 때문이다. 그곳에는 여전히 사랑스러운 카츄샤가 있었다. 네흘류도프는 자기를 보고 홍당무처럼 얼굴이 빨개지는 카츄샤를 보자 가슴이 두근거리고 설렜다. 부활절 미사가 끝나던 날 밤, 예정보다 며칠 더 머물던 네흘류도프의 마음에 뜨거운 불길이 치솟았다. 그의 동물적인 본능이 깨어난 것이다. 마침내 칠흑처럼 어두운 밤, 네흘류도프는 카츄샤를 유혹해서 자기 방으로 데려와 그녀의 순결을 빼앗았다.

다음 날 네흘류도프는 자신이 나쁜 일을 저지른 것 같아 마음이 편치 않았다. 그리고 자신의 죄책감을 덜기 위해 카츄샤에게 100루블을 쥐여주고는 서둘러 부대로 복귀한다. 그 후 네흘류도프는 딱 한 번 카츄샤를 다시 보려고 고모 댁에 들렀으나 이미 카츄샤는 아기를 낳고 그곳을 떠난 뒤였다.

그랬던 카츄샤가 8년 뒤, 어느 상인을 독살한 혐의로 눈앞에서 재판을 받고 있다니. 네흘류도프는 도무지 믿기지 않았다. 사실 그녀의 인생은 네흘류도프가 떠나자마자 어두운 나락으로 떨어졌다. 아기는 얼마 못 가 죽었고, 그녀는 이곳저곳을 전전하다 유곽 주인의 꼬드김에 넘어가 몸을 팔며 지내고 있었다. 그러다 어느 돈 많은 상인의 독살 사건에 연루되고 말았다. 그녀가 상인에게 건넨 포도주 잔에 누군가 미리 독을 타놓았던 것이다.

▌0.2초만에 사랑에 빠진다고?

네흘류도프와 카츄샤. 두 사람은 본래 어린 시절부터 알고 지내던 사이였다. 방학이면 네흘류도프가 고모 댁을 드나들었기 때문이었

친애하는 내 마음에게

다. 그러나 두 사람의 신분과 처지가 달라 서로 가까이 지내지는 않았다. 그러던 어느 날 네흘류도프는 이웃 소년들과 술래잡이 놀이를 하게 되었다. 그 놀이에는 카츄샤도 함께했다. 두 사람은 우연히 짝이 되어 달아나던 중, 네흘류도프가 라일락 숲에서 그만 쐐기풀에 찔리고 말았다. 그때 카츄샤가 상냥한 미소로 네흘류도프를 걱정하며 다가왔고, 네흘류도프는 무엇에 이끌리듯 그녀에게 입을 맞췄다. 그때부터 두 사람은 서로 좋아하는 사이가 되었다.

흔히 사랑에 빠지는 것은 순간이라고 한다. 상대에 대한 좋은 점들이 차곡차곡 쌓여서 사랑의 결실이 생기는 게 아니라 어느 순간에 사랑의 감정이 싹튼다는 것이다. 실제로 미국의 시큐러스 대학과 웨스트버지니아 대학 연구팀이 스위스의 대학병원과 공동으로 연구한 결과에 따르면 사랑에 빠진 사람의 뇌는 불과 0.2초 만에 도파민, 아드레날린, 옥시토신 같은 화학 물질을 방출한다고 한다. 그러니 한 번 보고 순식간에 사랑에 빠진다는 말은 과학적 근거가 없는 말이 아니다.

이제 막 소년기를 벗어난 앳된 네흘류도프는 사랑의 감정을 느꼈지만 거기까지였다. 그러나 세월이 지나고 군인이 된 네흘류도프는 더 이상 순수하고 도덕적인 존재가 아니었다. 부활절 축제가 끝나던 밤, 네흘류도프는 3년 만에 재회한 카츄샤를 보자 갑자기 심장 박동이 빨라졌고, 얼굴이 후끈 달아올랐으며, 뜨거운 피가 몸과 마음에 빠르게 흘렀다. 마치 마약에 중독이라도 된 듯, 그의 이성은 마비되고 동물적인 충동이 그를 이끌었다. 그렇게 돌이킬 수 없는 밤이 지나갔다.

어째서 그는 이성을 잃고 범죄와 다를 바 없는 일을 저질렀을까? 그는 카츄샤를 단지 성욕의 대상으로만 여겼던 걸까? 맞다. 하지만 그 순간일 뿐, 그는 또다시 카츄샤를 성적 대상으로 삼지는 않았다. 그렇다면 그날 밤, 그가 도발한 까닭은 뭘까? 그건 바로 호르몬 때문이었다. 사랑을 느끼기 시작할 때, 사람의 뇌에서는 도파민, 아드레날린과 함께 페닐에틸아민이 분비된다. 흔히 초콜릿에 들어 있다고 알려진 이 물질은 혈당과 혈압을 상승시키고 긴장감을 느끼게 하며, 도파민을 다량으로 방출하게 만드는 방아쇠 역할을 하는 것으로 알려져 있다. 상대에 대한 열정, 특히 성적 매력에 순식간에 이끌리는 것은 페닐에틸아민의 작용이다.

자, 그렇다면 네흘류도프가 지금까지 카츄샤에게 느낀 것은 과연 사랑의 감정이었을까?

▌사랑의 트라이앵글 – 친밀감, 열정, 헌신

사랑의 삼각형 이론으로 유명한 로버트 스턴버그Robert Sternberg는 사랑이란 친밀감, 열정, 그리고 헌신으로 이루어진다고 보았다. 여기서 친밀감이란 말 그대로 서로 가까워지려는 정서를 뜻한다. 사람은 누구나 좋아하는 사람과 함께 있으려는 결합의 욕구를 지니고 있다. 아주 어릴 적 엄마와 심리적으로 하나일 때 느꼈던 안도감과 충만감을 다시 누리고 싶은 것이다.

다음으로 열정은 사랑하는 사이에 느끼는 신체적인 매력과 성적인

친애하는 내 마음에게

몰입을 가리킨다. 아름답고 매력적인 이성을 볼 때 느끼는 몰입감, 그것이 바로 열정이다. 열정에 빠지는 순간 사람들은 견고하던 자아와 이성을 잃고 시공간을 초월한 것처럼 상대에게 몰입한다. 열정은 일상에서 경험할 수 없는 황홀감을 준다.

마지막으로 헌신. 말 그대로 타인을 사랑하겠다고 결정하는 마음과 상대에 대한 책임의식을 가리킨다. 사랑하는 사람과 앞으로 어떻게 관계를 유지할지, 또 상대를 위해 자신을 어떻게 구속할 것인지도 헌신에 해당한다. 구체적으로는 사랑의 약속과 맹세, 선물의 교환, 고통을 함께 나누고 견디는 것 등이 모두 헌신에 해당한다.

자, 그렇다면 네흘류도프와 카츄샤에게는 어떤 사랑의 요인이 작용한 것일까? 가장 먼저 열정이다. 평소 아무 관심도 없던 두 사람은 라일락 숲길에 단둘이 남았을 때, 현실을 잊고 상대에게 몰입한다. 그런 까닭에 둘은 신분이나 지위, 처지를 생각하지 않았다. 하지만 처음 느꼈던 열정이 곧바로 성적 몰입으로 나아가지는 않았다. 앳된 두 사람이 아직 순수했기 때문이다. 그 시절 두 사람의 사랑은 억눌린 열정이 아니라 친밀감이 지배적이었다. 두 사람은 함께 있는 것만으로 행복을 느낄 뿐, 더 깊은 관계로 나아가지 않았다. 친밀감만 존재하는 사랑, 그것은 사랑이라기보다 서로에 대한 깊은 호감에 가까웠다.

그럼 3년 만의 재회 때 느꼈던 것은 무엇일까? 부활절 축제가 끝나던 밤, 네흘류도프에게는 오로지 성적인 몰입과 육체적 욕구만 남아 있었다.

만약 사랑의 삼각형을 제안한 스턴버그가 당시 네흘류도프의 모습을 봤다면, 그는 네흘류도프에게 얼빠진 사랑을 당장 그만두라고 조언했을지도 모른다. 스턴버그에 따르면 네흘류도프처럼 열정만 있는 사랑은 얼빠진 사랑에 해당한다. 호르몬의 노예가 되어 마약에 중독된 것처럼 이성이 마비된 네흘류도프. 그는 현실을 잊고 짧은 순간 황홀경을 경험하지만 열정이 식자마자 그것이 욕정에 불과했다는 것을 알게 되었다. 만약 오늘날 현실에서 한순간 열정에 휩싸여 상대의 의사에 반해 행동한다면 성범죄다.

열정만 있는 사랑. 가장 큰 문제는 열정이 오래 지속되지 않는다는 점이다. 네흘류도프처럼 하루 만에 열정이 식지는 않더라도, 또 서로에게 뜨겁게 열정을 느꼈더라도, 그 열정의 시간은 길지 않다. 아무리 아름다운 이성에게 매력을 느껴도 그 지속 기간은 대략 2년이면 종료된다. 그러므로 열정만 있는 사랑은 얼빠진 사랑이며, 때론 위험하고 때론 허무하다. 뜨겁게 불타오르고 난 뒤 하얀 재만 남는 사랑, 그것이 열정만 있는 사랑이다. 자신을 되돌아보라. 젊은 시절 사랑이 서둘러 끝났다면, 그건 불타는 열정만 있었기 때문이다.

📝 원작 열기 2

재판을 바라보는 네흘류도프의 마음은 부끄러웠다. 그녀의 인생을 망가뜨렸다는 죄책감이 재판 내내 그를 괴롭혔기 때문이다.

친애하는 내 마음에게

그는 혼란스러운 정신 탓에 재판에 집중할 수가 없었다.

　결과는 유죄. 배심원들은 지겨운 재판을 한시라도 빨리 끝내려는 욕심에 카츄샤의 결정문에 '죽일 의도가 없었음'이라는 문장을 착오로 넣지 않았고, 판사들은 이를 근거로 그녀에게 살인죄를 적용해 시베리아 징역형을 선고한다.

　네흘류도프는 당황스러웠다. 배심원으로서 꼼꼼히 결정문을 살피지 않았던 자신 때문에 또다시 아무 죄 없는 카츄샤가 인생의 나락으로 떨어지자, 너무나 큰 죄를 짓는 것 같았다. 그는 괴로웠다. 그리고 어째서 이런 일이 벌어졌는지 차분히 자신을 되돌아보았다. 그러자 오랫동안 잠들어 있던 이성과 도덕이 깨어났고 어떻게든 그녀에게 용서를 빌어야겠다고 다짐하게 된다.

　"그래, 그녀가 원하기만 한다면, 그녀와 결혼이라도 해서 내 죄를 씻어야지."

　네흘류도프는 곧장 변호사를 선임해 재판이 잘못되었다는 진정서를 원로원에 제출하고, 황제에게 탄원하기 위해 자신의 모든 인맥을 동원한다. 한편으로 그는 그녀가 갇혀 있는 감옥에 직접 찾아가 면회를 요청하고, 카츄샤에게 자기 진심을 전한다.

　처음에 카츄샤는 그를 기억하지 못한다. 유곽에서 지내는 동안 몸 파는 여자의 삶에 익숙해졌기 때문이었다. 네흘류도프는 이미 타락해버린 그녀를 돌봐줘야 하는지 잠시 주저했지만 그녀가 그렇게 변한 게 자기 책임인 것을 자각하고 끝까지 그녀를 돕기로 마음먹는다. 그는 면회를 위해 자주 감옥에 드나들었는데 그러는 사이, 자연스럽게 억울하게 갇힌 사람들의 사정도 알게 되었다.

　죄수들 중에는 카츄샤처럼 법원의 잘못된 판결로 억울하게 옥에 갇힌 사람과, 반정부 운동을 하다가 붙잡힌 정치범처럼 실제로 범죄와 무관한 이들이 꽤 수감되어 있었다. 그뿐만 아니라, 범죄를 저지른 이들도 본성이 악해서라기보다 사회에서 외면당하다 끝내 생계형 범죄를 저지른 경우가 많았다. 네흘류도프의 마음은 참담했다. 또 부끄러웠다. 왜냐하면 그들이 사회에 적응하지 못한 가장 큰 책임이 자신과 같은 귀족에게 있다는 것을 절실히 깨달았기 때문이다.

　그는 자신이 할 수 있는 일을 떠올렸다. 가장 먼저 수감자들의 억울한 사정을 풀어주는 일. 그는 자신의 인맥을 동원해 수감자들을 도왔다. 다음으로, 자신이 소유한 막대한 토지를 농민들에게 나눠주는 일. 만약 이 일이 제대로만 이뤄진다면 농민들의 삶은 나아질 것이고 범죄도 줄어들 거라고 그는 믿었다.

　한편 원로원 심의에서도 카츄샤의 판결은 번복되지 않았다. 그녀는 결국 시베리아로 유형을 떠나는데, 네흘류도프 역시 그녀를 따라나선다. 마음의 빗장을 굳게 닫았던 카츄샤는 자기를 위해 헌신하는 네흘류도프에게 천천히 마음을 열고 그를 다시 사랑하게 된다. 하지만 그녀는 네흘류도프의 앞날에 자신이 누가 될 것만 같아 괴로웠다. 그러던 중 함께 이동하던 죄수 가운데 카츄샤에게 마

　　　　　　　　　　　　　　　　　친애하는 내 마음에게

음을 빼앗긴 정치범 시몬손이 등장한다. 그는 카츄샤를 진심으로 사랑했고 카츄샤도 그가 싫지 않았다.

마침내 카츄샤의 무죄를 증명하는 황제의 칙서가 도착한다. 하지만 카츄샤는 이미 마음을 정했다. 네흘류도프의 미래에 누를 끼치는 대신 자기에게 최선을 다하는 시몬손과 함께하기로. 그렇게 그녀는 황량한 유형지, 시베리아 땅에 남는다.

▌ 헌신은 사랑일까?

네흘류도프는 지난날을 참회했다. 최선을 다해서 카츄샤에게 용서를 구했고 그녀가 원한다면 결혼까지 할 작정이었다. 그렇다면 카츄샤에 대한 네흘류도프의 헌신은 사랑일까? 이제 두 사람에게는 불타는 열정은커녕 친밀감마저 거의 사라져 있었다. 그에게는 카츄샤와 함께 있으려는 욕망보다 그녀를 어떻게든 구해야 한다는 의지가 가득했다.

또다시 스턴버그를 소환해보자. 그가 만약 이런 네흘류도프를 본다면 뭐라 말할까? 아마도 그는 이렇게 말할 것이다. "당신의 사랑은 공허할 뿐이다." 열정도, 친밀함도 없이 그저 사랑하겠다는 결심만으로 상대에게 헌신한다고 해서 진정한 사랑이 될 수는 없다.

흔히 사람들은 헌신적인 사랑이야말로 진정한 사랑이라고 여기는 경향이 있다. 쉘 실버스타인의 「아낌없이 주는 나무」라든가, 오스카 와일드의 「행복한 왕자」, 안데르센의 「인어공주」에 이르기까지 희생과 헌신을 소재로 한 각종 서사물은 헌신적인 사랑을 아름답게 미화해왔다. 아이를 위한 부모의 헌신, 사랑하는 연인을 위한 희생, 하지만 이런 사랑이 궁극적으로 상대를 위하는 일이 될 수 있을까?

이를테면 자녀를 위해 부모가 자기를 희생하는 경우, 자녀는 부모에 대한 죄책감이 쌓일 수 있고, 부모는 자녀와 심리적인 분리가 이루어지지 않아 또 다른 고통을 받을 수 있다. 또한 지나치게 무분별한 사랑은 자녀를 의존적으로 만들어 독립적인 인격이 형성되는 것을 방해하기도 한다.

연인이나 부부 사이도 마찬가지다. 누군가 헌신적이면 다른 누군가는 의존적이다. 그뿐만이 아니다. 지나친 헌신이나 자기희생은 자칫 집착으로 이어질 수 있고 정신병리적인 증상으로 나타나기도 한다. 상대방의 의사와 상관없이 자신의 필요에 따라 과도하게 헌신하는 것은 스스로를 파괴하면서 고통을 즐기는 병리적인 자기희생이 될 수 있다. 겉으로는 상대를 위한다고 하지만 정작 자기를 위해 희생하는 것이기 때문이다. 그러므로 받는 것 없이 주는 것만 있는 행위 역시 진정한 사랑이라고 말할 수 없다.

▌진실한 사랑에 작용하는 것들

완전하고 진실한 사랑은 뭘까? 그것은 친밀감, 열정, 헌신이 일정하게 작용하는 사랑이다. 대체로 사랑은 열정으로부터 시작된다. 상대에게 매력을 느끼고, 가까이 다가가고, 가벼운 애정 표현을 시도하다

친애하는 내 마음에게

가 마침내 본격적인 애정의 교환 단계에 다다른다. 하지만 이런 열정의 시간은 길지 않다. 페닐에틸아민 등 호르몬의 분비는 오래지 않아 멈추기 때문이다. 그럼 그 순간 사랑은 끝일까? 그렇지 않다. 페닐에틸아민이 감소하는 시점에 오히려 증가하는 호르몬도 있다. 흔히 사랑의 호르몬이라고 알려진 옥시토신. 이 호르몬은 상대에 대한 매력을 느끼게 하는 동시에, 친밀감을 증대시키고 상대를 보호하려는 욕구를 불러일으킨다. 뜨거운 열정이 지나간 자리에 부드러운 배려의 사랑이 자리를 잡는다.

옥시토신은 남녀가 모두 생산하지만 여성이 더 많은 양을 분비한다고 알려져 있으며, 상대를 자주 만날수록 증가해 더 높은 수준의 친밀감을 형성하게 해준다. 그러니 자주 만나는데도 친밀감이 생기지 않는다면, 그건 사랑이 아닐 수 있다.

사랑이 열정과 친밀감으로만 이뤄지는 것은 아니다. 일정한 시간이 지나면 호르몬이 아니라 상대에 대한 헌신도 필요하다. 헌신이란 자기를 타인에게 양보하는 행위다. 아무리 사랑이 일체감을 누리게 해준다 해도 두 사람은 서로 다른 개성을 지니고 있다. 그러므로 열정과 친밀함이 식은 뒤에는 상대의 개성을 기꺼이 받아들일 결정을 해야 하며 자기 개성을 일정하게 양보할 줄 알아야 한다. 그래야만 지속적인 사랑이 가능하다. 만일 서로의 개성을 가치 있게 받아들일 수 없다면 그 사랑은 일회적인 사랑에 그치고 말 것이다.

▌부활, 사랑으로 다시 태어나다

다시 「부활」로 돌아가보자. 네흘류도프와 카츄샤는 결국 이루어지지 않았다. 카츄샤가 시몬손을 선택해서 시베리아에 남았기 때문이다. 그렇다면 네흘류도프의 사랑은 그저 공허한 사랑에 그친 것일까? 헛물만 잔뜩 켜다가 아무 소득도 없이 끝나버린 사랑일까? 그건 아니다.

정신과 의사 스캇 펙Scott Peck은 그의 책 『아직도 가야 할 길』에서 진정한 사랑이란 자기 자신과 타인의 영적인 성장을 위해 자신을 확대해나가는 의지라고 밝힌 바 있다.[1] 사랑을 통해 자기 한계를 뛰어넘고 궁극적으로는 자신과 타인의 성장을 이끌어내는 사랑이 진정한 사랑이라는 것이다.

네흘류도프는 유죄 판결을 받은 카츄샤를 사랑했다. 그는 어쩌면 그녀를 외면할 수도 있었다. 그에게는 귀족으로서의 특권을 누리며 향락과 사치에 빠져 사는 게 더 익숙한 삶이었을 것이다. 하지만 그는 자기 자신의 한계를 뛰어넘었다. 카츄샤를 사랑했기에 그녀를 구하려 했고, 그 과정에서 자기를 성찰하고, 귀족의 한계를 뛰어넘어 민중속으로 겸허히 들어갔다. 사랑으로 새롭게 부활한 것이다.

카츄샤 역시 부활한다. 그녀는 수년 동안 거리의 여자로 살았다. 그 생활에 익숙해졌고 술에 찌든 생활을 이어갔다. 만약 그녀의 정신이 타락한 채로 머물렀다면, 그녀는 네흘류도프에게 빌붙거나 많은 돈을 요구했을지 모른다. 하지만 그녀는 네흘류도프의 사랑으로 술을 끊고 정숙함을 되찾았고, 마침내 건강한 삶을 회복한다. 그녀 역시 한

친애하는 내 마음에게

계를 뛰어넘은 것이다. 두 사람은 이렇게 사랑을 통해서 서로가 서로의 영적인 성숙을 일궈냈다. 한계를 뛰어넘는 부활의 힘, 그것은 사랑으로 다시 태어나려는 의지다.

친밀감은 어떻게 만들어질까?

#자기 공개 #친밀감 형성
#친밀감 #열정
#수용과 존중 #배려

네흘류도프는 죄수가 된 카츄샤를 사랑했다. 그렇기에 새로운 존재로 거듭날 수 있었다. 그럼에도 불구하고 네흘류도프와 카츄사의 사랑에는 여전히 아쉬움이 남는다. 왜냐하면 둘 사이에는 타오르는 열정도, 서로에 대한 친밀감도 찾아보기 어렵기 때문이다. 열정은 그 유효 기간이 짧아서 그렇다 쳐도 두 사람의 사랑이 보다 성공적이려면 친밀감이 필요해 보인다. 그렇다면 친밀감은 어떻게 생성되고 작용하는 것일까?

심리학자 해리 라이스Harry Reis등의 연구에 따르면 친밀감은 대인관계에서 일어나는 상호작용의 산물로서 자기 공개와 그에 대한 적절한 반응성이 지속적으로 상호작용을 할 때 형성된다. 그러니까 먼저 둘 중 한 사람이 자신에 관한 정보와 감정을 전달하고, 상대방이 이에 대해 호의적으로 반응하면 친밀감이 형성되는 것이다.[2]

여기서 자신을 공개하는 것은 자기에 대한 객관적인 정보를 소개하는 것만을 가리키는 것은 아니다. 자기 공개에는 자신의 감정, 생각, 그리고 어떤 일에 대한 평가나 판단까지 전달하는 것을 의미한다. 그리고 객관적인 정보보다 정서적인 정보가 전달될 때, 친밀감은 더 빠르게 형성된다.

네흘류도프와 카츄샤 사이에서 자기 공개는 어떠했을까? 짐작하듯이 네흘류도프는 카츄샤에게 헌신적인 태도를 지닌 채 결혼과 석방에 대한 정보를 주면서, 카츄샤의 안부 등을 묻기는 했지만 두 사람 사이에 정서적인 정보는 상대적으로 몹시 빈약했다. 이런 까닭에 둘 사이의 친밀감 형성에는 한계가 있었던 것이다.

카츄샤의 태도도 친밀감 형성과는 거리가 있었다. 카츄샤는 네흘류도프의 말에 적극적으로 반응을 보이지 않고 처음에는 거부감과 경계심을 보였다. 네흘류도프가 한순간 카츄샤를 도와야할지 망설였던 것도 이런 이유 때문이었다. 둘 사이에 친밀감이 형성되려면 적어도 카츄샤가 상대의 말에 긍정적인 반응을 보여주어야 했다.

해리 라이스는 친밀감을 증진하기 위해서는 상대의 자기 공개에 대해서 이해와 인정, 그리고 지지 반응이 뒤따라야 한다고 보았다. 여기서 이해란 상대방의 감정이나 상황을 이해하는 것을 의미하며, 인정은 상대의 정보를 잘 수용하고 긍정적으로 평가하는 것을 의미한다. 마지막으로 지지는 상대에 대한 관심과 보살핌, 도움을 나타내는 것을 뜻한다. 한편 이런 반응을 보여주었을 때, 상대방이 이를 인지하는 것도 중요하다. 이해와 인정, 지지를 보냈는데도 불구하고 그것을 받아들이지 않을 경우 친밀감 형성은 더딜 수밖에 없다.

친밀감은 솔직한 자기 공개와 그에 대한 긍정적 반응, 그리고 이에 대한 인식이 선순환을 이루며 점진적으로 증진될 수 있다. 여기에 서로에 대한 배려를 덧붙이자는 주장도 있다. 배려는 우선 서로를 잘 이해하는 데에서 출발한다. 가장 좋은 방법은 대화를 자주 하는 것이다. 이를 통해 서로에 대한 깊은 신뢰가 형성되면 상대가 설령 실수를 하거나 부정적인 행동을 하더라도 그것을 나쁘게 받아들이지 않게 된다. 흔히 눈에 콩깍지가 씌었다는 말처럼 부정적인 행동마저 긍정적으로 해석할 수 있다.

무엇보다 배려의 핵심은 서로에 대한 수용과 존중이다. 사람은 누구나 취향에 차이가 있다. 따라서 차이를 수용하거나 존중하지 않으면 친밀하기는 불가능하다. 가까이할수록 불편함이 뒤따르기 때문이다. 반대로 차이를 수용하고 존중하면 함께 있는 것이 편하고 친밀함은 자연스럽게 뒤따른다. 이를 위해서는 상대방의 입장에 공감하는 태도가 필요하다. 진정으로 친밀한 사람은 나의 기쁨을 함께 공감하며 기뻐할 수 있는 사람이다. 가족들끼리도 시기와 질투에서 벗어나지 못할 때가 있는데 나의 기쁨을 공감해준다면 그것만큼 친밀한 관계도 없을 것이다.

누군가를 사랑한다는 것은 좋은 감정이다. 그런데 막상 사랑을 어떻게 해야 할지 막막할 때가 있다. 또 열정이 식으면 마치 사랑이 끝나

　　　　　　　　　　　　　친애하는 내 마음에게

버린 것은 아닌지 의심하거나 걱정하는 경우도 있다. 그럴 때 친밀감이 지닌 힘을 한 번쯤 믿어보자. 뜨거운 열정이 지나간 자리에 보다 성숙한 사랑이 자리를 잡을 수도 있을 것이다. 다음은 친밀감과 사랑의 감정을 증진시키는 몇 가지 팁이다.[3]

① 상대방에게 관심과 애정을 표현하는 메모를 적어서 그것을 보이는 곳에 놓아둔다.

② 상대의 장점을 찾아내어 높이 평가해준다.

③ 서로에게 중요한 날이나 일이 있으면 항상 축하해준다.

④ 하루를 어떻게 지냈는지 서로 이야기한다.

⑤ 상대방의 행동보다는 그 안에 숨은 동기에 집중한다.

⑥ 함께 즐길 수 있는 취미활동을 한다.

⑦ 함께 식당에 가서 음식을 먹는다.

⑧ 상대가 아무리 큰 실수를 하더라도 비난하지 않고 차분히 말한다.

⑨ 선물을 통해서 사랑을 표현해본다. 가능하다면 직접 선물을 만들어본다.

⑩ 포옹과 입맞춤 등 신체적인 동작을 통해서 사랑을 표현해본다.

후주

1부 인간의 마음은 무엇으로 채워져 있을까?

나도 내 마음을 잘 모르겠어

1) 오이디푸스 콤플렉스는 아동이 이성 부모의 애정을 독점하기 위해 동성 부모를 경쟁자로 여기면서 발생하는 정신적인 갈등을 일컫는다. 남자아이의 경우 어머니를 독점하려고 하지만 경쟁자인 아버지에게 남근이 잘릴지도 모른다는 거세 불안을 느끼게 된다. 이 과정에서 남자아이는 아버지로부터 경쟁심, 적대감, 두려움, 존경심 등의 복잡한 감정을 느끼다가 마침내 아버지를 동일시하면서 갈등에서 벗어난다(권석만, 『현대 심리치료와 상담이론』, 학지사, 2012, 62쪽 참고).
2) 조지 베일런트, 김진영, 고영건 옮김, 『행복의 지도』, 학지사, 2013. 참고.

못난 나를 어쩌면 좋을까?

1) 알프레드 아들러, 홍혜경 옮김, 『아들러의 인간 이해』, 을유문화사, 2016, 92-118쪽.
2) 알프레드 아들러, 최호영 옮김, 『아들러 삶의 의미』, 을유문화사, 2019, 95-126쪽.
3) 김계현 외, 『상담학 개론』, 학지사, 2011. 참고.

친애하는 내 마음에게

4) 노안영, 『상담심리학의 이론과 실제』, 학지사, 2005, 133쪽.

5) 프랭크 설로웨이, 정병선 옮김, 『타고난 반항아』, 사이언스북스, 2008, 참고.

6) 노안영, 앞의 책, 142쪽.

7) 하혜숙, 장미경, 『청소년 상담』, 방송통신대학교 출판부, 2017, 147쪽.

내 안에 또 다른 내가 있다면

1) 로렌스 자피, 심상영 옮김, 『융 심리학과 개성화, 한국심층심리연구소, 2012 참고.

2) 로버트 존슨 · 제리 룰, 신선해 옮김, 『내 그림자에게 말 걸기』, 가나출판사, 2020, 175-300쪽.

2부 나를 이해하는 시간

나의 행동을 이루는 것들

1) 하지현, 『정신의학의 탄생』, 해냄, 2016, 158-166쪽.

2) 로렌 슬레이터, 조증열 옮김, 『스키너의 심리상자 열기』, 에코의 서재, 2005, 17-47쪽 참고.

3) 김춘경 외, 『상담학 사전』, 학지사, 2016.

4) 장미경 외, 『발달심리』, 방송통신대학교출판부, 2014, 39-45쪽.

5) 노안영, 앞의 책, 199쪽.

우리에게는 뽀루뚜가가 필요하다

1) 칼 로저스, 주은선 옮김, 『진정한 사람 되기 - 칼 로저스 상담의 원리와 실제』, 학지사, 2009, 121-124쪽.

2) 칼 로저스, 오제은 옮김, 『칼 로저스의 사람 중심 상담』, 학지사, 2007, 151-174쪽.

3) 칼 로저스, 주은선 옮김, 앞의 책, 213-223쪽.

고통? 마음먹기 나름이지!

1) 권석만, 『현대 심리치료와 상담이론』, 학지사, 2012, 209쪽.

2) 노안영, 앞의 책, 368쪽.

3부 가족은 어째서 서로에게 상처를 주는 걸까?

어쩌다 폭력적이 되었을까?

1) 정옥분, 정순희, 황현주, 『애착과 발달』, 학지사, 2009, 16-32쪽.

2) 앞의 책, 65-74쪽.

3) 앞의 책, 295-302쪽.

제발 홀로 서게 도와줘!

1) 마이클 니콜스, 션 데이비스, 김영애 외 옮김, 『가족치료』, 시그마프레스, 2017, 151쪽.

2) 정문자 외, 『가족 치료의 이해』, 학지사, 2007, 128쪽.

3) 마이클 니콜스 · 리차드 슈바르츠, 앞의 책, 154쪽.

4) 최연실 외, 『가족상담 및 치료』, 한국방송통신대학교출판문화원, 2020, 121쪽.

지나치게 착한 행동, 괜찮은 걸까?

1) 본래 네덜란드 화폐 단위로, 1굴덴은 대략 1달러 정도의 가치를 지닌다.

2) 최광현, 『가족의 발견』, 부키, 2014, 25-26쪽.

3) 존 브래드쇼, 오제은 옮김, 『상처받은 내면아이 치유』, 학지사, 2004.

4) 게슈탈트 심리학은 기존 심리학이 심리 현상을 요소로 나누고 그 요소들의 결합

과 집합으로 설명하려고 했던 것에 반해, 형태 즉 전체를 우위에 놓고 이를 유기적 통일체로서 포착하며, 각 부분의 상호 역학적 관계 속에서 심리 현상을 설명하려고 하는 입장을 말한다.

5) 최광현, 『가족의 두 얼굴』, 부키, 2012, 48쪽.

6) 최광현, 『가족의 발견』, 부키, 2014, 229-238쪽.

7) 버지니아 사티어, 강유리 옮김, 『가족 힐링』, 푸른육아, 2012, 64-93쪽.

4부 이게 다 성격 때문이야

어쩌다 은둔형 외톨이가 되었을까?

1) 권석만, 『이상 심리학의 기초』, 학지사, 2014, 207쪽.

2) 로나 스미스 벤저민, 서영석 외 옮김, 『성격장애 진단 및 치료』, 학지사, 2014, 440-441쪽.

3) 조성호, 『분열성 성격장애와 분열형 성격장애』, 학지사, 2000.

4) 김청송, 『사례 중심의 이상 심리학』, 싸이앤북스, 2016, 731쪽.

5) 김청송, 앞의 책, 721쪽.

6) 편집성 성격장애에 대한 DSM-5(정신질환 진단 및 통계 매뉴얼)의 진단 기준.

잘난 척, 멈출 수 없는 걸까?

1) 권석만, 앞의 책, 219쪽.

2) 반사회성 성격장애에 대한 DSM-5(정신질환 진단 및 통계 매뉴얼)의 진단 기준.

너밖에 모르는 너를 어쩌면 좋을까?

1) 권석만, 앞의 책, 2014, 226-229쪽.

2) 회피성 성격장애에 대한 DSM-5(정신질환 진단 및 통계 매뉴얼)의 진단 기준.

그렇게 안 하고 싶습니다

1) 요아힘 바우어, 전진만 옮김, 『왜 우리는 행복을 일에서 찾고, 일을 하며 병들어갈까』, 책세상, 2015, 48-59쪽.

2) 요아힘 바우어, 앞의 책, 126쪽.

3) 나양수, 「일중독, 완벽주의, 일-가정 갈등 및 의사소통이 결혼만족도에 미치는 영향」, 가톨릭대학원 박사 논문, 2015.

5부 나의 친애하는 나에게

끈기와 열정이 몰입을 부른다

1) 미하이 칙센트미하이, 이희재 옮김, 『몰입의 즐거움』, 해냄, 2000, 35쪽.

2) 앤절라 더크워스, 김미정 옮김, 『그릿』, 비즈니스북스, 2016, 67-76쪽.

3) 미하이 칙센트미하이, 앞의 책, 46-47쪽.

4) 앤절라 더크워스, 앞의 책, 228-236쪽.

5) 하혜숙, 강지현, 앞의 책, 242쪽.

6) 권석만, 『인간의 긍정적 성품』, 학지사, 2011, 295쪽 참고.

사랑의 감정은 무엇으로 이뤄져 있을까?

1) 하혜숙, 강지현, 『심리학에게 묻다』, 한국방송통신대학교출판문화원, 2017, 175쪽.
스캇 펙, 최미양 옮김, 『아직도 가야 할 길』, 율리시즈, 2002.

2) 권석만, 앞의 책, 179쪽.

3) 권석만, 앞의 책, 191쪽 내용을 참고하여 작성함.

친애하는 내 마음에게

참고문헌

고미경 외, 「'착한 아이 되어 가기' 과정의 의미」, 『유아교육연구』 24권, 2004.

권석만, 『현대 심리치료와 상담이론』, 학지사, 2012.

권석만, 『이상 심리학의 기초』, 학지사, 2014.

권석만, 『인간의 긍정적 성품』, 학지사, 2011.

김계현 외, 『상담학 개론』, 학지사, 2011.

김청송, 『사례 중심의 이상 심리학』, 싸이앤북스, 2016.

김춘경 외, 『상담학 사전』, 학지사, 2016.

나양수, 「일중독, 완벽주의, 일-가정 갈등 및 의사소통이 결혼만족도에 미치는 영향」, 가톨릭대학원 박사 논문, 2015.

노안영, 『상담심리학의 이론과 실제』, 학지사, 2005.

박방초, 『융 심리학으로 본 콤플렉스의 이해』, 협성대학교 대학원 석사논문, 2016.

이혜수, 「워더링 하이츠와 어른이 된다는 것」, 『19세기 영어권 문학』 권 16, 2012.

장미경 외, 『발달심리』, 방송통신대학교출판부, 2014.

정문자 외, 『가족 치료의 이해』, 학지사, 2007.

정옥분 · 정순희 · 황현주, 『애착과 발달』, 학지사, 2009.

조성호, 『분열성 성격장애와 분열형 성격장애』, 학지사, 2000.

최광현, 『가족의 발견』, 부키, 2014.

최광현, 『가족의 두 얼굴』, 부키, 2012.

최연실 외, 『가족상담 및 치료』, 한국방송통신대학교출판문화원, 2020.

하지현, 『정신의학의 탄생』, 해냄, 2016.

하혜숙, 강지현, 『심리학에게 묻다』, 한국방송통신대학교출판문화원, 2017.

하혜숙·장미경, 『청소년 상담』, 방송통신대학교 출판부, 2017.

로나 스미스 벤자민, 서영석 외 옮김, 『성격장애 진단 및 치료』, 학지사, 2014.

로렌 슬레이터, 조증열 옮김, 『스키너의 심리상자 열기』, 에코의 서재, 2005.

로렌스 W. 자피, 심상영 옮김, 『융 심리학과 개성화』, 한국심층심리연구소, 2012.

로버트 존슨·해리 룰, 신선해 옮김, 『내 그림자에게 말 걸기』, 가나출판사, 2020.

마이클 니콜스·션 데이비스, 김영애 외 옮김, 『가족치료』, 시그마프레스, 2017.

미하이 칙센트미하이, 이희재 옮김, 『몰입의 즐거움』, 해냄, 2000.

버지니아 사티어, 강유리 옮김, 『가족 힐링』, 푸른육아, 2012.

스캇 펙, 최미양 옮김, 『아직도 가야 할 길』, 율리시즈, 2002.

알프레드 아들러, 홍혜경 옮김, 『아들러의 인간 이해』, 을유문화사, 2016.

알프레드 아들러, 최호영 옮김, 『아들러 삶의 의미』, 을유문화사, 2019.

앤절라 더크워스, 김미정 옮김, 『그릿』, 비즈니스북스, 2016.

에릭 캔델, 이한음 옮김, 『마음의 오류들』, 알에이치코리아, 2020.

요아힘 바우어, 전진만 옮김, 『왜 우리는 행복을 일에서 찾고, 일을 하며 병들어 갈까』, 책세상, 2015.

조지 베일런트, 김진영·고영건 옮김, 『행복의 지도』, 학지사, 2013. 참고.

존 브래드쇼, 오제은 옮김, 『상처받은 내면아이 치유』, 학지사, 2004.

존 브래드쇼, 오제은 옮김, 『가족』, 학지사, 2012.

칼 로저스, 주은선 옮김, 『진정한 사람 되기 - 칼 로저스 상담의 원리와 실제』, 학지사, 2009.

칼 로저스, 오제은 옮김, 『칼 로저스의 사람 중심 상담』, 학지사, 2007.

프랭크 설로웨이, 정병선 옮김, 『타고난 반항아』, 사이언스북스, 2008.

친애하는 내 마음에게